回归凯恩斯

布拉德利·W. 贝特曼（BRADLEY W. BATEMAN）
平井俊明（TOSHIAKI HIRAI）
玛利亚·克里斯蒂娜·马尔古佐
（MARIA CRISTINA MARCUZZO）
编著

丁志杰　张红地　等译

中国金融出版社

责任编辑：张智慧　马　杰
责任校对：李俊英
责任印制：丁淮宾

图书在版编目（CIP）数据

回归凯恩斯（Huigui Kaiensi）/布拉德利·W. 贝特曼（Bradley W. Bateman）等编著；丁志杰，张红地等译．—北京：中国金融出版社，2011.3

ISBN 978－7－5049－5758－0

Ⅰ.①回…　Ⅱ.①布…②张…　Ⅲ.①凯恩斯主义—研究　Ⅳ.①F091.348

中国版本图书馆 CIP 数据核字（2010）第 258151 号

出版发行　中国金融出版社
社址　北京市丰台区益泽路 2 号
市场开发部　（010）63266347，63805472，63439533（传真）
网上书店　http://www.chinafph.com
　　（010）63286832，63365686（传真）
读者服务部　（010）66070833，62568380
邮编　100071
经销　新华书店
印刷　北京松源印刷有限公司
装订　平阳装订厂
尺寸　169 毫米×239 毫米
印张　17.75
字数　276 千
版次　2011 年 3 月第 1 版
印次　2011 年 3 月第 1 次印刷
定价　48.00 元
ISBN 978－7－5049－5758－0/F.5318
如出现印装错误本社负责调换　联系电话（010）63263947

翻译人员：

丁志杰　张红地

宫　飞　衣瑛杰

董　浩　孙小娟

致　谢

本书编者分布在三个不同的大洲，因此编辑此书不仅需要极大的耐心，还需要非凡的毅力。为此，我们很荣幸能组成这样一个编辑团队，在相处融洽的工作氛围中我们共同致力于提高本书的质量。

本书的完成不仅需要良好的编辑团队，还需要大量的文献资料。在Japan Society for the Promotion of Science的慷慨赞助下，由Sophia University和Hitotsubashi University共同举办的一系列学术研讨会议为本书提供了大量资料。没有它们的鼎力相助，我们是无法完成此书的。同时，Denison University和the University of Rome（La Sapienza）也为我们提供了大力支持。

论文收集和引言完成后，Iolanda Sanfilippo对本书进行编辑以满足哈佛大学出版社的要求。同时她还为本书编写了参考文献。对此，我们要对她出色的工作表示感谢。

最后，我们要感谢Mike Aronson对我们第一阶段工作的支持和热情帮助。

目　录

第四部分　全球危机：来自凯恩斯的启示

序言：回归凯恩斯

Bradley W. Bateman, Toshiaki Hirai, and Maria Cristina Marcuzzo

我们的初衷

在开始了本书创作工作之后，我们认为是时候指出在经济政策制定方面悄然发生的革命了：我们已经回归到更加积极地运用经济政策来稳定经济的道路上来了。为了完成本书，我们特别邀请了一些经济学家参与并收录了他们的一些相关文章。就在我们进行收录文章工作的同时，世界经济状况在我们脚下已经发生了变化。本序言最初写于 2008 年 10 月和 11 月，当时世界正在逐步陷入经济危机的泥沼之中；当 2009 年 2 月我们对本序言进行最后一次校对之时，世界各国政府都已经开始忙于如何制定它们应对危机的财政政策和货币政策了。突然，我们的观点变得比我们所预想的更加具有说服力，并受到了更多关注。

我们在开始部分要讲的故事非常重要，它构成了本书的脊梁。这个故事所要讲述的内容是，产生于 20 世纪最后的 30 年中的反凯恩斯主义思潮是如何被颠覆的。我们想要阐明的观点便是，政治家和政策制定者已经重新认识到货币政策和财政政策在稳定经济中所发挥的作用了。

在 20 世纪最后的 30 年里，一些倡导“自由市场”经济的经济学家成功地向人们传播了经济政策的积极使用是无效的甚至是有害的这一观点。许多人参与了这场反对凯恩斯主义的反革命，他们在不同层次上为这场反革命作出他们的“贡献”。其中的一些人诋毁凯恩斯及其人格，其他的人则忽视凯恩斯并通过简单地建立漂亮而复杂的模型来证明经济政策对经济是有害的。

自 20 世纪 90 年代开始，这些经济学家便界定了一种新主流经济学理论，在世界范围内对经济政策的制定者产生了深远的影响。这场影响人们思维的反凯恩斯主义运动，不仅改变了人们对宏观经济政策的认识，同时也改变了人们对政府干预经济的态度；这场运动使得人们认为政府不应试图去稳定经济，也不应对单个的市场进行管制。20 世纪末，知名刊物上的大量文章甚至谈论 20 世纪最伟大的经济学家应是 Friedrich von Hayek 还是 Joseph Schumpeter；而约翰 · 梅纳德 · 凯恩斯却只能在以上的讨论中作为陪衬，他的思想曾在 20 世纪中叶占统治地位，但现在却随着时间的推移而逐渐退色。

尽管在 20 世纪末许多人断言凯恩斯已成为历史，但是，当我们进入 21 世纪之时，凯恩斯所提倡的稳定经济的思想却逐渐地超越了“自由市场者们”的传统智慧；2000 年以后的一个一致事实就是，宏观经济政策的制定已关注于如何有效稳定经济。

随着 21 世纪第一个十年的开端发生的互联网泡沫破灭，工业化国家的财政部长和中央银行行长们开始积极地运用财政预算和利率工具等手段去稳固经济，避免萧条。在很大程度上，他们成功了。2007 年，北美、西欧和日本的经济都经历了较高的经济增长，所伴随的只是温和的物价增长。

凯恩斯主义的覆灭和重生

在本书中，我们所谈论的“革命”指的是更加倾向于积极使用宏观经济政策来稳定经济的这种转变过程。正如我们所见，仅在十年前这种结果将被看做是绝无可能发生的，因为在 20 世纪 90 年代宏观经济政策无效性的思潮已处于鼎盛。也许这样说更加准确：20 世纪 90 年代关于宏观经济政策是否有用的辩题经历了一个长期的辩论，最终“政策无用性”和“政策不相关”的倡议胜出了。

该故事应该从 20 世纪 70 年代凯恩斯阵营的瓦解讲起，当时高失业率和高通胀率同时出现的局面严重损害了凯恩斯政策工具的声誉。凯恩斯主义经济学的思想基础是：通过积极使用货币政策和财政政策，政府便可以引导经济避免出现极端萧条和通货膨胀。20 世纪 70 年代通货膨胀和经济萧条同时出现（即滞胀），这种情况不仅是凯恩斯主义政策所无法解决的，而且它被看做是实施凯恩斯主义政策直接导致的。

伴随着凯恩斯主义的没落，货币主义、供给经济学、理性预期革命和新古典宏观经济学等反对凯恩斯主义经济学派相继出现。这些学派的共同特点便是以凯恩斯主义为衬托，试图去解决凯恩斯主义经济学的“错误”来使自己扬名立万。货币主义者认为凯恩斯主义者的错误在于关注利率和联邦财政预算，而不是关注货币供给；供给经济学派认为凯恩斯主义者过度关注影响需求的短期刺激因素，而忽视了经济增长的长期刺激因素；理性预期学派指责凯恩斯主义者没有正确认识到经济代理人的理性预期行为，将会削弱政府为稳定经济而实施的政策的效果；建立在理性预期革命基础上的新古典宏观经济学派则建立了一系列的复杂模型，他们证明了在能获得充分信息并有远见的经济代理人面前宏观经济政策是无效的。直到20世纪90年代，来自芝加哥大学的“反革命”领袖们获得了诺贝尔经济学奖，这场针对凯恩斯主义的“反革命”似乎宣告了胜利。

在经济政策的前沿，许多人鼓吹传统的宏观经济政策是弊大于利。1979年，Paul Volcker使用华丽的货币主义紧缩货币的办法去抑制美国高达两位数的通货膨胀；同年，信仰货币主义的Margaret Thatcher也当选为英国首相。1992年，欧盟签订了《马斯特里赫特条约》，并用该条约对欧盟的各成员国进行财政预算约束。20世纪末，克林顿政府创造了美国几十年来少见的连续数年的财政盈余。

但是，随着2000年互联网泡沫破灭和2001年“9·11”事件的发生，人们对宏观经济政策争论的本质发生了很大的变化，而这种变化在很大程度上却没有引起人们太多的注意。互联网泡沫的破灭对理性预期学派所持的观点打击甚大。他们曾经认为股票市场是不会产生泡沫的，更不用说股票市场崩盘的出现。突然间，这种刚刚获得诺贝尔经济学奖的思想不再被人们重视。政府的高层决策者们也绝不会有耐心去等待这场证明政策无效性的革命失败之后才开始采取行动。这些政策制定者们再一次使用了他们曾经的惯用做法，用更加实用的办法来解决所面临的问题。在欧盟内部，德国、法国和意大利在接下来的几年中都连续违反了欧盟稳定公约中有关财政预算约束的限制条件，而这些欧盟稳定公约中的限制条件则是维护欧洲共同货币——欧元的基石；不论是左翼还是右翼的欧盟国家都认为它们需要运行比稳定公约中规定的更大规模的财政赤字，才能使它们的经济运行良好。在同时期的美国，George W. Bush也由于政府的巨大支出，创造了美国政府历史上最大的财政赤字（Yoshiyasu Ono在本书第二章中指出，日本政府的财政政策可以看做是这一趋势的一个例外。20世纪90年代的

Murayama 内阁（1994—1996）和 Obuchi 内阁（1998—2000）均采用了财政刺激政策，而2000 年之后 Koizumi 内阁（2001—2006）则试图采取了一种新的自由主义路线）。在20 世纪末，绝大多数国家的中央银行已经放弃了货币主义所主张的盯住货币供应总量的调控方法。新千年伊始，更多的中央银行选择盯住利率目标来稳定国内的物价水平和就业量。

在21 世纪的前十年，各国的宏观经济政策又重新回归到通过货币和财政政策的实施来稳定经济的道路上来了。这种悄然发生的转变，标志着“政策无效性”思想的终结和凯恩斯主义思想的回归。诚然，并没有人说这是20 世纪五六十年代宏观经济政策制定的简单复制；但是，在倡导使用宏观经济管理政策观点和宏观经济政策无效性观点之间的争论中，积极管理政策的观点从来没有像在21 世纪头十年快结束之时这样受到重视。

对凯恩斯贡献的重新肯定

各国中央银行行长和财政部长们在应对2008 年秋天爆发的全球金融危机时所做出的反应，很好地反映了他们对宏观经济政策态度的转变。从2008 年9 月开始，中央银行行长们给整个世界的金融系统注入了数千亿美元的流动性，以应对因次贷危机所引起的信心危机和流动性不足。同时，G8 国家的财政部长们也纷纷承诺吸收私人部门银行股本，帮助这些银行进行资产重组以避免它们破产。政府对经济的一系列干预行为违背了“政策无效性”观点的所有教条，也就在这个时候那些认为对经济进行干预是不必要甚至有害的思想彻底地销声匿迹了。事实上，作为自由市场哲学最著名拥护者之一的美联储主席 Alan Greenspan 也不得不承认“我的模型是有缺陷的”。

毫不夸张地说，在本书出版之际，世界经济已深深地陷入了危机的泥沼之中。但是，这一没人愿意看到的情形却充分地证明了我们从一开始便持有的观点：政府应该实施稳定经济的政策已经成为主流观点。如果这不是真的，那么各国在处理危机之时也不会这么容易达成一致意见。凯恩斯主义的悄然回归推动了运用经济政策来应对金融危机这一决定性的决策。

事实上，政府在面对危机时能够相对迅速地采取行动，也是凯恩斯留给后人的宝贵财富之一。在大萧条时期，自由市场的意识形态多年来一直抑制着政府在应对危机时实施有效经济政策。凯恩斯在当时扮演了一种不受欢迎的形象，他到处推行应对大萧条的经济政策建议。如果我们不去回顾自1929年大萧条以来的历史，2008年和2009年所发生的将会成为大萧条的翻版。当然，如果20世纪90年代的自由市场思想没有走向衰落，我们或许将会需要更长的时间来认识宏观经济政策的重要性。幸运的是，这场反对凯恩斯主义的思潮已经走到了它自己命运的尽头。

本书的结构

本书的目的便是对最近一段时期的经济政策情况进行评估。我们希望能够阐述过去十年中宏观经济政策变化的路径，并简要介绍有关凯恩斯和凯恩斯思想的一些最新的学术成果。我们邀请了来自世界不同地区的学者来共同完成本书，这也正好和我们现阶段对经济的全球本质进行思考的特点相吻合。我们收集了来自亚洲、欧洲、南美洲和北美洲的不同经济学家的文章来对凯恩斯思想的回归进行阐释。

本书第一部分由三篇文章构成，它们主要关注于作为经济稳定工具的宏观经济政策在美国、欧洲和日本的重新出现。本书以这些文章作为开始，目的便是为了描述当今稳定经济的宏观经济政策已经回归的事实以及详细描述这场在2008年之前悄然发生的革命。

本书第二部分的三篇文章，主要阐述了当前的经济理论是如何解决（或者没能解决）那些凯恩斯所研究的经济问题的。该部分的写作目的是向读者实地展示当今的学术成果，并检验现代的一些研究成果是如何解决（或者没能解决）凯恩斯所认为的那些理解经济运行的关键课题和方法的。

在本书第三部分中，五位经济思想史学家对凯恩斯的生活和工作从不同方面进行了学术研究。这一部分的写作考虑到了我们最近所熟知的有关凯恩斯和他的思想所产生的背景。最近三十年，伴随着凯恩斯主义思想的光环在经济学专业中的逐渐消失，以凯恩斯为写作目的的读物也逐渐减少。在该部分中，我们将凯恩斯看做是一位完全的历史人物，并从不同的角度去欣赏凯恩斯那丰富的思想和他的思想是如何深远地影响着人们的经济思维的。

本书最后一部分的三篇文章诠释了凯恩斯所做的与经济危机有关的工作。这三篇文章论述了凯恩斯从国际经济角度出发的思考，并展示了凯恩斯在国际金融相关方面所作出的贡献。这一部分论述了凯恩斯对经济政策制定以及对处理第二次世界大战后将会出现的国际收支不平衡问题的思考，这使得我们发现他的思想在另一个领域中也和当今的现实是息息相关的。凯恩斯所解释的市场恐慌行为正凸显了本次经济危机的特征。因此，他的政策建议也将同样适用于解决当今失败的自由市场经济所带来的问题，从而引领经济走出灾难。例如，在本书出版之际，已有许多领导人呼吁重新建立一个全球范围内的金融监管体系，处于该体系中的国际货币基金组织（IMF）也应该发挥凯恩斯在布雷顿森林协议中所预想的作用。

新凯恩斯主义时代

2009 年 2 月，在我们为本序言做最后的修改之际，宏观经济稳定政策的作用已经得到了强有力的证明。正如我们所描述的那样，各国政府正在采取第二轮应对金融危机的宏观经济政策。

在美国，总统 Barack Obama 签署了近 8 000 亿美元的巨大财政刺激计划；同时，财政部长 Tim Geithner 也宣布了政府处理应对那些危害到整个银行系统的不良次贷资产的方案。在日本，首相 Taro Aso 也宣布了进一步的财政刺激计划，日本银行也正在制定实施新的货币政策以增加日本的流动性。在欧盟，德国、法国和英国均在酝酿各自的财政刺激计划，欧洲中央银行也在审查即将推出的增加流动性的补充措施。

这些反应都说明了流行于 20 世纪八九十年代的“政策无效性”观点已经被实用的经济稳定政策的思想所取代。毫无疑问，在某种意义上我们已生活在一个新的凯恩斯时代。正如大萧条时期一样，普遍存在的失业现象是政治家和经济学家最为关心的问题，他们正在寻求办法来减轻失业给人们带来的痛苦。

凯恩斯从未对财政刺激计划的具体形式作出教条的答案。因此，我们难以在他的著作之中找到应对当前经济危机的最佳的政策形式。在两次世界大战之间，凯恩斯的确多次主张政府实施一揽子经济刺激计划，但他的政策观点也仅仅是他对当时经济形势的一种判断。尽管无人知晓凯恩斯会对当今的经济政策发表何言论，但在面对当前的经济状况时，难以想象凯恩斯会不同意实施大规模的财政刺激政策。

在第二次世界大战期间，当凯恩斯供职于英国财政部时，他将他的思想稍作变化后用于第二次世界大战后的经济计划之中。在帮助设计布雷顿森林体系的框架时，他完善了他的财政政策思想。这个时期凯恩斯所写的大多数东西并没有被纳入在第二次世界大战后被人们熟知的凯恩斯主义之中。例如，几乎不可能在第二次世界大战期间他的著作之中发现任何有关财政微调政策的影子，而该项政策在战后时期是绝大多数主流凯恩斯主义者所提倡的（Bateman 1996，2006）。

我们的目的并不是对该序言中所考虑的政策建议挑三拣四，也不是对那些“看起来像”或者“真正”的凯恩斯主义者的认可。基于历史的视角，我们认为在经历了各主流经济学派对宏观经济管理的数十年批判之后，旨在稳定经济的宏观经济管理思想在21世纪前十年中终于再次占据了主流经济地位。从广义上讲，“政策无效性”、自由放任主义和新自由主义的观点都已经退出了历史的舞台，我们现在已经进入了凯恩斯主义的新时代。

柏林墙倒下后，新自由主义者所表现出的胜利者的姿态是我们所感到不屑的。若现在就认为各国2009年的大规模宏观经济干预行动将成为未来的一种标准模式的话，那么我们最终就会像新自由主义者当年认为柏林墙的倒下是“历史的终结”那样被证明是错误的。或许以凯恩斯自己的方式来理解当前的情况将会是一种最好的选择。在凯恩斯的早期著作《和平的经济后果》（*The Economic Consequences of the Peace*）中，他便开始认为资本主义是倾向于不稳定的。但是，与之相反的是，他却始终没有认为资本主义会一直不稳定。凯恩斯在他所有的著作中都始终认为，当整个经济体系出现较大波动时是需要恰当的宏观经济政策来对经济进行修正和引导的。凯恩斯并不反对市场的作用，但是他反对那些认为市场经济不会出现问题的观点，更加反对那些认为市场在出现问题之后具有自我修正功能的观点。因此，几乎可以肯定的是凯恩斯会认同我们使用宏观经济政策来应对2009年早期出现的失业率递增的局面。但是，我们也没有证据显示凯恩斯会认同这种大规模的经济干预行动在将来会成为一种常规化模式。一旦“野兽精神”回归之后，凯恩斯是不会对政府越来越少地参与管理经济而感到吃惊的。然而，他绝不会容忍那些认为经济会再次陷入严重萧条（或恶性的通货膨胀）的观点。凯恩斯相信一旦经济陷入危机之中，那些训练有素的经济学家将会有能力站出来对经济进行必要的宏观经济干预以减轻人们不必要的痛苦。因此，如果未来是真正的凯恩斯主义的世界，那么我们应该清醒地认识到虽然市场在正常时期可以使我们受益，但是市场也将是造成巨大社会危害的潜在因素之一；当危机发生时，我们有能力也有责任来减轻它的危害。

第一部分　凯恩斯主义经济政策过去、现在和未来

20世纪八九十年代，凯恩斯和凯恩斯主义政策逐渐不再被人们重视。凯恩斯主义的死亡最初是由20世纪70年代出现的滞胀现象引起的，从那时起人们便开始对凯恩斯主义产生了怀疑。在之后接下来的二十年中，政府为稳定经济而采取的宏观经济干预措施被越来越多精巧而又复杂的模型证明是没有必要的甚至是对经济有害的。直到20世纪末，这种观点还在众多政府及其中央银行中流行，这使得各国的货币政策和财政政策在极大程度上受到了抑制。

然而，当过去的十年中不断面对愈演愈烈的经济动荡之时，这种观点开始逐渐失宠。各国纷纷以不同的方式放弃了对"政策无效性"共识的坚守。

Bradley Bateman在他的文章中指出，美国放弃政策无效性的观点开始于新旧两个世纪交接之际。2000年，克林顿总统在其第二个任期期末成功地实现了政府预算平衡，美联储主席格林斯潘还在施行审慎利率目标的时候，这种现象都还没有凸现出来。但是，2000年互联网泡沫的破灭标志着所谓的新经济开始变得不稳定起来，由此便引发了美国政府一系列的积极应对政策。首先，美联储为了应对不断减少的产出迅速地降低了利率；布什总统也开始实施了在美国历史上最大规模的财政刺激计划。显而易见的是，积极的宏观经济政策不再被人们看做是没有用或者可有可无的了。

日本最近二十年的宏观经济政策历史，也可以看做是日本自20世纪90年代初便已经开始的严重经济衰退的历史。1990—1991年，日本财政部施行的"Souryo Kisei"政策（该政策对房地产贷款总量进行了限制）直接导致了日本房地产价格的急剧下跌，随之而来的便是日

本股票价格的急剧下跌。日本股票价格的暴跌最终导致了1997年日本银行系统的崩溃，而这也进一步拖累了日本本已衰退的经济。最终，在1998年Obuchi内阁开始实施了积极的稳定政策。Yoshiyasu Ono在他的论文中解释道，日本政府在过去的二十年中一直在大规模实施财政刺激政策和供应经济学的紧缩政策之间摇摆不定。尽管日本首相Junichiro Koizumi在日本公众间十分受欢迎，但他的以改革经济结构来代替财政刺激政策的计划最终却以失败告终。Ono认为，过去二十年间日本政府的扩张性政策只获得了有限的胜利，可以很容易被解释为凯恩斯流动性陷阱和过剩的居民储蓄组合效应的结果。Ono认为尽管Koizumi首相的政策对日本来说十分具有吸引力，但还是没有给日本带来繁荣，因此凯恩斯主义的经济刺激计划便成了解决日本目前经济停滞状况的唯一希望。实际上，既然供应经济学政策没有解决日本经济停滞的问题，Aso内阁便在面对开始于2008年秋天的经济危机之时采用了激进主义者的政策建议。

欧洲回归到积极使用宏观经济政策调控经济道路上来的过程是与众不同的。Hans - Michael Trautwein在其论文中指出，欧洲的经济学家并没有像美国的经济学家那样沉迷于政策无效性的思想之中而不能自拔。20世纪八九十年代，欧洲经济学家的迟钝表现使他们很难像美国经济学家那样拥有坚定的自由市场信仰。在欧盟内部，成立欧洲中央银行（ECB）以及在欧元区使用共同货币——欧元等行动最终导致了欧洲《稳定与增长公约》的正式缔结。按照该公约，欧洲中央银行只需单独负责欧元区通货膨胀的调控，而欧元区的各国则只能使用财政政策来稳定各国经济波动。但是就像美国一样，严格的政策限制却没有在新千年带来良好的表现。2000年后欧元区内的各大经济体开始不间断地触犯财政赤字的限定，而当时的欧洲中央银行还仅仅盯住通货膨胀的目标，直到2008年金融危机的发生前夕还对当时高企的失业率和逐渐显现的金融危机熟视无睹。Trautwein研究了欧洲货币联盟的历史，该联盟成立的初衷是使其作为积极稳定政策的一种形式，最终Trautwein认为欧元区不断变化的现实情况与凯恩斯有关经济稳定的思想是一脉相承的。

尽管在世界各地积极使用宏观经济政策的具体例子不尽相同，但其中所包含的本质内容是一致的；全球范围内的政策制定者们开始重新思考宏观经济政策的运用是真的没有用或者是有害的？面对逐渐动荡的经济，他们已经开始一次又一次地以不同的方式和运用不同的工具来使用需求管理政策稳定他们的经济了。

2008 年秋天的金融危机席卷了全球的资本市场，这场危机也恰恰是可以证明凯恩斯主义的回归确实已经发生了的真实证据。如果在危机之前对凯恩斯主义的回归还有什么疑虑的话，那么中央银行行长和财政部长们在危机之后对银行和其他金融机构进行资产重组等对资本市场解冻的行动便可以彻底地打消这种疑虑。当面对真实存在危机和动荡的经济的时候，各国的领导人转而都认可了 20 世纪最伟大的经济学家——凯恩斯的思想。再一次，我们需要凯恩斯主义来拯救现代资本主义金融本身。

第一章　凯恩斯主义回归美国

Bradley W. Bateman

凯恩斯经济学的盛衰

理查德·尼克松（Richard Nixon）在1971年曾宣称“现在我们都是凯恩斯主义者了”，他真实地描述了当时在美国学界和政策高层之间所流行的思想。使用IS/LM模型描述的凯恩斯总支出分析模型是当时美国各高校最重要的宏观经济分析模型。之后，用于描述通货膨胀和失业率之间替代关系的菲利普斯曲线也被加入到了凯恩斯模型之中。自此，凯恩斯模型成为了制定宏观经济政策的基石。因此，尼克松所陈述的只是这样一个基本事实，他每天所面对的来自联邦政府不同部门的政策建议都是源于凯恩斯主义的，更不用说或许尼克松的支持者本身就信仰凯恩斯或者凯恩斯主义。或许尼克松每天所面对的政策建议信仰凯恩斯主义的程度会有所不同，但是你很难想象这些政策建议不是由凯恩斯主义思想构成的，或者它们不是源于凯恩斯的基本观点。

然而，尼克松在1971年的言论所表达的事实却掩盖了一段美国长期对凯恩斯和凯恩斯思想充满敌意的历史，同时也掩盖了有关美国需求管理方式起源的一些基本事实。

美国第一次有意利用联邦政府预算来刺激经济发生在1938年的春天，当时有一批政策设计者正在编制富兰克林·罗斯福（Franklin Roosevelt）政府1939年的财政预算计划。但是，就像William J. Barber（1990）认为的那样，当时那批设计者的思想并不是来自约翰·梅纳德·凯恩斯的著作《就业、利息和货币通论》（1936）（以下简称《通论》），而是来自1937年美国商务部的一份工作报告。在试图解释为什么美国经济在1937年的春天迅速陷入衰退的研究中，美国商务部得出的结论便是1936年由第一次征收社会安全税和停发第一次世界大战老兵的津贴产生的联合效应所导致的财政紧缩是美国经济陷入严重萧条的原因。时为美国商务部长的 Harry Hopkins 利用这些研究结果说服了当时的罗斯福总统，后者于 1938 年春天开始使用大规模财政赤字来刺激美国经济。[①]

因此，美国第一次使用联邦财政来刺激经济的历史是和凯恩斯没有任何关系的。[②]在罗斯福总统的第一个任期内，凯恩斯曾两次试图影响罗斯福政府的财政政策，但其建议都没有被罗斯福采纳。事实上，罗斯福在 1932 年和 1936 年的两次竞选活动中均郑重承诺过平衡的联邦预算。1932 年，罗斯福在大选中击败了不负责任的赤字消费狂赫伯特·胡佛（Herbert Hoover）总统。在 1936 年的竞选活动中，罗斯福还特意强调他的政府财政赤字小于四年来政府紧急救助支出的总和。紧急救助支出是罗斯福接手胡佛政府之后，用于改善美国失业和贫困问题的专项救助资金。[③]但是，罗斯福政府内部研究人员的实证分析结果使他最终转变了思想，于是他批准了 1938 年的主动实施财政刺激的计划。而当时那些美国政府的研究人员并不熟悉凯恩斯在他的著作中所表达的思想。

然而，在不久之后，凯恩斯的思想便开始在美国的大学中流行了。20 世纪 40 年代初，凯恩斯模型就已经被纳入了罗斯福政府宏观经济政策制定者的分析体系之中。[④]这种转变可以更准确地被称为“凯恩斯主义者”的政策制定模式，美国也由此拉开了限制联邦政府运用财政政策影响经济的长期而坚决斗争的序幕。随之产生的是 20 世纪 40 年代关于成立经济顾问委员会的是非争论，以及行行色色不同版本的美国“充分就业”立法。这些法律规定保证充分就业是联邦政府应该承担的法律责任之一。一方面，凯恩斯主义者倾向于给予经济更多的财政刺激以保证充分就业；另一方面，保守派却不希望联邦政府对经济表现承担任何责任，特别是不想政府利用税收和财政支出的方式刺激经济。

在整个 20 世纪 50 年代，虽然在学术界流行的是基本的凯恩斯主义模型，但是这时候的政策制定模式还停留在非凯恩斯主义阵营。尽管富有争议的经济顾问委员会最终还是成立了，但是它并没有被赋予法律责任去维持美国经济的充分就业。[⑤]德怀特·艾森豪威尔（Dwight Eisenhower）的政治生涯起源于他所在的反凯恩斯主义的政党，因此其执政期间出现动荡的失业率和通货膨胀也不足为奇。但是，20 世纪 50 年代失业率和通货膨胀之间的规律变化，使得人们逐渐相信菲利普斯曲线确实存在。菲利普斯曲线（第一次发表于 1958 年的英国）认为失业率和通货膨胀率之间存在替代关系：其中一者上升时，另一者就会下降。

1960 年约翰·F. 肯尼迪（John F. Kennedy）成功竞选总统之后，凯恩斯主义者制定的经济政策已经在联邦政府中获得大范围的认可。肯尼迪政府几乎起用了那个时代所有的最伟大的凯恩斯主义经济学家作为经济顾问：沃尔特·赫勒（Walter Heller）、克米特·戈登（Kermit Gordon）和詹姆斯·托宾（James Tobin）。这些凯恩斯主义经济学家先后帮助了肯尼迪及其之后的林顿·约翰逊（Lyndon Johnson）政府制定了政府的宏观经济政策，并使美国经济可以在多年来处于令人瞩目的增长路径上。1968 年约翰逊政府在大规模地增加越南战争支出的同时，又意图继续维持国内扶贫项目的高水平支出，这使得约翰逊政府的凯恩斯主义智囊团感到无能为力。[6]肯尼迪－约翰逊政府的前六年是自 20 世纪 30 年代美国政府有记录以来时间最长的连续增长时期。起初，在 1967 年由约翰逊政府的支出和税收政策产生的财政赤字还能延续这一经济增长势头，但随后不断升级的越南战争所产生的严重的财政压力最终还是导致了 1968 年的通货膨胀和经济过热的发生。

事实上，直到尼克松宣扬“现在”每个人都是凯恩斯主义者的著名言论为止，凯恩斯主义仍然是理解和解释相对温和经济紊乱的理论框架。但是，没过多久凯恩斯主义共识便遭受了严重的打击。

在美国，反对需求管理政策的哲学从来没有消失过，特别是在右翼党派和在某些特殊的经济周期之中。事实上，1973 年之后反对凯恩斯主义言论逐渐缺少了新意，和 20 世纪 40 年代的那些反对需求管理的言论相比，改变的仅仅是分析的力度和复杂性而已。在第二次世界大战后的 25 年里，针对凯恩斯主义最有名的学术反击来自 1967 年米尔顿·弗里德曼（Milton Friedman）在美国经济学会就任主席的演说（1968 年出版）。弗里德曼成名于早期和安娜·施瓦茨（Anna Schwartz）的合著《美国货币史》（*A Monetary History of the United States*）（1963）一书，但是他关于使用货币政策控制的是通货膨胀而不是失业率的就职演说是富有思想和令人信服的。之后杰出的凯恩斯主义经济学家，例如詹姆斯·托宾（James Tobin）也都认识到了货币政策的重要性，并将通货膨胀作为需要解决的潜在问题之一。但是，这些凯恩斯主义者更加感兴趣的是如何使用作为需求管理杠杆工具的财政政策来解决失业问题。

如果说弗里德曼已经对凯恩斯的过度忽视货币政策的错误作出了漂亮的批判，那么更精彩的是1970年达成的弗里德曼货币政策操控方式的共识（应该盯住货币供应量增长率目标而不是盯住利率目标）。

20世纪70年代滞胀现象的出现使得弗里德曼的思想在学术界和政策高层获得了更多的关注。凯恩斯的需求管理政策，所依赖的理论基础是调控失业率问题时无须担心通货膨胀的发生。只有在过度使用需求管理政策的时候，通货膨胀才有可能发生。20世纪60年代，菲利普斯曲线在描述了这一思想的时候指出通货膨胀和失业率之间存在权衡关系，只有在失业率很低的情况下才会出现通货膨胀问题。⑦如果政府刺激总需求，失业率将会降低；如果政府的刺激过大，则会引起通货膨胀和经济过热。相反，总需求的减少将能够缓解通货膨胀压力；而如果对经济降温的力度足够大，那么将会不可避免地导致失业率的上升。

20世纪70年代通货膨胀和失业率同时出现，使得经济学家和政策高层认为凯恩斯主义工具不再有使用价值。靠减少总需求来缓解通货膨胀会进一步恶化失业问题；靠刺激总需求来缓解失业的压力，则会进一步加剧通货膨胀。突然，原有的凯恩斯主义工具不再能够解决所面临的现实问题：它们已经不再能告诉政策制定者需要做什么了。

进入理论荒漠

20世纪70年代滞胀现象出现之后，凯恩斯主义思想迅速销声匿迹。⑧虽然所有的国民收入数据（消费、投资、政府支出、净出口、国民生产总值）都还是完全按照凯恩斯主义的分析口径来分类收集的，但是，1973年的第一次石油禁运之后，能够以凯恩斯主义视角来解释数据并提出凯恩斯主义政策建议的人已经是凤毛麟角了。

米尔顿·弗里德曼的货币主义思想迅速占领了由此而产生的理论真空地带。弗里德曼在美国经济学会就任主席演说的时间安排真的是恰到好处。1976年，弗里德曼便旗帜鲜明地以一个凯恩斯主义政策强烈批评者的形象出现在世人面前，他也因此成为了20世纪70年代中早期最重要的反对凯恩斯主义的声音之一。

在最简单的形式中，货币主义所要表达的是关于流通中的货币总量和名义收入之间的关系：货币总量越大，名义收入水平就会越高。如果这一理论所依赖的假设是正确的，那么货币主义所描述的关系肯定成立，因为它所描述的就好比是简单的赘述。[⑨]然而，名义收入是价格水平和真实收入水平的产物，货币主义者假设真实收入水平的增长与技术变化和人口增长率保持固定比率，这也就意味着当货币供给率超过真实产出增长率时就必然表现为价格水平的变动。因此，货币供给应该和真实的产出水平保持一致，任何额外的货币供给增加只能有一个结果：通货膨胀。[⑩]

然而，就像 Thomas Mayer（1978）描述的那样，20 世纪 70 年代货币主义在美国被理解为是一种要比简单地描述货币供给和通货膨胀之间关系更为高级的思想。[⑪]货币主义最终得出的信条是，财政政策是不重要的，经济周期（名义上）是由顺周期的货币政策导致的，唯一的最适合的货币政策规则是保持货币供给增长率和预期实际收入增长率一致（不会导致通货膨胀）的简单规则。

在英国，Margaret Thatcher 不仅接受了弗里德曼关于货币政策和通货膨胀的宏观经济思想，而且还肯定了他强调自由市场重要性的思想，这些都远远超过了货币主义在美国的应用程度。当时，货币主义在美国还只是一种如何更好管理宏观经济政策的思想而已。但是货币主义思想在大学中流行的时间并不长，Paul Volcker 在他就任美联储主席不久后的 1979 年秋天便把货币主义当成一种政策工具去治理折磨美国经济的两位数通货膨胀。和弗里德曼清晰而简短的观点一样，Volcker 认为控制通货膨胀的唯一方法便是停止快速增长的货币供应量。按照弗里德曼开出的药方，美联储选择了货币供应量作为其货币政策调控的工具。[⑫]

美联储政策的这种转变意味着政府将不再盯住短期利率目标，因为美联储不可能同时盯住短期利率和货币供应量两个货币目标。如果美联储盯住货币供应量目标，那么就必须允许利率随着货币需求变化而浮动；如果盯住利率目标，则美联储必须调整货币供应量来改变货币的需求状况。因此，美联储选择货币总量作为货币政策操控目标也意味着在限制货币供应量增长时必然会导致短期利率的上升。不论是从利率的上升还是从可贷资金减少的角度来衡量，这种从紧的信贷政策导致了第二次世界大战之后最严重的经济衰退，因此在政治上不得人心。[⑬]

作为美联储主席，Volcker 因成功地战胜了通货膨胀而受到广泛赞扬；

但是作为经济学家，他却被人们看做是弗里德曼思想的傀儡而受到冷嘲热讽。货币主义被美联储奉为最好的宏观经济政策工具之一，美联储也因为使用货币主义政策才成功地治理了美国的通货膨胀，但这绝对不是最终导致货币主义灭亡的原因。

货币主义之所以灭亡原因在于该理论从 1979 年开始所依赖的前提假设的设定失败上。特别在 1979 年之后，货币流通速度（美元在一个固定时期内的平均周转速度）并没有像货币主义假定的那样保持稳定（或者以稳定的速度增长）。货币的流通速度是"不可见"的，只有在滞后几个月的统计数据中人们才能看到它；尽管，不久便会有证据显示货币流通速度正在以空前的速度下降，但是美联储若此时允许货币供给量高于预期设定目标水平就不会造成任何通货膨胀。早在 1981 年，美联储便倾向于允许超出预期目标限制去更多地供给货币。面对一个没有能够稳定货币流通速度的现实，美联储如果不能在这十年里一直保持货币供给超预期目标，那么它将会面临将美国经济带入深渊的风险。美联储真的没有必要去冒风险；然而，在这十年的中期货币供应量还是以两位数速度增长了，但是通货膨胀没有发生。[14]

起初，不论是经济学家还是金融评论家都不想以埋葬凯恩斯主义的方式那样迅速埋葬货币主义。直到 1987 年，美联储不得不公开承认这种货币体系不再有能力遵守起初所设定的货币目标了。从 20 世纪 90 年代初的艾伦·格林斯潘（Alan Greenspan）规则开始直到十年后发现货币流通速度长期不具有稳定性之后，美联储才放弃了以货币供应量为首要政策目标的货币政策操控模式。[15]

然而，货币主义的失败并不标志着凯恩斯主义可以迅速地回归。远非如此，凯恩斯主义回归的道路还很遥远。

诸多原因导致了凯恩斯主义没有立即回到主流经济学的地位上来。虽然美联储没有能力继续坚持其货币政策操控目标，但是对货币供应量的操控却在消除 20 世纪 70 年代的通货膨胀方面发挥了积极作用（虽然这种紧缩政策并没有完全按照弗里德曼的规则）。美国第二次世界大战后的凯恩斯主义者曾经坚信财政政策才是最重要也是最有效的宏观经济管理政策；然而，在美联储的成功经验之后，这些观点看起来不再具有说服力。这就像弗里德曼认为通货膨胀是最急需要解决的问题一样。而在第二次世界大战后的三十年中，美国的凯恩斯主义者则倾向于认为可以以牺牲一定的通货膨胀来保证充分就业；但是，他们从来没有注意到如果由恶性通货膨胀引起的长期利率上升足够大的话，所导致的投资总量减少和经济增长放缓会使失业率增加。因此，尽管货币主义本身被证明是不可行的，但弗里德曼许多关于经济和宏观经济政策的基本直觉却获得了认可。

凯恩斯主义没有立即回归的另一种原因是，随着凯恩斯主义经济政策在人们视线中逐渐淡去，专业经济学家和中央银行研究部门所使用的理论分析框架已经发生了根本性的变化。20 世纪 70 年代，以罗伯特·卢卡斯（Robert Lucas）（时为芝加哥大学弗里德曼的同事）、罗伯特·巴罗（Robert Barro）为代表的一些经济学家创立了新古典宏观经济学派。考虑到弗里德曼的货币主义是一种建立在经验主义上的宏观经济政策信条，新古典宏观经济学则是关于理性经济代理人如何行为的经济学理论应用。对于经济学家来说，或许他们还不愿意接受卢卡斯和巴罗的结论，但是这种分析方法在理论上引起了他们的注意。甚至许多凯恩斯主义者也接受了新古典经济学派的游戏规则，并试图建立带有完全理性经济代理人的模型来维护凯恩斯主义思想。

这种新分析方法进行推理的最重要的基础便是理性预期假设，即经济代理人可以预测任何可预测的事情。这便是新古典宏观经济学认为任何企图稳定经济的需求管理政策都是不可行的（不仅仅是困难的）的理论基石。很快，人们发现 Lucas 的理论很难解释由随机冲击造成总需求变动而产生的经济周期，但是实际上它和实际经济周期理论之间已经相差不远了。实际经济周期理论通过使用带有随机技术冲击的类似模型解释了经济周期的发生。[16]

该理论的出现对政策讨论的意义在于，新古典宏观经济学更加关注理性的、信息充分的经济代理人的行为，那么宏观经济政策讨论的重点由此便转变为理性经济代理人是如何对政府的经济政策作出反应的。由此，政策制度所产生的影响将会取决于政策本身的可信程度。

最初，那些针对凯恩斯和他的思想进行的攻击并不仅限于他的宏观经济政策思想：对于许多右派人士来说，凯恩斯是资本主义本身倾向于不稳定思想的代表，因此诋毁凯恩斯和他的著作不仅仅只是针对他是否还需要宏观经济政策的观点，更是针对市场经济是否只有在政府干预下才能运行良好的观点的一种辩驳。针对凯恩斯最隐晦的攻击或许是来自 James Buchanan 和 Richard Wagner 合著的《赤字中的民主：凯恩斯勋爵的政治遗产》（*Democracy in Deficit*：*The Political Legacy of Lord Keynes*）（1977）一书。Buchanan 和 Wagner 认为凯恩斯对整个经济的理解是谬误的，因为凯恩斯的观点是建立在一种对人类本性幼稚的理解之上的。他们在书中使用的“哈维路的猜想”这一短语来源于凯恩斯幼年的家庭地址，并认为凯恩斯对经济和人类本性有着过分简单和不切实际的理解。[17]

因为新古典宏观经济学假设市场经济自身将会运行良好，并且经济代理人会尽全力获得充分的信息，这些假设的结果便是，为了保证经济增长和充分就业政府不应该干预经济，应该让市场经济自我运行。同时，Buchanan 等人所提出的“公众选择”理论认为民主制度、官僚主义、政治进程等问题的存在使得最优化社会政策很难被实施。完善的私人部门和不完善的政府部门使得凯恩斯关于使用政府部门改善经济的思想失去了人们的信任。

你能够遵守规则吗？

那些反凯恩斯主义的思想之间共有的家族特性是宏观经济政策的使用必须遵循一定的“规则”，政府的行为应该公开透明，并且应该被限制在一定范围内。这些观点都是基于经济代理人的假设，即不论是金融家、实业家还是联盟领袖都能够“理性地预期”经济和经济政策。根据这一结论，经济代理人会很快识破政府任何在短期内通过宏观经济政策调控经济的企图，他们会及时调整自己的行为以将政策对他们的影响减少到最小。例如，联邦政府想在短期内通过财政赤字来刺激经济，经济代理人便会想到政府随后肯定会通过增加税收来偿还财政赤字。经济代理人具备的这种知识，将会导致他们减少至少和政府刺激一样大的总需求来抵消这一政策对他们的影响。从这种观点来讲，政府最好的行动方式就是制定清晰定义的规则去“严格遵守”，这样经济代理人就只需要作出最好的微观经济选择而无须关心政府的政策变化，从而增加投资并使得经济增长。

最好的财政政策规则非常简单：保持中央政府财政预算平衡。[18]至于货币政策的规则，在对盯住货币供应量的方法失去信心之后，我们转而寻求稳定的低通货膨胀率为目标，并公开透明地改变利率以适应不断变动的通货膨胀预期。公开透明的简单规则，可以保证私人部门不会对政府政策的改变感到吃惊，从而避免了出现反应过激的私人行为。综上所述，这些关于规则的观点实际上包含了米尔顿·弗里德曼对宏观经济政策的所有思想：财政政策没有实际作用，宏观经济政策不应该用来解决失业，只有控制通货膨胀才是宏观经济政策唯一的法定目标。除了弗里德曼认为的还需要更加严格地控制货币供应量这一点之外，以上总结包含了他的绝大部分观点。但是，由于货币流通速度不再稳定，盯住货币供应量的目标变得不再可行；利率是现在所需要的货币政策工具，但是它和弗里德曼货币供应量工具有着同样的目的，那便是用来治理通货膨胀。

20 世纪 90 年代，欧洲和美国都开始使用规则的宏观经济政策。在欧洲，《马斯特里赫特条约》（1992）对进入共同货币区的国家实行严格的财政赤字限制，而欧洲中央银行则只被授权控制共同货币区内的通货膨胀。在美国，美联储将货币操控目标重新选定为利率目标，并时刻监控通货膨胀防止它再次失去控制。当然，总统比尔·克林顿（Bill Clinton）建立了成功的财政政策的前提是（克林顿的这些思想来自他的首席经济顾问 Robert Rubin，Rubin 之前是一位投资银行家，对债券市场非常熟悉）平衡的联邦预算将会降低债券利率，从而可以增加投资、刺激经济增长、减少失业的存在。因此，在 20 世纪末，很难有人不同意这样的观点，即只要政府遵循正确的宏观经济政策规则，则资本主义经济必将会运行得更加良好从而可以给人们提供充分就业的机会。

回归凯恩斯

认为宏观经济政策应该遵循清晰规则这一思潮的崛起，其实是受到了 20 世纪 90 年代的经济繁荣的帮助。在 21 世纪头十年里，在经历了最初几年轻微的萧条之后，因为计算机技术的发展和互联网崛起等积极因素的刺激，美国经济获得了难得的经济增长、失业率下降和超过 20 年时间的贫困显著下降的黄金时期，在这些利好因素的帮助下美国股市也达到了超乎想象的繁荣。

那些极力提倡使用规则限制政府宏观经济政策的人之所以这样做，是因为他们始终坚信市场经济自身就能够运行良好。而且，这种观点的有效性很容易得到了证实：宏观经济政策正在接受检查之时经济果真变得繁荣了。

在连续几年的时间里联邦政府几乎是摆设（1998—2000 年），（民主党）政府也不断地提醒公众，他们所获得的经济成功之中政府对财政规则的坚持功不可没，这种情况的发生在 40 年里还是第一次；财政盈余减少了信贷市场的压力（因为政府不再竞争市场上的可贷资金），由此而产生的债券长期利率的降低刺激了投资，这给经济注入了强劲的动力。同时，这一时期的货币政策也运行得十分稳健。美联储肩负着稳定物价水平、增加就业和促进经济增长的法定使命，为了完成其法定使命美联储选择了通过调控短期利率来给市场发出清晰信号，这样便达到了控制通货膨胀和通货膨胀预期的目的。如果美联储能够给市场正确地释放短期利率信号，那么所带来的较低的长期利率将能够增加投资、促进经济增长和减少失业。用现代的货币主义理论语言可以将这一问题阐述为：为了达到促进经济增长、减少失业的目的，美联储使用短期利率工具来调控通货膨胀，这种公开而透明的干预方式使美联储获得了市场信用，从而达到了预期的政策效果。

同样地，用现代的宏观经济理论来解释这一问题就是，联邦政府（克林顿政府）和中央银行（美联储）通过阐述它们各自所遵循的政策规则，并向市场证明它们遵循这些规则的决心和能力，以此建立了它们各自的“信用”。这种“信用”建设的理论在深层次上依赖于理性预期学派的思想：既然经济代理人无法被欺骗，那么可以成功施行宏观经济政策的唯一方式就是公开而透明地告诉经济代理人政府所要遵循的规则，并让经济代理人不再担心政策变化所带来的影响，让经济代理人自由地促进经济增长。

然而，2000 年初互联网泡沫的破灭标志着那些支撑着反凯恩斯主义宏观经济学的复杂思想体系开始走向了灭亡。当然，首先发生的是美国股市的大崩盘。那年春天的美国股市使数百万人损失超过 20%，并从此进入了漫漫的熊市；多年来流行的股市可以轻松致富谎言破灭之后，许多人开始意识到他们的退休金也付诸东流了。这同时严重损害了经济运行的其他方面。由于可以从股市中盈利，许多人不再从固定收入中拿出一部分用来储蓄；更加糟糕的是在新旧世纪转换之际，房地产价格也开始出现了泡沫，这使得人们彻底打消了储蓄的动机。缺少储蓄动机的原因非常简单：如果你从现有资产的升值中获得了财富的充实感，那么为什么不现在就享受它呢？

不言而喻，经济学家们需要去解释既然所有的人都在不同程度上是理性预期的，那么怎样去解释在互联网泡沫期间私人代理人错误的投资选择呢？不仅仅是中产阶级在没有对市场未来价值作出恰当判断的情况下就将他们的退休金投向了高科技股票，就连精明的风险投资基金经理也没有对市场的未来价值作出任何理性的预期。

计算机行业的科技创新带来了股市的欣欣向荣，同时也带来了许多高姿态的并购事件。事后想想，这些并购都是建立在无知、过分乐观和自欺欺人的基础上的。例如，美国在线收购时代华纳的事件。美国在线高涨的股票价格使其收购“内容供应商”时代华纳的操作一直被市场看好，因为收购完成之后，时代华纳便可以给美国在线的门户网站提供更高质量的新闻内容和节目编排。但是，正如我们看到的，收购时代华纳时候的美国在线股票价格并没有反映它的真实价值。在忽视了美国在线股票的真实价值之后，美国股民仍然认为并购的利好消息能提高股票价格，存在巨大的获利空间。但是，不仅仅是没有获得充分信息的傻瓜和天真的短线炒家没有真实地评估美国在线股票的价值；就连许多职业人士也没有看到这一点。最终，在成千上万持有错误预期的市场参与者的炒作之下，美国在线的股票价格一路上升。美国在线很容易地利用自己被夸大的市值收购了更具有价值的时代华纳。这种非理性预期的错误在高科技股票市场中迅速蔓延开来。

2001 年早期美国经济陷入衰退之后，美联储便开始了它一系列的刺激经济行动。在“9·11”恐怖袭击之前，美国经济便已经处在困境之中了。最为不幸的是新古典宏观经济学的支持者，因为美国经济出现的问题并不是由宏观经济政策的根本变革引起的，而是由市场代理人在自身错误预期基础上作出的更加错误的决定所导致的。他们就是新古典宏观经济学理论中所鼓吹的那些能够正确预期任何他们可预期的，并能够在完全竞争市场中合理分配资源的经济代理人。

对于那些认为在没有政府干预之下市场经济可以一直良好运行的人来说，这还不是唯一的坏消息。那些曾经认为宏观经济政策是无效的甚至是有害的人们需要思考的另一个问题就是，政府的微观管制是否还有必要。或许，在提倡放任自由的宏观经济和微观经济的人们之中，米尔顿·弗里德曼应该是其中的标志性人物，他不仅在 20 世纪末成为货币主义的先驱，并在微观经济领域写了许多关于政府管制无效性的著作。然而，20世纪八九十年代，那些提倡自由放任主义的人们所提倡的自由似乎也逐渐超出弗里德曼当初所设计的仅仅针对限制租金和农产品价格支持等问题的范围；他们甚至将自由主义扩展到政府对金融业的管制上来。在21世纪，几个让世人哗然的商业丑闻（包括安然和世通）使人们再一次清醒地认识到，金融市场极易被无良无德的逐利者和伪君子操纵。当美国历史最悠久的安达信会计师事务所由于安然事件而被迫倒闭之后，人们开始相信那些经济不需要监管就可以“自律”的观点是多么幼稚，甚至相信这或许会是少数人居心叵测的阴谋。

20世纪90年代，正当伟大的自由放任主义还继续出现在晚间新闻和金融出版物上的时候，美国的宏观经济政策却发生了一件有意思的事情，这件事同时涉及财政政策和货币政策两个方面。

在货币政策方面，21世纪最初的几年里，美联储正在实行大规模的货币政策刺激计划。2001年在“9·11”恐怖袭击发生之前，美联储已经将利率降低了3个百分点（从6.5%降到3.5%）；而在其后的两年内，美联储又把利率降到了1%的历史性低点，并保持了一年。由于不用担心通货膨胀的发生，美联储便放开了手脚集中精力去解决经济增长和失业问题。[19]

美联储这种孤注一掷地使用利率工具去应对失业和经济萧条的做法却正好是在第二次世界大战后美国流行的凯恩斯主义共识的观点。尽管在第二次世界大战后的25年内，凯恩斯主义者更喜欢使用财政政策而不是货币政策来调控经济，但是，他们在一定程度上也相信使用货币政策可以增加经济增长并消除失业。

但是，并不能将美联储在21世纪初的政策表现看做是美国宏观经济政策实施中的凯恩斯主义回归。因为这一头衔还应该送给乔治·W. 布什（George W. Bush）总统当年实施的财政政策。在美国历史上，美国政府还从来没有运行过如此大规模的赤字债务。2000年，George W. Bush在他第一次总统竞选时极力推行大规模削减税收计划，他的供给经济学解释是：通过减少税收而增加的投资会促进经济增长。但是，当他当选美国总统之后面对不断升级的经济衰退的局面，他便开始考虑短期内刺激总需求，而削减税收却恰恰可以增加总需求。事实上，在他的第一次削减税收计划之中包括直接送给居民的退税支票，他希望居民在得到支票后可以立即消费以增加总需求。供给经济学的基本观点还是布什总统对外宣称的削减税计划的理论依据，但是削减税收的实际意图已经是用过时的凯恩斯主义需求管理政策来刺激经济了。当2008年再次面对经济衰退的时候，布什政府再一次使用了直接送给居民的退税支票的方法。[20]

或许，在美国宏观经济政策制定的历史上再也找不到一个像2001—2008年那样，如此重视需求管理政策在刺激经济中所发挥的作用的例子了。因为，即使在2008年秋天的金融危机发生之前，需求管理政策已经被作为首要的稳定经济的方式发挥作用了。虽然布什政府的政策制定者不像凯恩斯那样重视非理性投机的作用，但是我们实在没有办法将2001—2008年的美国宏观经济政策归为凯恩斯主义之外的任何一门经济学流派。尽管布什政府的政策制定者已经知道了需求管理政策是有用的，但是他们并没有想到在他们任期结束之前竟然需要如此大规模的经济刺激计划。

在政策使用上他们都应该属于凯恩斯主义的，但是他们还依然坚守那些被称为反凯恩斯主义思想阵营的基本直觉：人们总是对未来持有理性的预期，未经管制的市场是最好的。

对凯恩斯回归美国的评价

阐述凯恩斯主义宏观经济政策回归美国会有许多不同的方式。但是，讲述该问题最清晰的方式之一便是拿三十年前凯恩斯主义思想被废黜的情形和21世纪头十年新古典宏观经济学被取代的情形进行比较研究。三十年前，凯恩斯主义的灭亡几乎预示着“反革命”开始在媒体间广泛流行，这在当时获得了右翼智库在国际范围内的支持。[21]相反地，新古典宏观经济模型的灭亡却不是左翼智库协调统一的努力结果，也没有得到相关的资金支持。媒体关于新古典宏观经济学（或者货币主义）灭亡的报道也不像当年凯恩斯主义那样轰动。

不过，我们不应该过分重视它们之间的区别。理性预期理论和新古典宏观经济学的灭亡并不是一个有组织、有计划统一行动的结果：这些思想是因其自身存在的缺陷而灭亡的。例如，最近新一轮的经济问题（如次级贷款危机、美国房地产市场在六十年内的第一次崩溃和世界范围内商品价格的不稳定等）带来的严重影响使我们清楚地看到理性预期假设根本无法反映经济运行的现实情况。如果经济代理人真的具有理性预期，那么1999

年股市的互联网泡沫应该能够被人们广泛地预期到。同样地，如果人们真的具有理性预期，那么他们就不会在这一时期购买房产，因为他们应该预期到2006年房地产价格的暴跌。现在有人也在怀疑那些买卖有毒次级抵押资产的投资银行家们是否真的有理性预期。

至于新闻媒体，它们在描述美国当前市场混乱的文章和三十年前相比有很大的不同。今天关于经济形势的辩论比20世纪70年代时的辩论更加复杂，当时石油禁运使得本来就停滞的美国经济雪上加霜；现在，新闻媒体似乎还不能确定经济失调的原因：不恰当的宏观经济政策？肆无忌惮的投资银行家？金融监管失误？经济全球化进程？北美自由贸易协定？还是金融危机？但是，重要的是所有这些造成经济失调的因素在人们的脑海中已经被汇集到一点，并由此而产生了对自由市场是否总可以产生最优结果的质疑。

现在，人们对自由市场总可以产生最优结果这一思想的质疑逐渐发生了微妙的变化，已经不再把所有的目光都聚焦在宏观经济政策这一问题上。如果抵押贷款市场因监管不当而产生了问题，那么仅仅想出可以应对这一问题的宏观经济政策是否就可以解决问题是不能够确定的。即使美联储能够靠降低利率的办法解决了次级抵押贷款市场的问题，但是没有多少人相信单靠货币政策就可以彻底解决这场危机。只有在严格限制金融机构的放款政策，并对抵押贷款的二级市场实行严格的监管之后，这些潜在的问题才能被彻底解决。和三十年前的反革命时期不同的是，今天的人们不再倾向于将宏观经济政策和微观经济政策合并为一种思想意识组合。凯恩斯主义和反凯恩斯主义灭亡原因的不同，或许正是由于这种对经济理解的微妙差别造成的，而不是由政治派系斗争或者外部资助造成的。

另外，虽然认识到了新古典宏观经济学的许多政策纲要是错误的，但是这并没有使人们主动抛弃自20世纪70年代凯恩斯主义在美国消亡以来所积累的经济上的远见卓识。今天不论是左翼还是右翼党派，在制定宏观经济政策的时候没有人再会忽视理性预期所起到的重要作用。人们已经不再相信会存在具有完全远见和理性预期的经济代理人，我们现在所关注的只是如何把握预期的影响去制定政策，以应对那些由于对潜在的金融形势的无知而随时可能改变的市场信心和预期。这和凯恩斯在20世纪二三十年代关注的是相同的事情。预期的重要性已得到广泛的认可，很难还会有人认为财政政策或者货币宏观经济政策没有出现失误的可能。对经济刺激过大将会引发通货膨胀或者通货膨胀预期，或者该政策不仅没有达到预期的目标还会给经济带来更多问题。相同地，若对经济的刺激过小将会达不到提升预期的效果，不能保证经济的复苏力度。今天也不会有人认为只有货币政策或者财政政策才会有效；两者任何一个若使用得当都会有效，若使用不当都会使情况变得更加糟糕。

从这个意义上讲，现在失误的宏观经济政策比第二次世界大战后任何时候都更加像约翰·梅纳德·凯恩斯所预想的那样。凯恩斯肯定会反对将宏观经济管理变成一种带有党性和意识形态性质的努力。很难想象他会反对 2009 年 2 月通过巨大的一揽子财政刺激计划（近 8 万亿美元），他的满足或许不是来自对财政微调会成为资本主义社会经常使用的工具的前景的看好，而是来自他的知识使得经济学家们在需要他们提出建议的时候提出战胜失业、稳定经济的政策建议。

凯恩斯经常梦想正确的经济政策能像牙科医术那样：具有高超的技能同时还具有美好的意愿。或许，在 20 世纪 70 年代反对凯恩斯主义的意识形态崩溃之后，我们能够更加清楚地看到凯恩斯的梦想是多么重要，我们同样可以看到那些带有政治色彩的过分简单的经济思想是多么有害。自由放任市场并不是不会出问题的。更多时候我们需要宏观经济政策来调控市场经济。还好，这一切还不算太晚，因为美国已经回归到了凯恩斯主义意识形态中来了。

注释

① 描述该故事最好的版本来自 Barber（1990），也可见 Stein（1969）。

② 在 19 世纪中期之前，各个州经常靠修建运河和公路等公共工程来刺激经济。然而，这些刺激经济的政策并没有经过任何的经济分析。

③ 要了解在 1932 年和 1936 年的竞选中，罗斯福灵活地使用财政赤字的良好表现，见 Brinkley（1996）。

④ Hall（1989）的几篇论文介绍了需求管理是如何在不同国家进入政治进程的。

⑤ 自从 1946 年的《就业法》开始，美国议会的立法规定联邦的宏观经济政策必须关注就业、通货膨胀和经济增长三驾马车。

⑥ Bernstein（2001）很好地记录了这个令人悲伤的故事，其介绍了约翰逊总统甚至

在其经济顾问委员会不知情的情况下将战争升级的历史。当经济顾问委员会知道战争升级的时候，通货膨胀已经恶化了。当然，这则小故事只是为了阐述由 Heller、Gordon、Tobin 带到白宫的新经济学的基本原理，其最终导致了肯尼迪政府在 1963 年的减税计划。但是在财经媒体或者其他地方重提这一故事最流行的版本是，当这一故事支持新经济学理论过度刺激的结果的时候，新经济学已经失败了。

⑦ 1941 年，英国第一次使用了凯恩斯主义的需求管理政策。此次运用是为了战胜由战争带来的经济过热所产生的潜在通货膨胀。人们第一次知道了，需求管理政策作为一种政策工具既可以用来刺激经济，也可以用来给经济降温。

⑧ 当然，仍然会有许多凯恩斯主义者倾向于继续坚守凯恩斯主义。在石油禁运之后出现的经济学派都被称为后凯恩斯主义经济学。关于后凯恩斯主义经济学的历史，参见 King（2002）。

⑨ 货币主义的两个最基本假设是货币流通速度（货币在整个经济中的周转速度）是固定不变或者以固定的速度增长的；实际产出（真实收入）的潜在增长是由技术变化、人口增长以及新资源的发现来决定的。

⑩ 因此，货币主义另一个（之前）最著名的结论是“通货膨胀最终将会是货币现象”。

⑪ 从技术上说，货币供应量和通货膨胀之间的关系可以归为货币数量论。

⑫ 货币供给可以有很多方式，美联储开始面临的困难是如何控制测量货币供应量。美联储开始尝试不同的测量方法，来寻求一个能够给它们想要的结果的可预测的货币流通速度。

⑬ Volcker 政策并没有受到里根政府的欢迎，这标志着 Volcker 领导的美联储发生了重要的变化：美联储已经独立于总统的权力。Wooley（1984）认为，在 1979 年之前美联储主席不能因个人喜好而采取货币政策，其采取的货币政策必须得到当局的满意。

⑭ Delong（2000）讨论了在货币主义作为政策指导方针的实践失败的背景下，许多思想是如何成功地体现货币主义的。

⑮ 米尔顿·弗里德曼绝对没有在学术杂志上承认自己关于宏观经济政策的思想是失败的。他 91 岁接受金融时报采访的时候（2003 年 6 月 3 日），顺便提到了他的思想没有被证明是正确的。

⑯ 20 世纪 80 年代，虽然美国的失业率从 1982 年的高峰迅速下降，但是欧洲在这十年内大部分时间的失业率却一直居高不下。这使得欧洲的宏观经济学家对新古典或者实际经济周期理论失去了热情。带有不完善市场假设的新凯恩斯主义理论，相比美国在欧洲更加流行。

⑰　“哈维路的猜想”起源于 Roy Harrod（1951）写的凯恩斯传记。Harrod 使用这一术语是为了提及凯恩斯长大成人时期的那一整套维多利亚思想。值得注意的是 Buchanan 和 Wagner 的书中对于凯恩斯的著作是英国政府的政策分析的说法，他们并没有做任何调查。

⑱　然而，具体实施起来却非常困难。政府是应该每年都保持预算平衡呢，还是在一个周期内保持预算平衡？还涉及那些应该被包括进去的问题：仅仅是当前的支出还是也包括投资？

⑲　利率比通货膨胀率更低的时候（分别是 1% 和 2%），货币的价格实际上是负的。以此利率借贷，债务人归还债务的钱要比当初他们借入时少。

⑳　对比布什和林顿·约翰逊的财政政策将是很有意思的，因为二者都因为战争支出而增加了他们财政刺激计划的规模和影响。然而，他们之间的区别在于约翰逊的战争支出是建立在已有大规模地消除贫困的财政支出基础上的，而布什政府战争支出之前的财政政策的问题来源于他的减税计划。

㉑　Backhouse（2008）支持美国的放任自由经济学。

第二章 日本长期的经济停滞和经济政策

Yoshiyasu Ono

序言

20世纪90年代初的股市崩盘之后，日本的经济便一直处于停滞状态。日本政府一直在需求管理政策和供给经济政策之间摇摆不定，努力寻求应对经济停滞的办法。日本政府时而选择凯恩斯主义的扩张政策（K. Miyazawa，1991—1993；M. Hosokawa，1993—1994；T. Murayama，1994—1996；K. Obuchi，1998—2000），时而又选择新古典宏观经济的紧缩政策（R. Hashimoto，1996—1998；J. Koizumi，2001—2006）。日本政府采用凯恩斯主义政策是希望这些政策所创造的需求能以乘数效应刺激商业活动。但是，他们最终发现日本的乘数要比预期想象的小得多。Hashimoto 和 Koizumi 政府不赞同这种做法并强烈支持供给经济学的政策，但是在这二位首相当政期间日本的经济却表现得尤为糟糕。

本章回顾了20世纪90年代至今日本经济停滞的情况，并提出了一种既包含新古典时间偏好理论又包含凯恩斯流动性偏好理论的经济长期停滞理论框架。在这个理论框架中，我们分析了日本政府所采用的各种不同的新古典或者凯恩斯主义政策的影响，并讨论了这些政策为什么没有产生预期的积极效应。

对日本长期停滞经济的回顾

20世纪80年代末，特别是1987年之后，日本享受了一个6%～8%的国内生产总值（GDP）增长率和不到2%失业率的黄金时期。日经平均指数（Nikkei 225）以20%～30%的年增长率增长，并最终在1989年末达到其顶峰的38 915点。人们对日本经济充满信心，并且有许多的畅销书也表达了对经济的这种信心，例如，当时 Vogel（1979）和 Johnson（1982）的著作就十分地畅销。然而，之后日经指数再也没有达到过其在1989年的顶峰。自1989年后三年时间，日经指数的跌幅便达到60%，并于2003年跌至最低点的7 862点，跌幅达到80%（见图2.1）。2009年2月，日经指数依然在7 900点附近徘徊。房地产市场的情况也和股市类似，只不过发生在股市崩盘两年之后。

日经指数股票价格的暴跌可以和美国大萧条时期DJI指数（道琼斯工业平均）暴跌80%相提并论，并且二者股票市场暴跌前的经济运行情况也非常相似。股市暴跌来临前的1929年9月，美国股市还处在股票价格快速上升的时期，当时的美国人相信他们所处的是一个没有经济停滞的新纪元（见Allen 1931，1939）。然而，股市的暴跌却突然发生了。现在的美国经济和世界其他地区的经济逐渐显现出类似的连锁反应。如果情形果真如此，那么DJI指数将会在几年内跌至3 000点以下。

注：失业率：总务省（www. stat. go. jp/data/roudou/longtime/03roudou. htm）。股票价格：日经平均指数（www. nikkei. co. jp/nkave/index. html）。

图2.1　失业率和日经平均指数（1990年1月—2008年1月，月度数据）

随着日本股市的暴跌，真实的GDP增长率陡然从7%降到不足2%，有些时期甚至是负的增长率（见图 2. 2）。日本股市暴跌之后经济增长率远远低于1950—1990 年的增长率：1950—1973 年为8. 8%，1973—1990 年为3. 8%，1990—2000 年为1. 3%（见 Boltho 和 Corbett 2000）。有三段时期日本的经济增长率是负的：1993—1994 年 Hosokawa 政府执政时期，1997—1998 年 Hashimoto 政府执政时期，2001—2002 年 Koizumi 政府执政时期。这些时期的失业率显著地上升了（见图 2. 1），其间也爆发了金融危机。例如，在 Hashimoto 政府改革的 1997—1998 年，失业率由 3. 5% 上升至 4. 5%。Yamaichi 证券公司（四大证券公司之一）、Hokkaido Takushoku 银行（第十大商业银行）、Long - Term Credit 银行以及其他的几家金融机构在这一时期倒闭并造成巨大的社会动荡：例如，日本每十万人自杀人数显著上升，由 26. 0 人上升至 36. 5 人。[①]特别地，55 ~59 岁年龄段人群的自杀人数由 47. 0 人跳跃性增长至 70. 2 人。在 2001—2003 年的经济改革中（Koizumi 政府），失业率由 4. 7% 上升至 5. 4%，这是自从日本有失业率统计以来的最糟糕表现。Resona 银行（日本第四大银行）也因为过低的资本资产比率而被国有化，几家当地的银行也在这一时期相继倒闭了。这造成了日本自杀人数的进一步增加：2003 年所有年龄段增加至 38. 0 人，55 ~

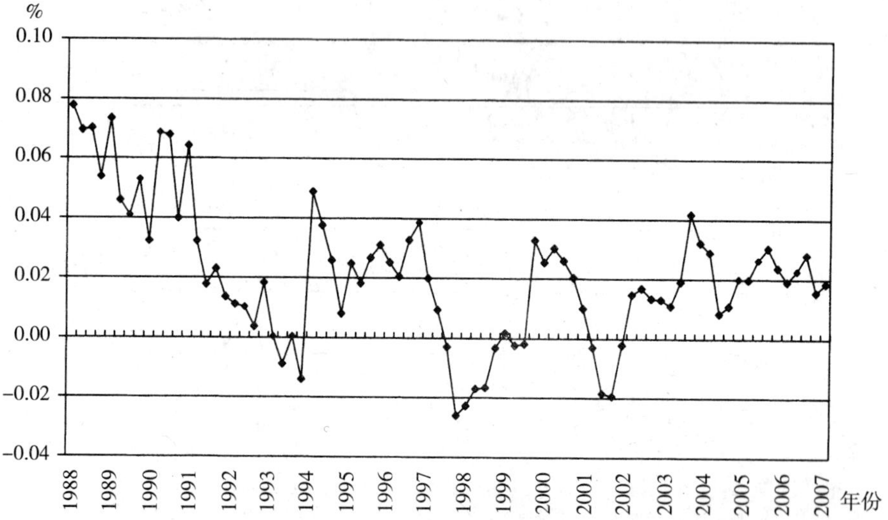

注：日本内阁府经济及社会研究所（www. esri. cao. go. jp/jp/sna/）。

图 2. 2　日本真实 GDP 年增长率（1988 年第一季度至 2007 年第三季度，季度数据）

59 岁年龄段增加至 71.1 人。

Hashimoto 和 Koizumi 政府实施了他们所谓的“结构性改革”，其本质是采纳了供给经济学派的经济政策。他们坚信停滞的日本经济是由供给不足引起的。[②]这种观点和 20 世纪 80 年代人们对广受赞扬的日本经济所持有的观点截然不同，当时人们认为改进效率可以提高经济活力。因此，当时的日本政府强迫企业解雇多余雇员，并淘汰了一部分效率落后的企业。当时的日本政府还通过减少财政支出以减小自身规模，因为当时人们普遍认为公共部门的效率低于私人部门。然而，很难相信在 20 世纪 80 年代曾被认为是世界上最有效率的日本经济，却在几年之内变得如此的缺乏效率，并带来了超过 15 年的严重经济停滞。此外，实际上日本政府当时的规模已经是经合组织（OECD）中最小的之一（见图 2.3）。

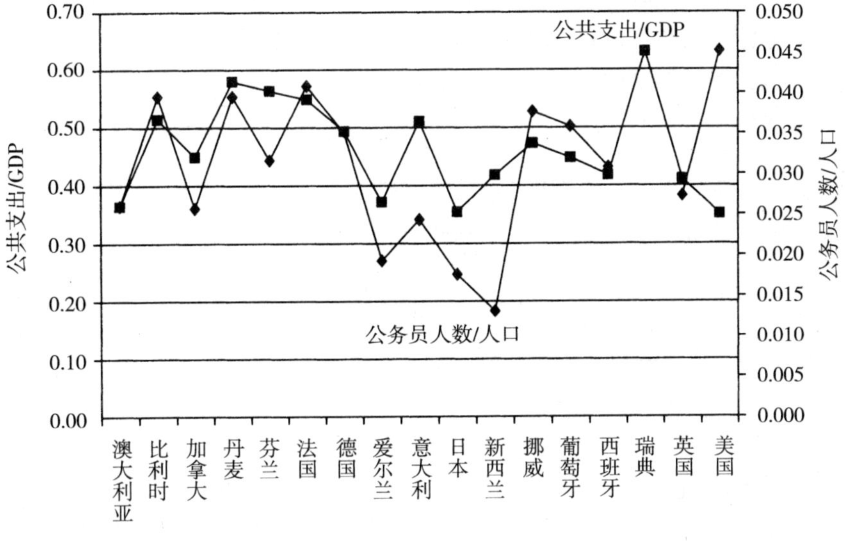

注：National Accounts of OECD Countries, Volume 11a, 11b, 1990—2001。OECD 数据库，社会支出（http://caliban.sourceoecd.org/vl=1251299/cl=63/nw=1/rpsv/oecd_ database.htm）。

图 2.3　政府规模：国际比较（1997）

尽管这两位日本首相减少了财政支出，但是政府的债务却增加了（1998 年和 2002 年；见图 2.4）。由 Hashimoto 首相的经济改革引起的金融危机导致了他在 1998 年 7 月的倒阁，并由后来者 K. Obuchi 继续接任日本首相。为了阻止危机的进一步蔓延，Obuchi 首相增加了财政支出，这导致了政府债务的进一步增加。此后，由于经济逐渐恢复和税收的逐渐增多，日本政府才得以在 2000 年大规模地减少了政府债务。Koizumi 首相极力反对财政扩张的做法，他的态度在当时得到了美国布什政府的强烈支持。然而，却恰恰是这位 Koizumi 首相使得日本政府的债务进一步恶化了，因为他实施的改革导致了日本经济的负增长，这使得政府税收减少的规模大于缩减财政支出的规模。虽然日本经济出现了负增长，但是在 Koizumi 首相结构性改革之后的很长一段时间内，人们还是认为他的政策选择是正确的，并且人们依然坚持认为凯恩斯主义的财政刺激政策是对资源的浪费。这或许是因为经济下滑的突然到来，使得大多数政府在采用凯恩斯主义政策的时候，没有去验证是否还有其他更好财政支出方式的情况下便匆忙选择了不太有效的政治分肥政策作为紧急应对措施。2008 年上台的 Taro Aso 首相所领导的政府似乎就犯了这样的错误。自从 2008 年美国次贷危机引起的世界范围内的经济危机以来，Aso 首相已经将政府的政策选择由结构性的经济改革转变到凯恩斯主义的需求管理政策上来了。然而，他最主要的

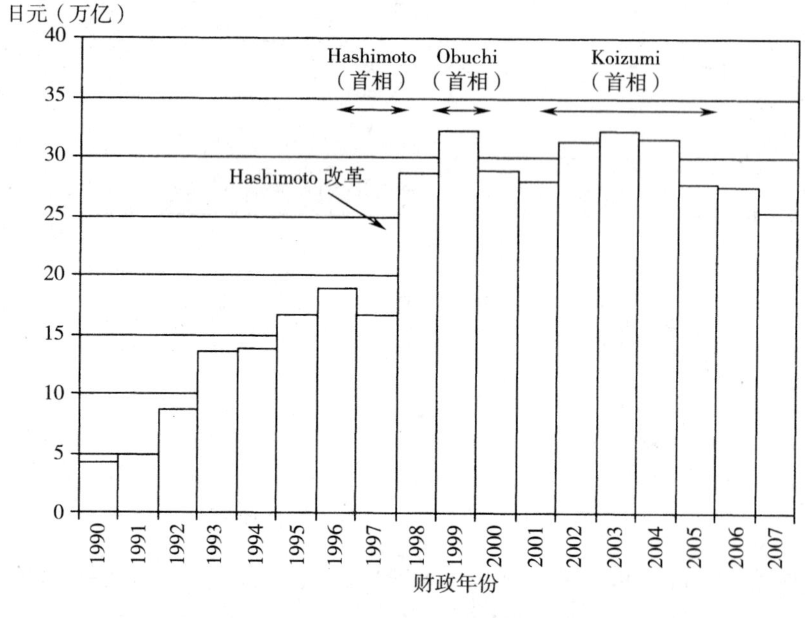

注：财政部（www. mof. go. jp. /jouhou/syukei/zaiseitoukei/03. xls）。

图 2.4　日本的财政赤字

政策建议之一却是一次性将利益分配给居民，他的这种凯恩斯主义政策在日本已经被证明是最没有效果的。

经济长期停滞的原理

在这一部分中，我们使用了一种分析日本经济长期停滞的框架。[③]我们认为，日本的经济停滞现象是由需求不足造成的。低迷的消费使得厂商面临着生产能力过剩和可获利投资机会减少的局面。

图 2. 5 描述了消费需求不足的原理。按照可以给他们带来效用的不同，居民将他们的收入分为消费和储蓄两部分。如果居民选择储蓄，这将会增加他们的资产并能够为他们带来利息收入和流动性便利。资产又可以分为货币等不计息资产和股票及债券等计息资产。人们持有货币可以享受流动性效用（例如方便、安全和社会地位等），这可以用凯恩斯流动性偏好来解释。而持有股票和债券却可以获得利息或收益。经过调整后，股票或者债券的收益可以恰好补偿它们流动性不足的缺陷。

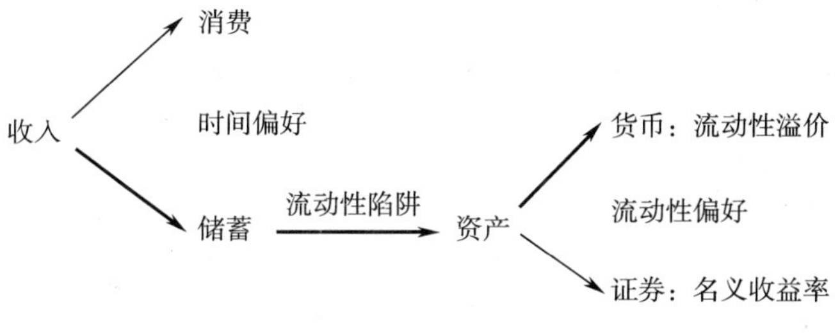

图 2. 5　资产组合选择和消费储蓄选择

储蓄所带来的收益是由其和消费相比所获得的相对流动性效用来计量的，即流动性溢价。凯恩斯（1936，p. 226）将该溢价定义为“因为拥有对它的处置权所带来潜在便利或者安全，从而使得（人们）愿意（为它）支付的数额”。流动性溢价依赖于消费的数量和货币的持有量。如果人们消费较少，那么消费给他们带来的效用要比增加货币持有量所带来的效用更大。如果人们消费过多，那么他们就会想更多地积累货币而不是把货币全部消费掉。因此，流动性溢价会随着消费水平的提高而增加。在图 2. 6 中ℓ曲线表示消费 c 和流动性溢价之间的关系。随着收入的增加，人们会倾向于将他们的收入更多地用于消费而不是继续增加货币持有量，这意味着随着真实货币持有量的增加流动性溢价将会逐渐降低。

储蓄可以看做是推迟消费的成本。它的大小是由人们对即期消费和未来消费两者之间的偏好程度决定的，这可以用新古典的时间偏好理论来解释。此外，如果物价经常变动，为了在未来实现同等数量的消费，储蓄者还需承担额外的通货膨胀成本（或者获得通货紧缩带来的收益）。因为通货膨胀随着总需求的增加而上升，所以储蓄的成本和消费是正相关的。这一关系可以由图 2.6 中的π曲线来阐释。这里需要注意的是，图中所阐释的例子是在充分就业情况下的消费情形，即ℓ曲线在π曲线之上，因此储蓄的收益大于其成本，这意味着会有超额需求产生。

人们会通过比较储蓄的成本（代表时间偏好）和由流动性偏好度量的储蓄的收益来决定消费和储蓄的分配，最终使两者达到均衡状态。如果储蓄的成本（π曲线）高于储蓄的收益（ℓ曲线），人们将会增加消费。如果

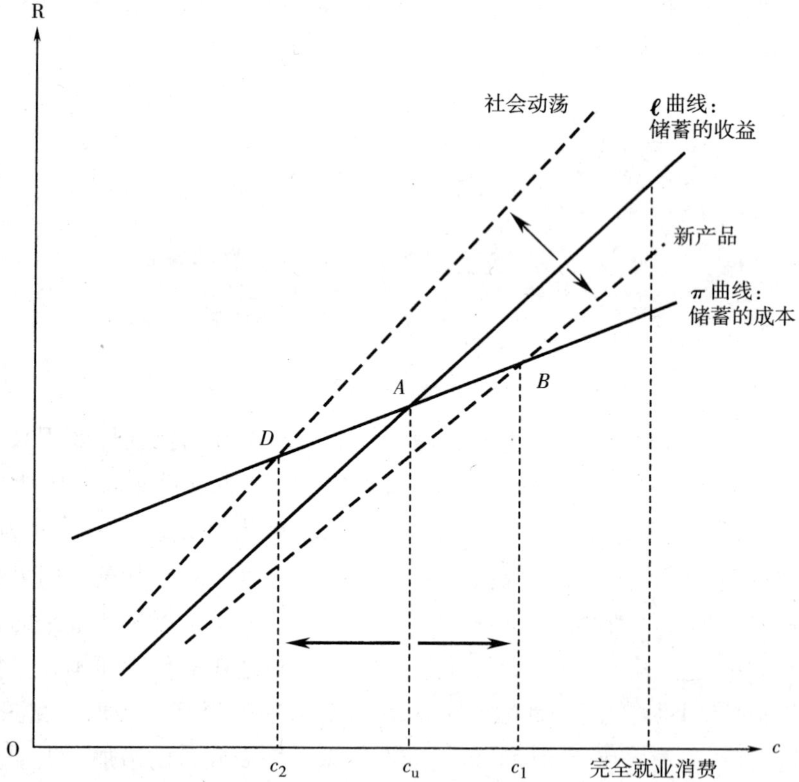

图 2.6　储蓄的成本和收益

相反的情况发生，人们将会减少消费。在图 2.6 中，消费 c 是由 ℓ 曲线和 π 曲线的交点 A 来决定的，在这一点上 c 等于 c_u。通过分析日本经济，探索影响两个偏好的因素及其影响方式，我们便可以理解经济停滞的原理和不同经济政策的影响。

使用以上的原理，我们可以首先分析经济复苏过程的情形。如果经济出现需求不足，失业率将会上升。这将会导致名义工资率和物价水平下跌。如图 2.7 所示，在日本失业率和通货膨胀率之间存在明显的负相关关系（菲利普斯曲线）。通货紧缩会产生两个相互对立的效应。一方面，它降低了储蓄的成本并由此减少了消费（通货紧缩效应）。另一方面，通货紧缩会逐渐增加真实货币余额，这最终降低了流动性溢价，刺激了消费（实际余额效应）。因此，通货紧缩在短期内会减少消费，但最终却因为物价降低而增加消费。如果第二种效应可以持续发展下去，那么不断增加的消费就足以使经济实现充分就业。④

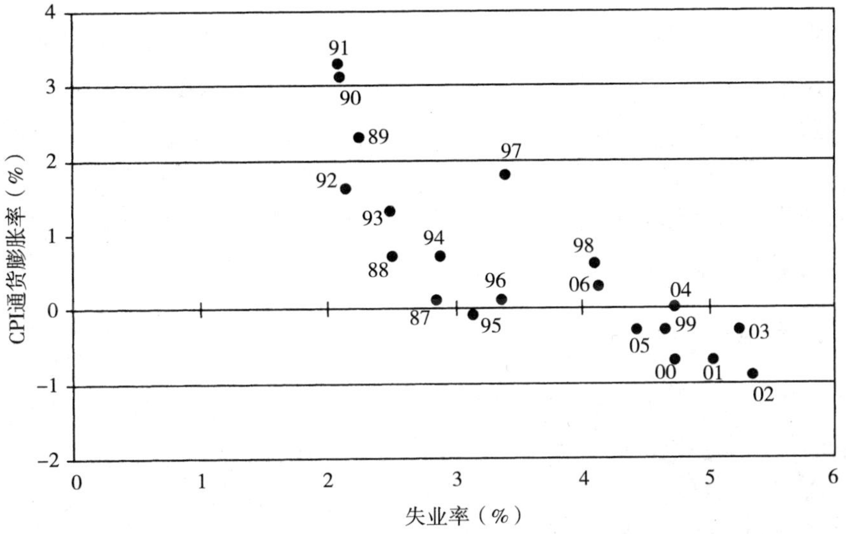

注：日本总务省统计局。失业率（www. stat. go. jp. /data/roudou/longtime/03roudou. htm）。CPI（www. stat. go. jp/data/cpi/200707/index. htm 和 www. stat. go. jp/data/cpi/longtime/index. htm）。

图 2.7　日本的菲利普斯曲线（1987—2006）

然而，在日本经济长期停滞的时期，通货紧缩持续了近十年之久，但是总需求却没有任何显著的增加。或许，凯恩斯的流动性陷阱理论可以用来解释这一现象的发生（见图 2. 5）。[⑤]如果人们一直保持对流动性的偏好，那么流动性溢价就不会显著地降低。[⑥]这样便存在一个更低的利率下界，即流动性陷阱的存在。尽管通货紧缩一直存在，并且货币实际余额也在不断增加，但由于流动性陷阱的存在，人们对于储蓄的偏好没有降低，因此消费也不会增加。通货紧缩降低了储蓄的成本，人们因此减少了消费的规模。因此，实际余额效应并没有发生，发生的仅仅是通货紧缩效应。

凯恩斯（1936，p. 239）将具有这种流动性陷阱的经济称为货币经济。凯恩斯曾陈述道："例如，考虑存在这样一种经济，在该经济中任何资产的流动性溢价均不会超过其持有成本；我可以给这种经济最好的定义就是所谓的'非货币'经济。"因为货币的持有成本是零，所以在一个货币经济中总会存在至少一种资产的流动性溢价是严格大于零。凯恩斯所描述的这种情况确实已经在日本经济中出现了。

在传统的新古典和凯恩斯主义经济学中，需求不足和失业一般被解释为由价格工资刚性或者对价格或利率的错误预期等市场不完善行为造成的。然而，日本的经济停滞和需求不足的情况已经持续了近 20 年的时间了，却一直伴随着通货紧缩的存在。因此，人们可以很容易就能够预期价格的变化。由此，我们可以看到上面所提到的长期经济停滞是在价格、工资和利率可以完全正确预期到的情况下得到的。

政策影响

由于人们的消费是在比较储蓄的成本和收益之后作出的选择，因此那些能够增加储蓄成本或者减少储蓄收益的政策或者经济结构变化便可以达到刺激消费的目的。在这一部分中，我们将讨论不同政策或者经济结构改革的成本和收益，并分析它们对商业活动的影响。你将会发现供给经济学的政策建议在极大程度上减少了储蓄成本的同时增加了储蓄的收益，因此会对整个消费产生负面影响。这同时也就解释了经济结构改革为什么会使日本经济表现更加糟糕。

此外，我们还是会发现有些传统的凯恩斯主义政策是无效的，尽管凯恩斯主义大部分政策在应对经济停滞现象时依然有效。这可能会使支持经济结构性改革的人们把整个凯恩斯主义政策视为一种对资源的浪费。

高速增长时期和长期的停滞时期

人们不断变动的流动性偏好改变了储蓄的收益，也因此影响了消费需求。例如，有些流动性偏好的变化是由新产品的生产或者由社会的不确定性因素造成的。这些影响流动性偏好的因素在导致了日本经济在20世纪60年代高速增长的同时，也导致了日本从20世纪90年代开始至今的长期经济停滞。

新产品的产生使得人们更加倾向于消费而不是持有货币，这降低了流动性溢价，也减少了储蓄的收益。20世纪60年代，电冰箱、吸尘器、洗衣机、彩色电视机和汽车等具有吸引力的新产品铺天盖地地展现在消费者面前。居民开始踊跃购买这些新的产品，使得生产这些商品的企业不断投资新设备以扩大生产，这推动了日本经济的高速发展。使用储蓄的成本和收益进行分析，图2.6描述了新产品的产生对消费的影响。新产品的产生将ℓ曲线（代表储蓄的收益）向下移，π曲线（代表储蓄的成本）并没有改变，均衡点由A点移至B点。最终，消费由c_u上升至c_1。

与新产品的产生相反的是，社会的不确定性因素提高了人们持有货币的效用和流动性溢价，使得人们减少消费并增加储蓄。[7]20世纪90年代早期股票市场暴跌就产生了这种不确定性，这导致人们对日本经济失去了信心。社会的不确定性提高了人们的流动性偏好，从而减少了消费。当今的经济危机便在很多国家对人们的心态产生了类似的影响。这一过程在图2.6中可以表述为ℓ曲线的向上移动，即同等情况下储蓄的收益增加了。两条曲线的交点由A点移至D点，消费也因此由c_u下降至c_2。

大多数新古典经济学家是用一种不同的方式来解释经济波动的。他们强调供给是造成经济波动的原因，因为在他们的理论框架中价格和工资会自动调整以使需求和供给相适应，并使得总需求和完全就业产出相等。需求不足只会作为短期现象发生。流动性偏好只会影响名义价格而不会影响总需求。因此，在经济高速增长时期，新古典经济学家会赞扬厂商提高生产效率的努力以及政府官员对厂商的支持；当经济处于停滞时，他们又会将经济的停滞归结为厂商经理人管理水平低下以及政府官员的腐败等原因。

生产率的提高

大多数新古典经济学家坚持认为，日本要想从当前的经济停滞中走出来，厂商必须提高它们自身的生产效率。但是，只有在充分就业的情况下这种观点才是正确的，因为在充分就业的情况下增加的生产能力才能够被全部利用。然而，现实的情况是日本的失业依然存在，在日本政府施行经济结构改革期间 GDP 甚至出现负增长。

在标准的凯恩斯主义分析框架中，充分就业产出的增加不会影响总需求水平，它仅仅增加了失业。

在现在的分析框架中，生产能力的增加将会造成典型的合成谬误。因为生产同样的产品只需要较少的劳动力，即通货紧缩缺口的扩大导致人们更加倾向于增加货币持有量而不是去消费，这将使消费减少。价格下降会增大货币的实际余额，同时降低人们的流动性偏好，这自然会刺激消费。然而，在存在流动性陷阱的情况下，上述的情况并不会发生；发生的只是通货膨胀给消费带来的负面效应。所以，总需求和产出的减少将会从整体上降低经济效率。

图 2.8 阐释了这一影响。在图 2.8 中ℓ曲线和π曲线的含义和图 2.6 中相同，A 点代表了初始的均衡点。生产率的提高加重了通货紧缩，使得π曲线（储蓄的成本）向下移动。因此，交点由 A 点移向 B 点，消费由 c_u 降至 c_u'。

为了提高生产效率，日本引进了促进投资的税负优惠计划。该计划得到了新古典经济学家和凯恩斯主义者的一致赞成。新古典经济学家认为新增投资能提高生产率并最终会增加总产出，而凯恩斯主义者则认为课税减免能够增加投资需求。然而，当经济面临需求不足的时候，提高生产率会减少对劳动的需求从而使失业进一步恶化。因此，经济此时需要的是环境投资等非生产性的投资。因为这种投资在不提高生产能力的基础上进一步扩大社会的总需求，同时还具有使社会公众直接受益的特点。特别是在《京都议定书》（*Kyoto Protocol*，1997）签订之后，日本政府更加重视环境投资了。

价格—工资调整

在日本经济停滞时期，为了恢复日本的商业活动，日本施行的价格—工资的调整机制被认为是一项重要的措施。为此，政府放松了对临时人员

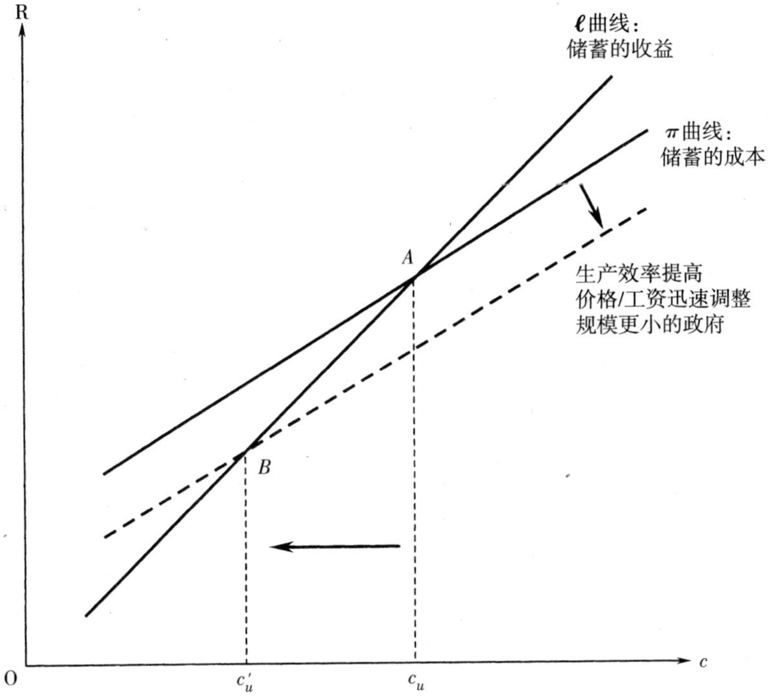

图 2.8　经济结构改革

服务行业的管制，这使临时雇佣劳动的数量激增，如图 2.9 所示。

大多数经济学家认为当价格和工资向充分就业水平调整时就会发生需求不足，而且对价格—工资的一次调整可以缩短这一过程，因此他们支持对价格—工资水平进行一次调整。[8]然而，凯恩斯（1936，chap. 19）却认为对工资的调整速度过快会减少有效需求，因此，需求不足会进一步恶化。

在日本经济滞胀时期所发生的情形和凯恩斯当年所预言的完全一致。尽管通货紧缩发生了近十年，但是有效需求不足的局面依然存在。我们通过分析ℓ曲线和π曲线可以解释发生在日本的这种情况。在经济表现出有效需求不足的情况下，对价格—工资的一次调整加速恶化了通货紧缩。因此，这种调整降低了储蓄的成本从而减少了消费。此外，临时雇佣劳动所占比例（见图 2.9）的提高使就业缺乏保障，这进一步提高了人们的流动性偏好，减少了消费。

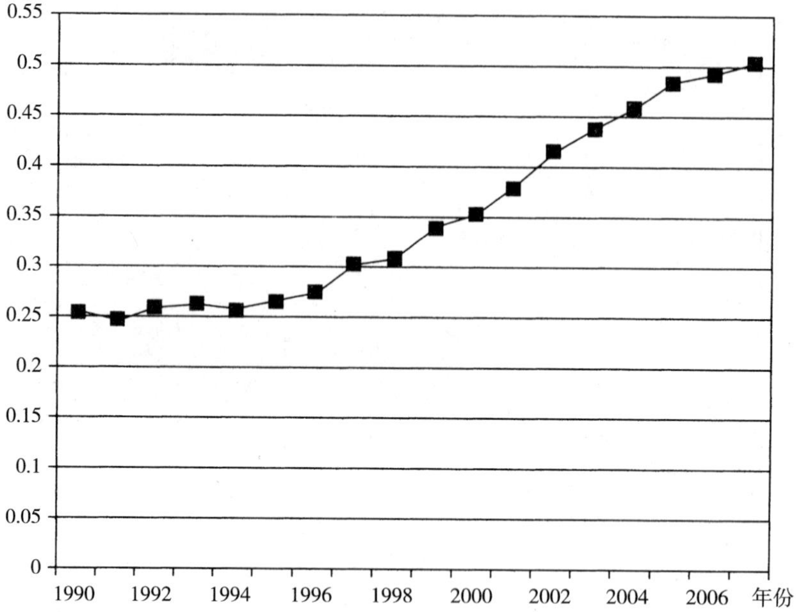

注：日本总务省统计局（www. stat. go. jp/data/roudou/longtime/zuhyou/lt51. xls）。

图 2.9　临时雇佣劳动/正式工雇佣劳动

一次价格—工资水平的向上调整所带来的影响类似于对生产率的一次改进，图 2.8 描述了这种影响。价格—工资向上调整恶化了通货紧缩，使得π曲线（储蓄的成本曲线）向下移动。因此，由ℓ曲线和π曲线的交点所决定的均衡消费由 c_u 降至 c_u'。就业缺乏保证刺激了人们的流动性偏好，这意味着储蓄的收益增加了，从而消费也因此减少了。图 2.6 中，ℓ曲线的向上移动描述了这种情形的发生。

公共支出

在众多的无效率事件中，Hashimoto 和 Koizumi 认为公共部门的效率之低是显而易见的。尽管日本政府的规模是 OECD 国家中（见图 2.3）最小的之一，但是他们还是认为日本政府的规模太大了，并进一步减少了政府的公共支出水平（图 2.10 中 1996—1998 财年和 2001—2006 财年）。

在充分就业的情况下，减少公共支出可以将生产要素由公共部门转移至被认为更加有效率的私人部门之中，总产出水平也因此增加了。然而在

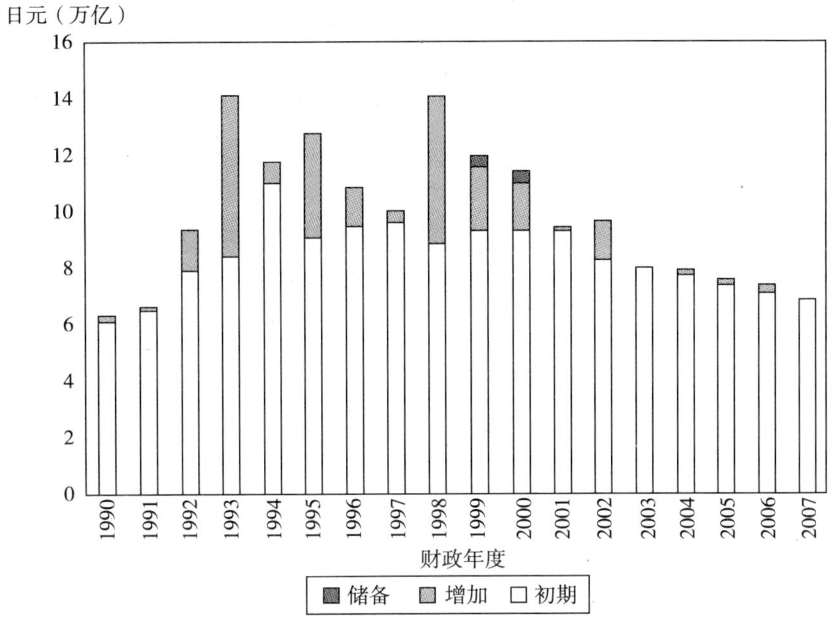

注：财政部（日本）。（www. mof. go. jp/jouhou/syukei/zaiseitoukei/ichiran. htm）。

图 2.10　日本的公共支出

日本经济并没有达到充分就业状态，公共支出的减少造成了图 2.1 和图 2.2 中所示的日本失业率的增加和负的经济增长率。产生的这种局面，使时任首相的 Hashimoto 无颜继续留任，并迫使他的继任者（Obuchi 首相）在 1998 年（见图 2.10）加大了对公共工程的财政支持，以防止日本已经停滞的经济进一步恶化。

在现在的分析框架中，减少公共支出会使失业进一步扩大，通货紧缩进一步升级，从而降低储蓄的成本。这样一来，人们将更加倾向于进行储蓄而不是消费，这使得本已停滞的日本经济进一步恶化了。图 2.8 中π曲线的向下移动可以描述这一影响的发生。滞胀均衡点由 A 点移至 B 点，消费由 c_u 降至 c_u'。增加公共支出则可以产生相反的效果，也就是可以增加消费。此外，公共支出可以使人们直接获得享受公共设施和公共服务的便利。

在标准的凯恩斯主义分析框架中，公共支出是以乘数效应刺激消费的。那些获得政府劳务报酬的人会扩大他们的消费，这反过来又会增加就业和收入。因此，政府支出的规模以及人们的消费倾向都是至关重要的。赤字财政下的政府支出要比平衡财政的政府支出所产生的影响要大，因为后者的净投入量要小于前者。不同的是，在现在的分析框架中所产生就业量直接由政府的财政支出决定，因此，在以上两种财政制度下并没有区别。

尽管日本政府继续用财政赤字刺激经济，但是在日本停滞的经济中所表现出的支出乘数要比凯恩斯模型中应该表现出的乘数小得多。这种结果和现在的分析是相一致的。为了能对消费产生实质影响，财政支出必须产生足够多的就业以显著缩小通货膨胀缺口。战争便是可以产生这种效果的例子之一。常规时期很难大规模地增加财政支出，因此扩张效果十分有限。此外，政府债务的不断累积会使社会和经济产生担忧，使得人们更加倾向于储蓄而不是消费，这便减少了财政支出的扩张效应。在现在的框架中，诸如退税计划、一次性补贴、失业救济等直接转移在不经过再分配的情况下对总需求的影响是微乎其微的，因为它们并不会产生新增就业。[⑨] 1999 年，Obuchi 政府实施了一次性补贴计划：日本政府向社会公众发放了（7 000 亿日元）被称为 Chiiki Shinko Ken 的商品代金券。这一措施对总需求几乎没有产生任何影响。2008 年，Aso 政府也实施了类似的向居民发放一次性福利的政策。

国际背景

考虑到经常账户平衡，我们可以将当前的分析扩展到国际背景中去。[⑩] 由于一项政策（或者因素）的改变使得消费减少，这将会减少进口，改善经常账户，并能够使本币相对于外币升值。因此，该国的经济停滞越严重，其货币升值幅度越大。这和新古典模型的解释形成鲜明对比。在新古典模型中，供给方生产效率的提高将会增加该国的出口，改善其经常账户，这将会使本币相对于外币升值。这还会增加国民收入，因而消费也会随之增加。因此，一国的经济越强盛，该国货币升值幅度越大。

图 2. 11 看起来和目前的分析结果是一致的。1988—2006 年，日元/美元汇率和日本与美国实际消费增长率缺口是正相关的，即日本经济停滞越严重，日元相对于美元升值越大。

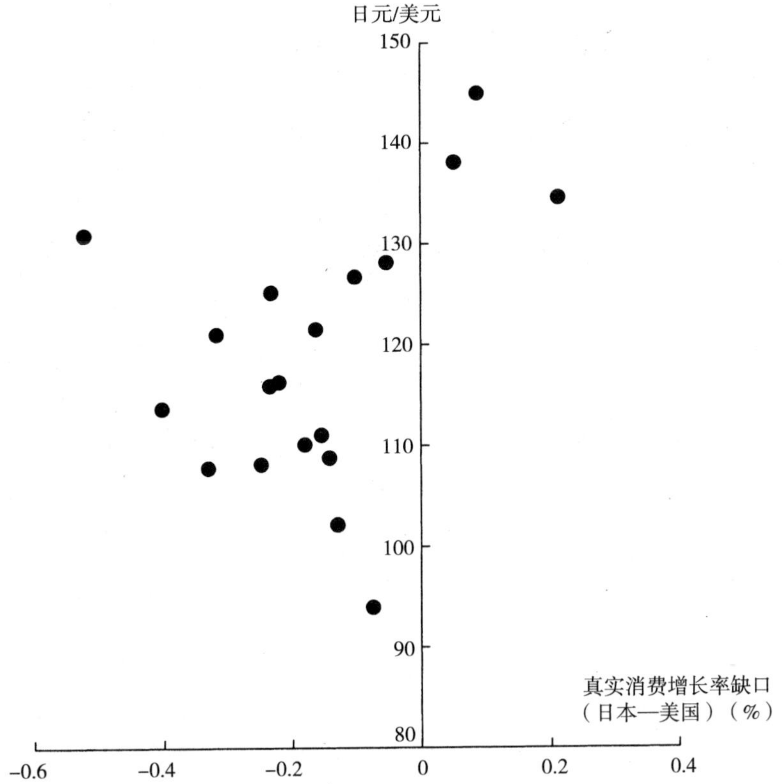

注：汇率：联邦储备委员会（www. gpoaccess. gov/eop/2008/B110. xls）。GDP：美国“GDP and its breakdown at constant 1990 prices in national currency”（http：//unstats. un. org/unsd/snaama/dnllist. asp）。

图 2.11　日本—美国消费增长率缺口和日元/美元汇率（1988—2006）

结语

在日本遭受长达 20 年经济停滞期间，新古典的供给政策和凯恩斯主义的需求政策都曾经被日本政府实施过。政府在采用供给经济学提高生产率、改善价格—工资调整、减少公共支出等政策期间，日本经济却变得尤为糟糕。如果经济是充分就业的，这些政策将会增加国民收入。因为，更高的生产效率可以提高充分就业产出，更迅速的价格—工资调整缩短了到达充分就业产出的时间，更少的公共支出使更多的生产要素分配到被认为是效率更高的私人部门。在日本，由于经济没有达到充分就业，因此上述的原理并没有发挥作用。甚至，这些政策使得总需求减少了。

在我所用的分析框架中，我解释了日本经济长期停滞以及供给经济学政策的负面效应产生的机理：由于股市暴跌这样的社会动乱因素使得人们对经济失去了信心，使得人们更加倾向于储蓄而不是消费。这使得消费减少，通货紧缩进一步恶化，使得人们持有货币更加有优势从而进一步减少了消费。有利可图的投资机会也随着消费的减少而减少。在这样的环境下，供给经济学改进生产效率的政策建议加大了通货紧缩缺口，减少了总需求水平。在该框架下，我们同样发现凯恩斯主义的财政扩张政策产生的影响要比传统凯恩斯主义模型所预期的要小，至少在日本的确发生了这样的情况。这是因为财政支出增加的总需求并没有通过凯恩斯的乘数效应，而是仅仅通过直接减少通货紧缩和刺激消费的方式进行的。因为新增就业量在缓解通货紧缩时起到了至关重要的作用，而直接的转移支付（例如，退税计划和发放商业券）没有产生新增就业，也不会对总需求产生较大的刺激。

注释

该研究的早期版本已经出现在经济合作与发展组织（OECD）、德里经济学院（Delhi School of Economics）、奥克兰大学（University of Auckland）、日本上智大学（Sophia University）、日本立教大学（Rikkyo University）、墨尔本大学（University of Melbourne）和澳大利亚国立大学（Australian National University）之中。非常感谢来自该课题研讨班的许多建设性意见。非常感谢 T. Mizutani 和 S. Takenaka 所提供的数据，并在此感谢日本科学研究费补助金（Grants – in – Aid for Scientific Research，JSPS）的金融支持。

① 日本厚生劳动省人口统计数据。

② 大多数经济学家同意这一观点。Hayashi 和 Prescott（2002）认为日本经济的停滞是由于日本政府没有给公司和工厂很好的支持。Prescott（2002）宣称生产能力的下降使得日本经济停滞不前。Morana（2004）认为技术进步的放缓和人口结构的变化降低了日本生产能力的增长，造成了停滞。

③ 随后的性质来源于一个优化的动态模型。参见 Ono（1994，2001）的数学结构。

④ 在标准的货币增长模型中，这一过程是立即实现的，充分就业会一直存在。参见

Blanchard 和 Fischer（1989，pp. 188－191）。

⑤ 根据凯恩斯主义经济学，对债券和流动性资产的资产组合进行选择的时候会发生流动性陷阱。在现在的分析中，流动性陷阱反映了消费和储蓄之间的选择，其大小还不能直接在市场中被观察到。债券的利率只是反映了货币和债券之间流动性的不同，因此债券利率会很低。

⑥ 见 Ono，Ogawa 和 Yoshida（2004）。实证证据表明日本经济中，由消费储蓄的选择而产生的流动性溢价存在更低的下界。

⑦ Horri 和 Ono（2004）验证了由人们的随机流动性冲击观念改变所导致的需求和流动性偏好的变动。

⑧ 这一性质可以由克鲁格曼（1998）的通货膨胀目标模型加以证明。使用带有跨期消费的两期货币模型，克鲁格曼证明如果价格保持不变，那么第一期就会发生需求不足；如果在未来发生货币扩张，即实施通货膨胀目标政策，人们会预期到未来的通货膨胀并会因此加大即期消费。在这个模型中，需求不足只会是一个短期现象，当价格在第一期调整之后会立刻消失。

⑨ Ono（2009）认为即使是在凯恩斯主义框架之中，不是政府直接购买的数量而是由其产生的社会服务量和直接转移有巨大的差异。因此，不经济的公共支出在本质上和转移支付没有差别。传统的凯恩斯主义经济学一般认为公共支出会直接产生需求，故与转移支付相比公共支出更有效率。

⑩ 参见 Ono（2006），公开经济模型的正式结构。

第三章 欧洲宏观经济政策：主动稳定的回归？

Hans – Michael Trautwein

序言

20 世纪 80 年代末期以后，很少有观察者会将在欧盟（EU）核心经济区运行的宏观经济政策描述为真实经济活动的主动稳定政策。欧元区（euro area 又名 euro zone 或者 euro land）的货币政策和财政政策与美国相比通常被描述为更加具有约束性和专一性，因为前者是受一系列把重点放在货币政策稳定性和财政政策稳固性的规则所约束。虽然认为主动稳定性政策是无效的这个主流评论起源于美国，但是这个问题似乎在欧洲得到更加认真的对待。德意志联邦银行和它的继承者欧洲中央银行（ECB）展示的关于动态不一致性的文献认为大多数规则约束属性的政策对于防止相机抉择宏观经济政策所带来的缺陷非常关键。在 20 世纪 90 年代中期和 21 世纪初经济不景气的时候，德意志联邦银行和欧洲中央银行利用它们相对的高度独立性来集中精力对付通货膨胀，并批评了政府发起的目标在于刺激经济产量和提高就业率财政政策。相对比的是，美国联邦储备银行利用一些相机抉择政策使美国的失业率在 20 世纪 90 年代降到了非加速通货膨胀率的失业率以下（NAIRU，non – accelerating inflation rate of unemployment）；在 2000 年爆发的网络经济泡沫时，美联储采用扩张的货币政策来减缓这次经济危机。只有很少一部分评论员把德国和欧盟在 1992 年和 2006 年相对较差的增长率及就业率表现和它们采取的更加具有约束性的宏观经济政策这个立场联系起来。大多数评论员把那个时期的高失业率和低增长率归咎于货物和劳动市场的刚性。凯恩斯宏观经济政策对约束的货币政策持有批判的态度，并把重点放在主动使用财政政策以使产出和就业保持稳定，它在很长时间内都处于过时的少数派的地位。学术界的经济学家和政策制定者达成共识：制定一个超国家的货币政策和国家财政稳固性的规则约束混合体；尽管如此，偶尔也会批评《稳定与增长公约》（*Stability and Growth Pact*，SGP），该公约对其成员进行了财政上的限制以实现其稳定性政策。

但是欧洲货币联盟（EMU）刚出台标准不久，包括德国、法国、意大利在内的半数成员国都违反了财政预算赤字规则（最高限为该国国内生产总值的3%）——在一些情况下，甚至连续三年都违反了这个规则。在十五个欧洲货币联盟成员中，有九个在2008年初仍然没有达到《稳定与增长公约》对债务率的要求（最高限为该国国内生产总值的60%）——在一个经济繁荣时期结束时交上这样的答卷，而在这个时候稳固性是最容易达到的。在那时，总的政府负债率是当时欧元区生产总值的68%（欧洲中央银行2008）。[①]自从《稳定与增长公约》规定的制裁没有对大国实施，这个公约在2005年进行了改革，在其实施规则时给予了更大的弹性。除了执行程序上的变革外，辩解的理由也发生了改革，对超过3%所参照的价值基础进行了扩展，现在包括“考虑了产出积累损失的低于潜在增长率的增长率”、“潜在增长率的发展”、“当时的周期情况”、“公共投资”和一系列其他因素，包括“结构改革”（德意志联邦银行2005，p. 17）。《稳定与增长公约》的改革给反周期的财政政策以更大的发挥余地，因为其要求“‘在经济不景气时’可以降低稳固性要求”和“如果稳固性没有达到，也不会有制裁”（同上）。

对公约的改革意味着是对主动稳定性的回归？破坏赤字标准的行为在《稳定与增长公约》之前，这也许应该被描述为被动的稳定性，因为它们是作为一种紧急应对措施被采取以防止自动稳定器的崩溃。通过欧洲委员会及欧盟经济财长委员会（ECOFIN，the Economic and Financial Affairs Council of Ministers），《稳定与增长公约》的改革仅仅提供了使欧洲货币联盟的规则能够持续运行所需要的弹性而已（ECOFIN 2005）。但是一些中央银行的强硬派认为这些改革是滑坡并且是走回“宽松的财政政策体制”的第一步（德意志联邦银行2005，p. 21），是相机抉择政策的诱惑（例如，Morris，Ongena和Schuknecht 2006）。在学术界，关于该协定的适当设计的意见大相径庭。就像Fischer，Jonung和Larch在他们的调查中表达的那样（2006，p. 4），“《稳定与增长公约》是一个真正的产业治疗师”。2006年和2007年政府赤字和债务负担的降低可以从不同的角度进行解释：根据旧版的《稳定与增长公约》规则，它可以被描述为财政稳固性；现在它也可以被看成是反周期需求管理。同样在2008年底，由于所有的欧盟成员应对金融危机所采取的措施，财政预算赤字的超常增长可以被解释为对新版《稳定与增长公约》规则的恰当应用或者为集体取消协议。

从一个更为基础的视角来看，主动稳定性回归的言论是一种误导。一方面，许多支持者认为欧洲货币联盟从设立之初就是作为主动稳定性的计划而实施的。货币政策的超主权国家化被认为是可以直接消除其前身欧洲货币体系所导致的利率和汇率波动对产出和就业产生的消极影响，欧洲货币体系（EMS），在那时欧洲利率是和德国的价格水平相挂钩的。另一方面，也许有人认为欧洲货币联盟仍然远没有达到一种状态，这种状态是欧洲中央银行及欧盟经济财长委员会能够理解实施连贯的政策以使价格和产出都保持稳定的重要性。欧洲货币联盟是否有潜力和适当的设计来达到这一目标还未有定论。意见出现严重分歧，分界线正好从建立好的政治阵营和宏观理论阵营中间划开。

研究一下各种意见，本章重点放在作为主动稳定性计划的欧洲货币联盟的前景和当前混合策略的缺点上。第二部分回顾了欧洲货币体系的动态不一致性催生出欧洲货币联盟，以及它在欧洲货币联盟产生前就为其提供了特点和可行性的分类意见。第三部分回顾了“政策无效性”的文献，这些文献认为由相机抉择政策获得的主动稳定性缺少可信性，同时严厉的规则约束政策可以降低反通货膨胀的成本。考虑到欧洲货币体系的经验，这个观点本身就缺少可信性。第四部分解释了为什么发起一个作为稳定计划的欧洲货币联盟需要一些协调合作的雄辩言辞支持，这时“政策无效性”文献派上了用场，尽管它缺少现实主义。此节中包括这样的观点：建立欧洲货币联盟需要财政政策的协调，但是现在的宏观经济政策体制不能很好地保证经济的稳定性。为了呼应本书书名，第五部分考察在什么程度上欧洲货币联盟的计划可被视为凯恩斯主义的政策。有文字证据表明，凯恩斯可能会青睐这个计划。然而，尽管目前的金融危机使公众重新对凯恩斯及其对于金融市场和经济政策的观点感兴趣，但是欧洲货币联盟的目前状态很明显地说明主动稳定性的现代概念必须进化为超越传统意义上的凯恩斯政策。

作为一篇写于2008年春天的文章，它并没有考虑到在那之后欧洲宏观经济政策发生的巨大变化，因为那时雷曼兄弟的破产导致潜伏着的次级贷款危机演变成恐慌和衰退。由于原文的结论仍然成立，所以文章的主体（第二部分到第五部分）并没有发生变化 。不仅如此，一些更新（2009 年 2 月）将会在最后一部分提供，同时为应对混乱动荡的金融市场所采取的欧洲宏观经济政策的变化和问题也会在这部分以尾声的形式呈现。

欧洲货币体系（EMS）和欧洲货币联盟（EMU）

欧洲货币体系的不稳定性

欧洲货币体系成立于 1979 年，其目的是创造一个拥有干预责任以保持固定汇率均衡的机制。欧洲货币体系内部汇率由一种以人为规定货币为基准的平价关系来定价，这种人为规定货币为欧洲货币单位（ECU），通过所有中央银行的一起干预，汇率被稳定在很窄水平内波动。但是市场力量迅速让德国马克取代欧洲货币单位成为核心货币。不仅仅是因为，从国内生产总值和贸易总额来衡量经济总量，德国是欧洲货币体系中最大的，德国还通过把它自己转变成净出口国，取得一个长期的较高的贸易顺差和大量的美元储备，进而德国在第二次世界大战后积累了大量的财富。这个地位的前提是严格的货币政策和财政政策机制导致了低的通货膨胀，因此在布雷顿森林体系的固定汇率制下，德国马克被长期低估。当 1973 年布雷顿森林体系崩溃时，德国马克持续升值，并成为国际储备货币。这些使德国马克成为欧洲货币体系核心货币这一角色的自然候选人。[②]

核心货币以市场为基础的重新选择，n－1 问题已经导致布雷顿森林体系的崩溃，但是现在却有了翻转的迹象，例如反通货膨胀倾向代替了通货膨胀倾向。当欧洲货币体系中的所有其他中央银行尝试去通过汇率目标来保持外部均衡时，德意志联邦银行把着眼点优先放在保持低通货膨胀的内部均衡上。这个通过目标 M_3 即货币总量来实现。德国的价格水平开始在欧洲货币体系内扮演名义锚的角色。由于对德国马克存在流动性溢价（隐含其他货币区的利率更高些），德意志联邦银行为所有的欧洲货币体系经济体设定短期的利率水平。当其他国家不接受这些设定的利率水平时，那么这些不接受的国家就面临两个尴尬的选择：通过调整进行贬值或者“竞争性反通货膨胀”。通过调整进行贬值导致其货币对德国马克逐渐更加疲软，并且会进一步引发通货膨胀和利率差异。“竞争性反通货膨胀”会以降低产量和真实收入为代价，并且也许会降低就业率；只有极少数情况下可以对产量增长有所帮助。从政治角度来看，两种方案都越来越难以为继。

在20世纪80年代末期，欧洲货币体系就不再被认为具有自我稳定性，因为它通过使其各成员国的通货膨胀水平保持和德国一致来刺激它们达到“进口稳定”。不管怎么样，欧洲货币体系是动态不稳定的，因为其核心货币建立在出口竞争的胜利上。低利率和低通货膨胀率使德国工业具有成本优势，这导致其他成员经济体持续出现贸易赤字，因此其他成员国不得不用一个利率溢价来补偿，以吸引（或者保持）资本投资。当德国通货膨胀率上升，德意志联邦银行便以加息来应对，那么其他国家便面临着很大的衰退风险。1990年，德国统一后的繁荣使其和当时世界上其他正处于周期性衰退的国家的脚步不一致，德意志联邦银行疯狂地加息。在1992年到1993年的系统性危机中，欧洲货币体系的动态不一致性开始变得尤其明显，那时《马斯特里赫特条约》已经使欧盟走在了设立欧洲货币联盟的道路上。

赞成和反对欧洲货币联盟

在1991年的马斯特里赫特谈判中，稳定性事宜扮演了重要的角色，那时德国为了让欧盟完全接受德国的统一，德国放弃了德国马克的统治性地位。欧盟内经济的周期性和结构性变化导致了那段动荡的日子，倡议成立货币联盟的确看起来像是主动稳定性的计划。欧洲货币联盟的支持者和批评者都会看到对于利率决定将会有一个更为广泛的参与，而不再仅仅局限于德国的竞争性反通货膨胀的利益，将会把重点转向欧洲的产出和就业的稳定性。

考虑到关于20世纪80年代计划好的“单一市场”议程，支持欧盟委员会繁衍出来的欧洲货币联盟的一般论点的出发点实际上更多的是结构性的，而不是宏观经济层面的。它的地位可以被形容为“单一市场路线”言论，它强调一种共同货币会有如下四个基本的优势：

（1）消除货币管理费用；

（2）降低汇率的不确定性和风险溢价；

（3）增加价格透明度和竞争力；

（4）通过创造一个更大、更深的单一金融市场，导致对共同货币资产需求增加，因此会比欧洲货币体系下的各个国家市场有更多的流动性。

单一市场路线有一些宏观经济层面的作用，像上面（1）～（3）点所说，它可以降低费用，因此倾向于降低通货膨胀率，并且如第（4）点所说的，积极的网络外部性将会对更高的稳定性和更快的发展速度有很大帮助。

在支持欧洲货币联盟的观点中，还有许多其他宏观经济路线的观点直接认为超主权国家的货币政策是一个主动稳定性的策略。一个观点是希望欧洲货币联盟作为一个制定对发展和就业友好的政策以给它们更多喘息空间的计划，这个观点大部分是受欧洲货币体系里那些软通货国家的政府和贸易联盟拥护的。像那些欧洲货币体系设定的要保持和德国通货膨胀率及出口增长率保持一致的约束，将会被一个更广泛的欧洲国家参与利率制定的机制替代。因为有当前硬通货国家（主要有德国、荷兰以及英国）的政治家、经济学家和其他政策制定者的支持，“柔和的支持路线”和“强硬的支持路线”和平共处。强硬的支持路线是基于相信欧洲货币联盟将会有益于货币稳定性，因为只有那些能够承受放弃贬值选择的国家才有资格加入这一联盟。

与此同时，许多论点反对欧洲货币联盟，这些论点直接反对柔和的支持路线和强硬的支持路线的同时也反对单一市场路线。在德国（还有其他地方），学术界的经济学家提出的“强硬的反对路线”很是流行。他们认为欧元成为一个软通货是理所当然的，因为他们相信欧洲中央银行不会像德意志联邦银行那样坚决地抵制通货膨胀，同时一些成员国在财政上搭便车会导致难以摆脱的通货膨胀。

当欧洲货币联盟要求它的成员国遵守马斯特里赫特标准所集中规定的关于通货膨胀率、利率、汇率波动幅度及赤字支出等标准时，一个“柔和的反对路线”产生了。法国、西班牙和其他地方的贸易联盟代表们表达了他们对欧元会成为一种过于坚挺的货币的担忧，因为欧洲中央银行不负有国内调控的职责，也不对因为其政策所导致的产出或就业的损失而负责。

除了这些不同路线论点的争论，还有一种结构性反对欧洲货币联盟的观点从“最优货币区域路线”中产生，即历史悠久的最优货币区理论（Mundell 1961，Kenen 1969）。它认为欧洲没有做好放弃汇率调整的准备，因为欧洲的劳动市场没有足够的弹性，同时欧洲也没有完善的财政转移制度来帮助其成员国度过非对称的冲击。即使有些经济学家对最优货币区域理论做了一些批评，但这些批评对该理论都没有任何实质影响。欧洲货币体系的调整（1979 年到 1987 年间）已经证明汇率调整不允许失败，只能成功。不仅如此，向一种共同货币的转变肯定会增加货币同盟中的贸易量，尤其是部门内的贸易额。这将减少非对称冲击的风险。因此，欧洲货币同盟将会内生地进化为最优货币区（Frankel 和 Rose 1998）。

可信性和反通货膨胀的成本

规则对相机抉择

既然已经计划好采用一个更加可持续性的、汇率固定且不可逆转的货币政策机制来替代欧洲货币体系，超主权国家的货币政策是各方能够接受的唯一解决方案。不管怎样，因为把欧洲货币联盟作为一个主动稳定性计划繁衍出来，从德国马克的统治向一个共同货币政策转变产生了一个困境。因为欧洲中央银行需要为其所有成员国设定利率，所以同意它的目标、原则、规则是非常重要的，这些目标、原则、规则是“适用于所有情况”的政策的运行基础。当欧洲货币联盟尝试制度设计被讨论时，关于货币政策的论文完全被“规则对相机抉择”的文献所统治，这成为一个反对主动稳定性的事件。任何货币政策和财政政策的“微调”都被等同于相机抉择政策，根据时间一致性模型可以知道：即使是严格地盯住低通货膨胀率目标，还是缺乏可信性。“规则对相机抉择”文献对公众关于欧洲货币联盟的讨论产生了影响，即使这样，基础的论点与欧洲货币联盟的经验证据不能够相一致让这件事情更加扭曲。下面将简单地研究这个矛盾。

在 20 世纪 70 年代和 80 年代，宏观经济学的“新古典革命”达到这样一个现实，它可以把任何一个产出和就业的模型建立在无条件的、必要的及严格的微观经济基础上。随机动态版本的瓦尔拉斯一般均衡理论广泛地建立在理性预期、弹性价格和市场持续出清等假设上，并开始成为经济学的主流。20 世纪 70 年代之前，产出的周期性波动被认为是对均衡的偏离，均衡被定义为沿着增长趋势的潜在产出，偏离一般被认为是由于供给和需求总量不平衡造成的。与这一观点相对应，新古典模型把重点放在自然失业率和潜在产出起源，以及把短期产出波动理解为偏离均衡。目前国内生产总值增长率和失业率与“自然”水平偏离，本质上被解释为私人部门对无效经济政策的最优选择。

在这一学派中，Kydland 和 Prescott（1977）以及 Barro 和 Gordon（1983）在他们非常著名的关于"时间不一致性"的论文中认为，相机抉择的政策不会具有可信性，即使这些政策明确地以货币稳定性为目标。不管什么时候，只要治理通货膨胀的目标得以实现，政策制定者便会有通过降低利率、增加政府支出来加快产出增长率和就业率的冲动，这样做的目的是增加他们的税收收入和在下一次选举中获胜的几率。因为私人部门了解这个曾经发生过"突然通货膨胀"的冲动，所以这种政策的扩张效应消失得很快。由于理性预期，市场成员都将他们的计划按更高的通货膨胀预期来修正，因此对真实经济增长毫无帮助。宣布一项稳定价格水平的政策就像是政府和私人部门之间的一场博弈，在这场博弈中，政府的立场是动态不一致的，因此不具有可信性。即使政府没有一开始就打算"突然通货膨胀"，但是通货膨胀的倾向却在抬头。如果货币当局尝试利用高利率来打消通货膨胀预期，那么反通货膨胀的成功将会以产出和就业的大量损失为代价。

大量的文献随着 Barro 和 Gordon（1983）的思路发展，得到这样的结论：只有政策制定者放弃相机抉择的弹性行动，并且通过设定清晰的货币政策规则来坚决同通货膨胀战斗，那么稳定性政策才是可信的。[③]和弗里德曼的经典名言不同，它认为从主动"微调"到规则约束政策将会提供"免费的午餐"。严格遵守规则是在相同的"自然产出率"下（长期菲利普斯曲线垂直），从通货膨胀倾向的均衡向低通货膨胀的均衡更好地直接转变。因此，它会明显地减少反通货膨胀带来的产出缺口和失业形式的成本。

尽管时间不一致性模型很流行，但是它却不是那么可信的。由于大家熟知的货币政策（财政政策）的滞后性，中央银行基本上不可能有能力通过突然通货膨胀来使市场由于"未预期到"而偏离"自然产出率"，尤其是在理性预期假设下（Goodhart 1994）。不仅如此，时间不一致性模型还与欧洲货币体系时期的事实不符，在那个时期德国经历了相对比较高的反通货膨胀成本。现实和理论之间的差异值得我们细细地研究。

相反证据

20 世纪 80 年代至 90 年代的德国是规则约束的货币政策和可信的反通货膨胀的代表性例子。布雷顿森林体系崩溃后，德意志联邦银行是第一家转而实行规则约束政策的中央银行，那时它制定了 1975 年的货币目标

（有关基础货币，即 M_0）。在与工会的重复博弈中，它不断提高短期利率，直到其对商品和劳动力市场产生影响，以上措施成功地打破了通货膨胀预期。自从德意志联邦银行享有高度独立性，明确地遵守保持低通货膨胀原则并为欧洲货币体系的核心货币设定价格后，它被认为是 80 年代至 90 年代最有可信度的货币当局之一。根据“时间不一致”原则（或者积极政策的无效性）的逻辑来推断，在欧洲货币体系时期德国反通货膨胀成本应相对较低。同样地，其他强有力地承诺将汇率盯住德国马克的国家也应该从低的反通货膨胀成本里获益。

然而图 3.1 的经验数据反驳了这些假设。客气点说，严格遵守货币政策规则并没带来预期的成本优势，至少在 80 年代至 90 年代是这样的。图 3.1 显示了所选取的具有代表性的国家，在这二十年间由于反通货膨胀战斗而带来的反通货膨胀成本。反通货膨胀成本用牺牲率来衡量，即在反通货膨胀过程中失业率的累计变化百分比和实际获得的通货膨胀的降低量之间的比率。[④]

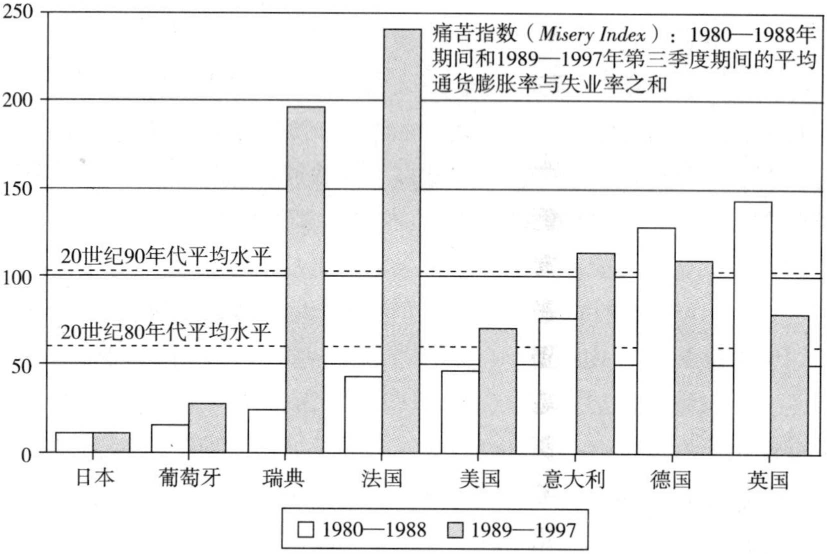

注：牺牲率 × 痛苦指数。

资料来源：经济合作组织、德意志联邦银行，由作者整理、计算。

图 3.1　20 世纪 80 年代、90 年代反通货膨胀成本水平

如果只采用牺牲率来衡量，恐怕会出现“通货膨胀倾向”。假定失业发生了显著的变化，通货膨胀也发生了相同的相对变化，如果在低的失业和通货膨胀水平的经济中开始反通货膨胀，那么反通货膨胀成本将会表现得比较高。在图 3.1 中，通过经济合作与发展组织的痛苦指数价值对牺牲率进行了调整，痛苦指数指的是失业和通货膨胀二者水平的加总。国家的选择是通过那时的西方七国集团（G7）选定的，去掉了加拿大，增加了葡萄牙和瑞典。后面两个国家正好是 20 世纪 90 年代早期严格遵守（瑞典）和不是那么严格遵守（葡萄牙）德国马克汇率目标的完美案例。

把这些国家按 20 世纪 80 年代的反通货膨胀成本排序，很明显德国调整的牺牲率远远高于平均水平，尽管其通货膨胀水平很低。即使在 90 年代，德国的表现依然很差，只有意大利、法国和瑞典超过德国，意大利非常努力地通过削减赤字支出来满足马斯特里赫特标准，法国和瑞典徒劳的努力以期达到“保持可信性”并且以极高的利率和强烈的衰退为代价来保持目标汇率。[⑤]在 1992—1993 年欧洲货币体系危机时，上面三个国家都放弃了它们原来的目标，因为它们都成了投机攻击的对象。[⑥]

图 3.1 是经验主义的一个简单的快照，但是它的核心结论却被更加深刻精致的研究所支持，这些研究包括产出缺口的估计和反通货膨胀成本的其他定义（例如，Fischer 1996；Gärtner 1997；Ball 1999）。不仅如此，到 90 年代为止，在德国和其他盯住德国马克的国家（如法国、瑞典）都可以经常看到德意志联邦银行的反通货膨胀斗争和快速增长的失业率相联系。如果把失业的增加经常归咎于劳动力市场的刚性（声称的或者观察到的），那么“规则对相机抉择”文献的核心观点就该被质疑：为什么在理性成员的世界会有刚性的存在？声称被动稳定性在反通货膨胀的成本方面有优势，很明显与各个层面的实证观察不相符合。为什么那些关于可信性讨论的文献如此地被信任，竟然被用来作为欧洲货币联盟制度上设立的讨论基础？

欧洲货币联盟的合作问题

协调合作的花言巧语

有一件事情不该忘记，那就是欧洲货币联盟是政治上讨价还价的结果，德国放弃了其独占的控制利率设定的优势和通货膨胀的控制权。也许这正是有些地方希望的，尤其是受到那些主张创造欧洲货币联盟，以期待共同的货币政策会给支持增长的政策以更广泛空间的人的欢迎，就像那些柔和支持路线观点的人。考虑到 1973 年后意大利、法国和其他国家的“疲软”货币的经验，财政支出扩张产生的通货膨胀不能对经济增长和就业有所促进的观点不再那么广泛地被人接受。人们逐渐意识到德意志联邦银行可以频繁地在金融市场获得信任，以保持比货币政策目标要求低的利率水平。超过一半的时间（1975—1998 年），它在扩张方面没有完成它的目标，但却没有损伤它的可信性或者产生高的通货膨胀预期。这给了强硬支持路线的人在讨论欧洲货币联盟的设计这一问题上一些优势。

在 20 世纪 70 年代和 80 年代，德意志联邦银行曾利用货币主义者雄辩言辞来解释其政策，例如，通过动态版本的 Fisher 交换方程来制定它的目标。当欧洲中央银行（之后是欧洲货币研究所）在 90 年代准备接管德意志联邦银行的职能时，持续性的沟通对于在金融市场中建立一种共同货币来说是极度重要的。“规则对相机抉择”的文献为德意志联邦银行那样的通货膨胀控制政策提供了持续性的沟通以及广为流行的基础（Lucasian）。文献难以置信地提出，对于反通货膨胀成本，金融界是否接受并不是那么重要。相反，货币政策在金融市场的可信性，与政治领域的可信性或者财富最大化的一般均衡模型有关键性的不同。对于金融投资者来说，严格的以较高社会成本为代价的反通货膨胀政策的成功将比缩小牺牲率的政策更能获得可信性，只要它们在政治上是可行的。[⑦]把欧元建设成为金融市场里的一种基本资产，这不仅仅是强硬支持路线或者单一市场路线的主要关注。如果欧洲中央银行成功地获得了可信性，那么欧元区的其他国家希望他们的利率水平将会趋同“向下”并最终看齐德国的利率水平。在这种迂回的方式中，Barro – Gordon 观点的政策性结论变得可信：规则约束的政策将会降低一些国家的通货膨胀预期和名义利率水平。不管怎样，如果这可以以一种系统性的方式帮助增加产出和就业，那么 Barro – Gordon 的经济中固有存在的“自然率”这个中立假定就不那么容易成立了。利率趋同的扩张效应是欧洲货币联盟被柔和支持路线的人称为主动稳定性计划的原因之一。

类似地，马斯特里赫特标准对赤字支出的限制和《稳定与增长公约》（SGP）并没有很好地建立在理论基础之上，却被认为是达到财政稳定性以获得利率趋同的可信性的需要。把财政赤字限制在国内生产总值的3%以内（和总的债务率不超过60%），并没有明确的经济理论支持——即使是巴罗论的“李嘉图等价”（1974）。就像《经济学家》（*Economist*）在马斯特里赫特谈判时报道的那样，这个限制是德国、荷兰、英国和其他政府结成同盟来把“四小猪国家挡在门外”而设定的。“四小猪”暗指葡萄牙、意大利、希腊和西班牙，这四个国家被认为容易出现财政无度扩张和通货膨胀。最终，这四个候选人和德国一起有资格加入欧洲货币联盟，而达到这一赤字要求标准的确花费了很大的气力。欧洲货币联盟成立后，利率趋同的一个结果是西班牙在它的政府预算中迅速达到了盈余的地位。

欧洲货币联盟记录

到目前为止（2008年夏天），欧洲货币联盟至少是一个成功的案例，如果记录考虑到它的货币稳定性这个首要目标。图3.2显示，欧元区的通货膨胀率保持在2%的目标位置；平均来说，比德国在20世纪90年代的通货膨胀水平更低。一些通货膨胀冲动被认为是欧洲货币联盟内生的，是因为《稳定与增长公约》相关的稳定性过程中税收增长导致的；主要的冲动还是来自世界上燃料、食物和原材料价格的上涨。从欧洲的视角来看，这些变化大部分可以被认为是外部供给冲击，应对这一冲击，即使根据“规则对相机抉择”文献的逻辑，货币政策也不应该和应对内部需求冲击一样采取相同严厉的方式。

不仅如此，欧元的有效汇率（采用间接标价法，名义价值和实际价值）比欧洲货币联盟1999年刚成立时升值了15%（欧洲中央银行2008）。欧元兑美元汇率的变化反映的不全是美元的贬值；还反映了欧元的升值，欧元开始扮演了国际储备货币的角色。

欧洲货币联盟的经济增长和就业记录就不那么清晰了。在网络经济泡沫破灭后（2001—2005年）这些年，和世界其他地方比较来看，欧元区经济被认为处于停滞状态，低的经济增长率和高的失业率。现在还很难明确地说这是由于欧洲中央银行为获得严厉的反通货膨胀名声而采取的行动造成的。大部分的比较泰勒规则的结论显示欧洲中央银行第一年内采取的利率政策并不比德意志联邦银行在相同的情况下将采取的政策更严厉（详细调查见Sauer和Sturm 2007，pp. 379－382）。不管怎样，这样非事实的推演将会对预期形成和长期真实利率这两个假设非常敏感。如果估计和刺激是建立在网络经济泡沫破灭后市场上流行的前瞻性预期和广泛的低水平的真实利率，那么欧洲中央银行的政策在早期看起来更加严厉（Hayo 和 Hoffmann 2006；Sauer 和 Sturm 2007）。将 2003 年之后的情况纳入将来的研究之中，这个图也许会再次发生变化。

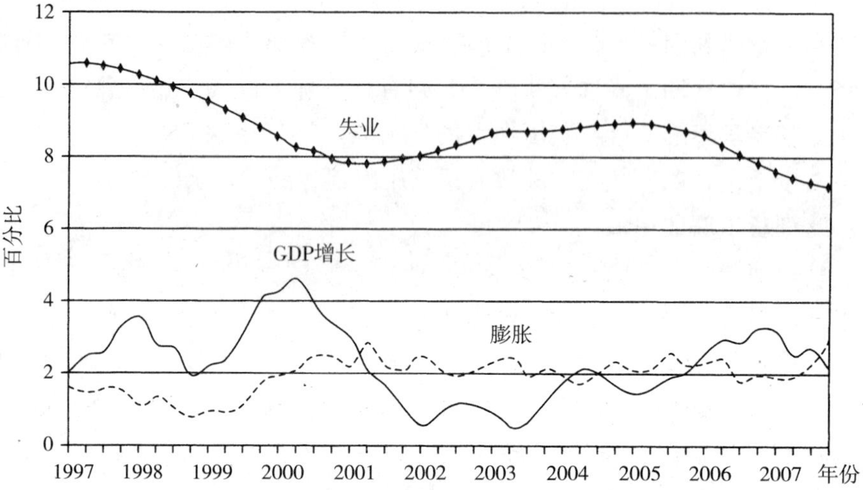

资料来源：ECB/Eurostat。

图 3.2　欧元区的宏观经济指标（1997—2007）

对欧元区不同经济体的货币政策效果进行结构评估，此图将会更加不同。很显然，在整个欧元区采用“一刀切”的方法来设定同一个名义利率这个政策产生了不同的真实利率，这依赖于当地的通货膨胀水平和经济增长情况。在这篇文章中，“主动稳定性”能够说明不同的事情：（a）边缘的成员国家的增长率很快，并且达到了真实的趋同。（b）同步和平稳经济周期。两个意思都能和当前的关于“货币政策压力”或者“欧洲采用一个货币政策的压力”的讨论联系起来（Sturm 和 Wollmershäuser 2008），结构性和周期性压力被定义为：在一个欧洲货币联盟的特别成员国内，“欧洲中央银行主要的再融资利率和政策利率的差异”，“如果那个国家能够按照那个国家‘最优’的货币政策执行，那么这个特别成员国将会占优势”（Sturm 和 Wollmershäuser 2008，p. 32）。[8]通常认为，欧洲中央银行制定的利率将会比那些如果未加入欧洲货币联盟的爱尔兰、葡萄牙、西班牙、希腊和芬兰的中央银行的金融工具利率明显低很多（不符合事实）。德国是“主动压力”的唯一案例，欧洲中央银行的利率会比如果是独立的德国的利率略微高一点。一些国家（法国、意大利、荷兰、比利时和奥地利）都没有因为单一的货币政策而承受太多压力。

爱尔兰、葡萄牙（暂时的）、西班牙、希腊和芬兰将会获得相对比较高的增长率，从它们将准备加入欧洲货币联盟的那一刻起。一般认为欧元可以帮助那些处于边缘的国家追赶上那些欧洲货币联盟核心的国家，从而可以克服欧洲货币系统成员的结构性缺陷。因此，欧洲货币联盟可以被看成是主动稳定性的一个成功案例——尤其是它看起来并没有给它的其他成员国带来更多的压力。不管怎样，单一的货币政策是否能对同步和平稳经济周期有所帮助还未有定论。在这一点上，主动稳定性的两种解释有些自相矛盾。边缘国家的经济快速增长的缺点就是，相对于欧洲货币联盟核心国家，其会产生更高的通货膨胀率。这意味着在欧洲货币联盟边缘的国家会有真实汇率的升值和产品价格竞争力的下降。这将会产生不同步的周期并且增加欧洲货币联盟的动态不稳定性，而这正是当前货币联盟的宏观政策协调系统不能很好解决的问题。

欧洲货币联盟的潜在不稳定性

根据《马斯特里赫特条约》105～109页的条款，欧洲中央银行享有高度独立性来追求维护价格稳定的单一目标。自欧洲中央银行成立以来，它的官员强调该行只负责控制通货膨胀。从一个组织的观点来看，这是可以理解的，因为这种单一目标使建立和稳定欧元变得更容易。然而，欧洲货币联盟和欧洲货币体系有一个共同的基本问题：中央银行为货币体系设定利率时必须遵守“一刀切”的原则。名义锚可能已从德国的物价水平转移到了欧元区的平均物价水平，但是这个任务似乎排除了利率政策的使用，不仅是为了稳定平均产出，也为了最小化成员国经济增长与通货膨胀的结构性和周期性差异。

于是，这个任务就交给了各个国家的财政政策。然而，在《稳定与增长公约》的约束下，单个政府的回旋余地有限。尽管政府只是采用被动稳定（即不调整自动稳定器），但它们发现在公约框架下通常很难有作为。公约在2005年作出了有关积极协调稳定的改革，效果如何，仍有待在下次衰退中观察。

既然政府作为有限，大部分稳定政策的任务就留给了成员国的工资制定机构，而在工资制定这个竞技场中难以进行横跨欧洲的合作。在欧洲货币联盟建立后的年份里（尤其是2001—2006年），工资调整导致了核心欧元区“分裂的商业周期”：通过保持相当低的通货膨胀率，德国的工资限制促进了出口激增，但是也导致了相对高的实际利率以及国内经济的停滞。其他国家，例如西班牙和爱尔兰，名义利率降低后通货膨胀率高于欧元区平均水平，促进了投资GDP增速。实际汇率的相对上升被实际利率的降低补偿了，至少短期内如此。然而，或早或晚，欧洲货币体系的稳定性问题会回到原来的情况上：德国相对欧洲货币联盟“升值的”成员的贸易盈余会给这些国家带来通货紧缩的压力，不仅是因为对本国货物需求减少的压力，也是通过利率差异吸引资本流入来平衡贸易赤字的需要。在长期内，这种压力对实际投资和就业的影响甚至会比在欧洲货币体系中更为有害。在单一货币政策下，工资降低往往会扼杀德国经济，而有贸易赤字的国家则不能再采用名义贬值这个策略。

目前，因为由哪个机构来负责整个欧洲层面的产出稳定尚不明确，欧洲货币联盟缺少宏观政策的协调。同样不明确的还有，如何在危机中通过机构改革来解决这个协调问题。为了评价积极稳定的潜力，退一步看看积极稳定的旧概念和欧洲货币联盟的机构设置之间的异同会很有帮助。

欧洲货币联盟和凯恩斯主义政策

凯恩斯将会怎样看待欧洲货币联盟?

这个问题看起来有一点儿愚蠢，假定凯恩斯按照他自己的预测——“在长期中我们都死了”，他在活着的时候曾经改变过几次主意，更不用说之后他的著作有很多种不同的解释。目前，一本名字叫《回归凯恩斯》（*The Return to Keynes*）的书中说，有一些诱惑要把欧洲货币联盟计划和凯恩斯关于稳定性的观点联系起来。很明显，凯恩斯关于国际清算联盟建议的发展为这次讨论提供了一些素材，而凯恩斯关于国际清算联盟的建议是从1944年召开的布雷顿森林会议上讨论的凯恩斯计划中逐渐发展出来的。乍一看，一旦把布雷顿森林会议和马斯特里赫特会议都考虑进来，那么关于欧洲货币联盟的看法的相似点和不同点都会更多一些。从1944年的凯恩斯计划到欧洲货币体系再到1991—1998年的欧洲货币联盟实际上是一脉相承的。

写于1941年9月的“战后货币政策”和“关于国际性货币联盟的建议”（CWK 25，pp. 21 – 40）的第一份备忘录，包含了一个看起来惊人的相似于关于欧洲货币联盟期望的讨论的观点。凯恩斯把货币联盟看成是“一个理想的计划，这个计划既保持一个被广泛接受的国际支付手段的优势，同时又避免了旧的体系所具有的破坏性特征”（CWK 25，p. 32）。他承认这个建议是有待于批评反对的“并不是他的不切实际性，而是它假设对大胆创新精神的更高程度的理解和对国际合作和信任的更加看重。问题并不在于这个假设的安全性和合理性”（CWK 25，p. 33）。五年后，事情变得清晰，新的世界经济秩序是按照怀特计划（美国提出）构建的，而不是凯恩斯计划（英国提出），凯恩斯（CWK 26，p. 232）写到“在早年任何情况下，基金都不会像我们希望那样成为超级中央银行的一个原子”。这个问题中的基金后来发展成我们熟知的国际货币基金组织（IMF）。

现在如果你认为从上面的引述中可以得出，一个全面的拥有超级中央银行的货币联盟、一个单一的货币政策和单一的金融市场是凯恩斯在40年代构思的，那么你就是轻率的。像不同版本的建议文件描述的那样，他构建设立一个不同货币区域的清算联盟，在这个联盟中“班考”（凯恩斯国际货币单位）和“国际银行货币”（CWK 25，p. 111）将作为计量单位和专门的储备货币，但不是法定货币意义上的统一货币。当贸易不平衡超过预定的水平，汇率就被允许或者被强迫重新作出调整。并且“超级中央银行”本质上是作为一个为贸易提供便利的清算机构，而不是一个控制通货膨胀的利率设定者。不仅如此，凯恩斯（CWK，pp. 52 – 54）请求将“中央银行应该控制资本流动：流入和流出”作为这个系统的永久特征。

凯恩斯计划的核心观点是避免“旧系统”主张经济紧缩的压力，即黄金标准，在调整贸易不平衡和“国际支付平衡中债务人地位”不对称时的调整负担（CWK 25，pp. 27 – 31）。计划的目标是“对扩张主义者的替换，国际贸易中主张经济紧缩者和压力的代替”（CWK 25，p. 112）。清算联盟使用透支贷款和债务人与债权人的费用提供的储备基金来工作。贸易不平衡调整的负担将会被均衡地分担。最大借方余额是由赤字国家的外贸决定的，盈余国家被迫和清算联盟的管理委员会讨论“应该采用什么适当的措施来重塑国际收支的均衡”——包括国内信贷扩张、升值、工资增长、削减关税及其他贸易障碍、“对落后国家发放国际贷款以支持其发展”（CWK 25，p. 120）。

凯恩斯计划在1944年没有被成功接受，但是它的许多要素都包含在1978年12月欧洲委员会设计的欧洲货币系统里。在一个平衡分担负担的系统里，欧洲货币联盟被认为扮演了“班考”这个角色，欧洲汇率机制（ERM）的目标是在欧洲货币联盟相关的平价网格体系（parity grid）中实现多边的稳定性，并且为了调整体系的不均衡，欧洲货币协作基金的设立被提上了日程。应该注意到，在这个系统的开始阶段，欧洲货币系统的许多国家仍然实施汇率控制。不管怎样，就像开始时解释的，欧洲货币系统从来没有平衡对称地工作过。盈余国家（特别是德国）没有任何协作的动机，因为什么能阻止赤字国家走向更深的负债和贬值到目前还不清楚。

假定在现实中欧洲货币系统面临发展的紧缩压力，凯恩斯可能欢迎欧洲货币联盟跨越成一个更加平衡的、扩张的体制。在一个全面的货币联盟中，面对其他体制产生的贸易赤字等“不利的”国际收支，成员经济体不会面临或者推后一段时间面临流动性约束。即使是欧洲新生的“单一金融市场”也是面向全球的资本流入和流出开放的，欧洲中央银行享有的设定利率自治权的程度理所当然会比大部分欧洲货币体系成员银行拥有汇率控制权时要高。不仅如此，凯恩斯也许会接受对规则的严格遵守，对规则的严格遵守是欧洲货币联盟的基本特征。1941年11月凯恩斯在他的建议的第二个版本中（CWK 25，p. 45）认为，“国际银行”和国家的中央银行不同，“国际银行应该更多地通过被提前同意的规则和一般原则来设定，更少地采用逐日的相机抉择。为了给正在运行的欧洲货币系统以信心和理解，有必要提前规定一些政策的明确规则，尤其是考虑到透支的最大限度和把个人信贷及负债规模控制在一个合理的数量上，这样才能保证在恰当的时间采取适当和充分的措施来减缓个人盈余向各个方向的过度运动，以使这个系统处于稳定均衡状态。”

不管怎样，很明显一些凯恩斯规则——例如通过信贷扩张、工资增长和发展援助来削减净负债的地位——将会被目前的欧洲货币联盟设置认为是相当非主流的。

凯恩斯主义标准

按照战后主流凯恩斯主义的标准，欧洲货币联盟可以被认为是主动稳定性计划——至少原则上是。Padoa - Schioppa 从 20 世纪 80 年代早期（基于蒙代尔（Mundell）开放经济的三元悖论）就开始认为欧洲货币体系遭遇了四方不一致问题——自由贸易、资本流动性、固定汇率和国内货币政策独立性（Padoa - Schioppa 2004，pp. 11 - 15）。随着欧洲货币联盟的引进，最后一个因素可以去掉了。可以用更激进的措辞来形容：无效的国内政策转变成超主权国家的货币政策将会使其更有自主权及更有效。除了德国，其他欧洲货币联盟成员将比他们之前对利率有更大的影响。

我们可以从这个一致性结论中得出旧的凯恩斯主义的国际宏观经济政策的主干，蒙代尔—弗莱明模型。不管一个人怎么认为 IS/LM 模型的基础，一些政策结论还是相当坚定和可信的（Krugman 1995）。更大的货币区域的第一个结论是在货币政策和财政政策角度上更多的自治权。第二个结论是相对于世界上其他国家（就像欧洲货币联盟这个例子）更低的通货膨胀水平和弹性汇率会使货币政策在稳定产出上比财政政策更加的有效。不管怎样，在联盟内（在此汇率被不可逆转的固定住），财政政策更加强大有效。这个简单的论证能够指引欧洲货币联盟的潜在不稳定性如何能够避免成为现实：欧洲中央银行应该承担更大的责任来调整欧元区产出的波动，同时其他国家政府应该利用他们的财政政策来同步这个周期（以使“适合所有情况的政策能够起作用”）和减少结构产出风险。

结语

当全世界开始讨论凯恩斯的回归和财政刺激的急切需要时，发展新的欧洲宏观经济政策工具和策略变得尤其明显。这件事情发生在 2008 年底，雷曼兄弟的破产导致金融市场第一次的恐慌和之后的实体经济下滑。欧洲中央银行没有像美联储和英格兰银行那样迅速和强烈地减息，也没有公开地采取“定量宽松”政策；它甚至在 2008 年 7 月加息以应对上升的通货膨胀。但是，当 2007 年夏天美国次贷危机的第一波冲击影响到欧洲的银行时，欧洲中央银行立即开始通过向商业银行再回购“次级债券”这样的方式采用许多相机抉择的灵活性手段来为系统注入额外流动性。在雷曼兄弟破产后的恐慌中它还很显然地充当了最后贷款人，同时还降低了一多半的再回购利率，2008年10月到2009年1月中旬期间利率从4.25%降到2%。值得注意的是，欧洲中央银行行长Jean - Claude Trichet反对利率进一步下降（像美联储已经把利率降到接近于0），以防止流动性陷阱风险——“凯恩斯主义如果你愿意”里大家熟知的观点（ECB记者招待会，2009.1.15）。与此同时，欧洲货币联盟成员国的政府已经开始做好准备并且进行财政上一篮子支出以刺激和稳定它们经济中的总需求。

欧洲货币联盟应对这次危机的货币政策和财政政策很明显地显示出主动稳定性的意图，但是它也暴露出目前的欧洲货币联盟宏观经济政策设计有各种缺陷。在货币政策领域，欧洲中央银行作为最后贷款人领导者的功能被国别分裂的银行监管和财政政策所限制。尽管银行业经营和它的失败都具有跨国特征，但是利用公共财政（或保险金）来紧急援助私人银行一般被认为是由金融部门来解决的一国事务。当政府扮演最后贷款人角色来使国内金融系统重拾信心并为储蓄者提供一个出口时，欧洲中央银行并没有相应地作为最后贷款人，因为它不愿意（如果它没有被《马斯特里赫特条约》约束）使公共债务货币化；替代地，它承担了收购了大量可疑个人负债所导致的风险。不仅如此，欧元区的各个政府之间的财政刺激并没有协调好，以邻为壑政策和贸易保护主义倾向的辩论引起欧洲货币联盟崩溃和退出的恐惧，被“小猪四国”（还有爱尔兰）的政府债券相对于德国以相当大的加速发行为这一事件进一步火上浇油。到2009年2月，恐惧呈现出加剧的状态。即使那些在金融危机中遭受最多的经济体，如果这些经济体在货币联盟外，那么这些经济体的表现也许将会更差。

鉴于危机的全球性质，汇率自主权也将无济于事。

但是在危机时期的欧洲货币联盟的货币政策和财政政策在协作性方面还有很大的提高潜力。尤其是财政政策目前缺少协作性一定要得到改进，因为若不改进将会迫使国家政策制定者利用保护主义者论调来减缓纳税人对搭便车和道德风险的担心，因而把单一市场和进一步一体化日程放在危险的位置。不仅如此，在目前的经济危机后，还有必要发展一个“清理”政策，来重新界定“平时”规则的范围。

摆脱目前言辞上自我约束和不充分协作这样的困境最有可能的方法是“蒙混过关”，这是欧盟的典型进步方式。欧洲中央银行可以（非官方的）通过一个更为实用的策略来接受盈余国家更低的工资减速程度，同时国家政府（重新）发现反周期赤字支出的一些好处。为了保持在危机时期需求管理选择权，在回升时期财政稳定性应该得到加强——就像一些写给社会工程师的“旧凯恩斯主义”手册里所述的。

这种情况符合凯恩斯自己对规则和相机抉择看法的改变。就像1942年1月凯恩斯（CWK 25，p. 117）的计划的第三个版本一样。

> 如果规则流行，那么这个计划将会被制定得在理论上无懈可击。但是如果相机抉择流行，那么它将会在现实中应用得更好。所有的这些都是任何一个超主权国家当局面临的典型问题。这个计划的一个早期草图被批评为太倾向于规则。在偏见下的条款里是在另一个方向。因为它最好不尝试提前设定太多，并且最好在这个计划开始的（比方说）五年试验期后重新考虑。只有通过集体的智慧和讨论才能在法律和特许之间找到一个折中的方案。

注释

① 因为这篇文章写于2008年春天，所以债务情况已经发生了剧烈的变化。在这以后会更多。

② 欧洲货币体系的历史记载和稳定性分析将被提供。例如，参见Eichengreen（1998，第五章）、Spahn（2001，第七章）和De Grauwe（2003，第六章）。

③ 用其他方法来表达出严守承诺和自我约束，例如，虽然建立一个不讲情面的中央银行也在这里被讨论了，但却不是这里应该考虑的。

④ 因此，牺牲率被表达为失业率从反通货膨胀（定义为官方短期利率达到峰值）开始时的季度失业率开始累计变动的总值再除以开始时和结束时通货膨胀率的变化值。公式形式：$CD = \sum(u_t - u_0)/(p_0 - p_T)$，$u$代表失业率；$p$代表通货膨胀率；$T$代表反通货膨胀结束的时间，从那之后通货膨胀开始再次上升。

⑤ 在瑞典这个例子中，1992年9月，中央银行向商业银行征收500倍的隔夜拆借利率，以减少投机资本流出。

⑥ 图3.1显示，欧盟中在反通货膨胀成本最小化方面表现最好的实际上是葡萄牙，而这个国家并不被认为是严格遵循任何宏观经济政策规则的。

⑦ 这不是在法国发生的事情。在衰退中期时，1992年9月法国对《马斯特里赫特条约》进行公民投票，对反通货膨胀的可行性表示质疑。Barro－Gordon的缺少可信性的观点反馈给金融市场，并且导致对法国法郎的投机性攻击，即使那个时候法

国的通货膨胀率低于德国。

⑧ “最优性”是从泰勒规则中派生出来的，是通货膨胀率和产出增长率对它们的目标率的最小偏离，这里产出的增长率定义为产出缺口的预期变化。很显然，一个关键问题是潜在产出的决定，见 Trautwein（2009）。

第二部分 凯恩斯理论和凯恩斯主义

第二部分是由三篇论文构成的，重点评价了近四十年来宏观经济思想出现的一些重要变化。

在20世纪60年代末，宏观经济学的主导思想是新古典综合派，它使用以个人行为为基础的传统新古典模型，为一些凯恩斯总量模型提供支撑。该模型忽略了一些凯恩斯主义最重要的观点，比如资本主义经济预期的集中性。然而在国民收入分析中，这是一个有用且简单的系统，它很容易与总量数据拟合。

“旧”的新古典综合派在20世纪70年代基本崩溃了。主要原因是：(a) 模型无法提出有效政策来解决滞胀；(b) 模型已经达到“饱和点”，理论已足够完善，在这个良好的既定框架中已无法挖掘出新东西。

未来四十年可能会分为两个阶段——广义上的新古典学派的解体以及若干反新古典主义学派的出现。我们这里的论述是针对前者。

以米尔顿·弗里德曼为首的货币主义信徒们发起了对“收入—支出法”的批判。两个学派争论的焦点集中在菲利普斯曲线和有关“自然失业率”的假设上。

凯恩斯学派则遭到了宏观新古典学派更严厉的批判。新古典学派认为经济是一门科学，应该如下来演绎建立：(a) 代表性家庭；(b) 理性预期；(c) 基数效用理论；(d) 动态随机一般均衡(DSGE)。

新古典学派完全信任价格机制（均衡功能）在市场经济中的作用。它严厉批判了基于凯恩斯计量经济学的离散决策和预测。新古典学派的模型不仅是抽象的理论，更是继凯恩斯理论后一个解释和诊断现实经济的工具，它使用的是“好像”模拟和“校准”。

某种意义上，这种方法被认为只包含一个观点，即传统的个体行为微观建模，然而完全没有包括对其他很多宏观现象的论述。

在主流经济学这个领域，凯恩斯学派第一次对阵新古典学派，它强调了市场经济中价格机制作用的不完全性，并寻找造成价格刚性的各种原因。因为他们把价格刚性看做凯恩斯经济学的最重要因素，他们称自己为新凯恩斯主义。然而，新凯恩斯学派和新古典学派在前面提过的（a～d）因素都是相同的。因此，新凯恩斯学派现在被称为“新”新古典综合派就不足为奇了。

第四章旨在比较“新的”和“旧的”“凯恩斯主义——新古典主义综合派”（OKNS和NKNS），作者是Arena，他讨论了在何种程度上旧的凯恩斯主义——新古典主义综合向新的凯恩斯主义——新古典主义综合的过渡可以被解释为经历了短暂新古典时代后向凯恩斯主义的回归。为了探索这种转变，对工具理性和认知理性的区分很重要。旧的与新的凯恩斯主义——新古典主义综合似乎没有那么多不同。这种相似性从凯恩斯最初的研究项目到现在贯穿在凯恩斯主义发展的过程中。因此，当这两种学派在有关价格机制是否可以立刻调整或者价格是否存在刚性这些问题上发生分歧时，旧的与新的凯恩斯主义——新古典主义综合的区别根本与凯恩斯所关注的无关。这两种流派事实上表现的是新古典学派的一个内部分化。

第五章作者是Robert Dimand，他认为詹姆斯·托宾（James Tobin）是“旧”新古典综合派的一位革新者。在这章中Dimand考察了作为一个旧的凯恩斯主义者对托宾来说意味着什么。对凯恩斯的继承者进行了不同的评论，托宾批判了后凯恩斯主义，因为他们“扔掉了新古典经济学的见解”；批判了新古典经济学家，因为他们避开了协调与稳定这些核心的宏观经济问题；还批判了他这一代的主流美国凯恩斯主义者，因为他们对资本市场和货币政策关注不足。托宾认为经济应对小冲击时可以自我调整，大冲击则不然。

然而，近年来又兴起了一个主流宏观经济学方法，对Knut Wicksell在《利息与价格》（*Interest and Prices*）（1898）中论述的理论给予了更多关注。Michael Woodford是这场运动的代表者，他所写的《利息与价格》（*Interest and Prices*）（2003）融合了 Wicksellian 的思维方式和新凯恩斯主义模型。

第六章由 Mauro Boianovsky 和 Hans – Michael Trautwein 合写，旨在评价 Michael Woodford 的《利息与价格》(*Interest and Prices*)（2003）和 Wicksell 及其包括凯恩斯在内的追随者所提出的问题之间的主要异同。他们探究了凯恩斯和 Woodford 传承自 Wicksell 的思想在哪儿出现了分歧，并认为“新”新古典综合派不能解决一些最初的 Wickesell 和凯恩斯方法所关注的核心问题。

第四章　从“旧的”到“新的”凯恩斯主义——新古典主义综合：一个诠释

Richard Arena

本文旨在比较两个所谓的凯恩斯主义——新古典主义综合（KNSs）的观点，它们分别在1936年（由John Hicks）和1997年（由Marvin Goodfriend，Robert King）提出，我们将依次比较它们的起源、发展和理论内容。当第一眼看到“旧的”和“新的”凯恩斯主义——新古典主义综合（分别为OKNS和NKNS）比较的时候我们也许会感到吃惊：毕竟在这两种“综合”相隔的六十多年时间里，我们的社会、经济、经济思想以及社会科学都发生了巨大的变化，以至于我们此处的比较显得缺乏吸引力。然而，在本文中，我认为，作为宏观经济理论界过去和现在都十分盛行的两种理论，如果我们想要全面地了解“新古典主义”和“凯恩斯主义”概念传统上的发展，那么对这两种综合的认真比较还是很有用的。不仅如此，我还讨论在临时的新古典主义插曲后从旧凯恩斯主义新古典综合向现代凯恩斯主义新古典综合的转变过程中多大程度上可以被解释为凯恩斯的回归。

这一章包括四部分。第一部分强调两种综合的发展历史和知识体系，把重点放在它们的产生以及各自对凯恩斯的研究项目的解释上。第二部分致力于介绍工具理性的概念。它显示了，在新的综合还远没有形成以前，也就是在1936年以后，应用经济理性对消费、投资和货币行为进行选择的系统性进程在某种程度上已经开始。第三部分将讨论旧凯恩斯主义新古典主义综合和现代凯恩斯主义新古典主义综合在经济理性的认知方面，尤其是对不确定性的处理以及预期形成的过程方面的观点。第四部分聚焦于IS/LM模型和动态一般随机均衡上，前者与旧凯恩斯主义新古典主义综合相联系，而后者与现代凯恩斯主义新古典主义综合相关。我还分析了在各个不同的宏观市场中倾于盛行的刚性观点，这种刚性使经济产生了短期经济波动。在文章的结尾，一个令人惊讶的发现是现代凯恩斯主义——新古典主义综合同旧凯恩斯主义新古典主义综合并没有太大的不同之处。在我看来，这种相似性说明了，到目前为止，当代“凯恩斯主义”的理论内容与凯恩斯最初的研究已经有了很大的不同。

旧的和新的凯恩斯主义——新古典主义综合的产生及形成过程

在许多教科书中，旧凯恩斯主义新古典主义综合被描述为一系列的模型和工具（例如，包括 IS/LM 图解、莫迪利安尼（Modigliani）的劳动市场、菲利普斯曲线），就好像是这些模型和工具是被同时创建的，形成了一个普遍的、一致的凯恩斯主义宏观经济观点。在现实中，这些工具和模型是在 20 世纪 50 年代和 70 年代之间被逐渐发展起来的，从最初 Hicks 版本的 IS/LM 模型逐渐发展成为基于莫迪利安尼和托宾的著名论文的成熟的宏观经济理论。不管怎样，在这个发展过程中，四篇论文扮演了主要角色。第一个很显然是 Hicks 在 1937 年发表的一篇著名的论文，在那篇论文中凯恩斯的《通论》被归纳为四种相互作用的宏观经济市场——货币市场、金融市场、消费商品市场和储蓄/投资市场，最终由两条曲线决定均衡利率和均衡的国民收入水平。在其后的几十年里，IS/LM 图解已经赢得了权威的地位，并且被广泛认为是旧凯恩斯主义新古典主义综合的理性基础。第二个基础性的论文是弗朗哥·莫迪利安尼（Franco Modigliani）在 1944 年发表的博士论文的修改版，在那篇论文中他建议在希克斯（Hicks）的模型中添加之前没有出现的劳动力市场和生产函数方程，并放弃了工资弹性来重建凯恩斯主义的结论。在这篇特殊的文章中，凯恩斯的“流动性需求理论并不是解释失业均衡的必要条件；它只在有限的情况下才充分，即‘凯恩斯主义情况’。在一般情况里，它既不充分也不必要；只有添加了货币工资刚性这个假设才能解释这种现象”（Modigliani 1944，pp. 75 – 76）。

这个结论很关键，因为莫迪利安尼在文章中明确地把劳动力市场加入凯恩斯主义的宏观理论中，并且把失业的原因归咎于排外的价格刚性。克莱因（Klein）的《凯恩斯主义革命》（*Keynesian Revolution*）（1947）也起到了重要的作用，不是因为它产生新的重要的分析结果，而是因为它显示了旧凯恩斯主义新古典综合的一系列理论原则能够为一个有效的宏观经济政策提供理性基础。实际上它促进了新的经济建模方法和最优策略设计标准的应用，这些应用帮助政府制定财政政策和货币政策，并估计其对失业和通货膨胀的影响。最后要提到的一篇文章当然是萨缪尔森（Samuelson）和索洛（Solow）1960 年的论文。作者不仅首次指出菲利普斯曲线的实证存在，而且他们还强调解释名义工资变动率和失业水平之间关系的困难性。他们的论文为更加彻底地探究凯恩斯主义理论框架中通货膨胀的原因开辟了道路，这个理论框架下劳动力市场与货币市场的联系与莫迪利安尼的观点不同。

如今，现代凯恩斯主义新古典主义综合的出现和建立呈现出与旧凯恩斯主义新古典主义综合的许多相似之处。同旧凯恩斯主义新古典主义综合一样，新的凯恩斯主义——新古典主义综合也是建立在经典的模型上。源自于真实商业周期理论的动态一般随机均衡（DGSE）模型与 IS/LM 模型相比并不是完全不同。首先，动态一般随机均衡是建立在一系列相互作用的宏观市场基础上的总体均衡模型，它也只包含了有限数量（至少两个）的代表机构。不仅如此，动态一般随机均衡提供了一种基准模型，为不同情形下的分析提供便利，就像 IS 和 LM 曲线拥有各种可能的形式一样，即使在前一个例子中，不同情形下的差异一方面来自于储蓄、投资和货币需求关系的本质，另一方面则源于利率和国民收入的不同。在一定程度上，不同情况的差异还来自于刚性和不完美性，这被认为是对动态一般随机均衡模型下的市场出清和完全竞争的偏离。然而，与 IS/LM 模型相比，这个模型还考虑了经济发展的长期路径，因此它需要利用特殊的动态方法和工具，例如动态最优化。这个最优化的模型包含一个代表性生产者和一个代表性消费者，他们在跨期的框架下分别追求最大利润和最大效用，这个特征显然和 IS/LM 框架不同。同旧凯恩斯主义新古典综合一样，现代凯恩斯主义新古典综合也假设了市场刚性，而后者有着更深厚的微观基础（即沿着 Mankiw 和 Reis 路线的黏性信息的菲利普斯曲线（2002）和沿着 Calvo 路线的公司间存在垄断竞争（1983））。因此，莫迪利安尼的工资刚性发展得更深，从劳动力市场推广到商品市场。现代凯恩斯主义新古典综合还密切关注着经济政策制定的要求。这一新综合的大部分撰稿人都是经济政策的分析者，制定一个有效的宏观经济政策是他们的主要目标（例如，参见 Clarida，Gali 和 Gertler 的“货币政策学”，1999 年发表于《经济文献期刊》

(*Journal of Economic Literature*))。因此，Goodfriend 在最近（2002）写了一篇他称之为经济政策“导读”的文章，把它定义为“NNS（即我所谓的 NKNS）基准、宏观模型和货币政策建议的简介”（Goodfriend 2002, p. 165）。这显示了现在的 Goodfriend 和 50 年代时的 Klein 一样，都参加政策制定。最后，我们应该注意到现代凯恩斯主义新古典综合和旧凯恩斯主义新古典综合一样，都为菲利普斯曲线的构建作出了贡献。新凯恩斯主义通过把名义刚性和代表性公司的最优行为结合起来为菲利普斯曲线提供微观基础。由此产生的曲线和传统的菲利普斯曲线的主要区别在于：新曲线一般是向前预期的，而旧凯恩斯主义新古典综合下的菲利普斯曲线则是向后看的。不管怎样，这个差异使得对最优货币政策的准确定义成为必需。

有人认为缩减版本的现代凯恩斯主义新古典综合可以由被称为“新 IS/LM 模型”的三个方程表示，此时这种相似性将会得到更深的支持。这个模型包括一个“向前看的”IS 曲线，其描述了依赖于现期真实利率和预期收入的商品需求；经过通货膨胀调整的 IA 曲线，其采用 Calvo 类型的价格黏性假设来描述公司的远期定价行为；还有货币政策 MP 曲线，其修正了货币当局的利率政策（参见 Clarida，Gali 和 Gertler 1999；Goodfriend 2002；Walsh 2003；Woodford 2003；Ireland 2004；De Vroey 和 Malgrange 2006）。

虽然两个综合之间存在相当数量的相似点，但我们不能因此忘记对其不同点的分析。不管怎样，对这些不同点的分析要求我们分别对这两种综合的基础进行更为细致深入的讨论。我们将从讨论工具的理性以及理性的认知形式开始。

工具理性

目前在现代凯恩斯主义新古典综合中流行的预期和不确定性的概念模型和凯恩斯在他的时代尝试提出的概念完全不同（Arena 2004）。凯恩斯从来没有真正拒绝过经济理性的工具方面，即在给定的信息集下，机构执行运算和寻找最好的可能答案的能力。从这方面来看，他对经济工具理性概念的唯一批评来源于他在《通论》第二章中反对关于劳动力市场的“古典理论第二假设”：商品的生产和劳动力市场说明“对于劳动者整体而言，可能没有任何可行的方法使等值于货币工资一般水平的工资品等于现行就业量的边际负效用”（CWK 7，p. 13）。换句话说，工人不能通过考虑真实工资而最小化他们劳动的负效用，这种不可能的原因不在工人的个体行为上，而是由市场经济机制造成的。

相比之下，在考虑到经济理性的认知方面，即机构收集完全信息和完全信息的一部分的能力，凯恩斯对此表示了强烈的怀疑：对他而言，信息经常是不完全和不完美的，主观概率并不是进行决策制定的一个令人满意的工具（Arena 2004）。换句话说，“凯恩斯对可预料到的风险和不确定性进行了严格的划分，不确定性是由缺乏可靠的信息产生的。由于未来基本上是不确定的，所以严格的理性行为是不可能的；大部分的经济生活都是在常规的基础上进行的”（Robinson 1975，pp. 125 - 126）。

现在让我们分别讨论旧的和新的凯恩斯主义——新古典主义综合是如何考虑工具理性这个概念的。在旧综合的维护者中，莫迪利安尼认为“我的科学所关注的基本主题（之一）是利用最为悠久的经济学方法论来（构建）《通论》大厦的主要框架，这个经济学方法论是建立在一些经济机构的理性最大化的基础假设之上。（Modigliani 1980，p. 11，被 Blanchard 引用 2008，p. 1）。

对于那些有兴趣调和凯恩斯主义宏观经济学和传统微观经济学之间关系的人来说，这样的观点为他们搭建了一座必要的“桥”。问题不是使凯恩斯的宏观经济学和从来没有全面发展的微观经济学相协调，而是像萨缪尔森说的那样：在一定程度上使凯恩斯主义宏观经济学和新瓦尔拉斯微观经济学协调一致，以避免“没有桥”的情况出现。这个“桥”由 Klein 构建巩固，克莱因（Klein）在他写的《凯恩斯主义革命》中用了大量篇幅讨论了“凯恩斯主义系统和理性行为”（Klein 1947，pp. 56 - 74）。Klein 从新古典主义的个人需求函数的集合直接得出“社会消费依赖于利率和社会真实收入水平”这个结论（Klein 1947，pp. 57 - 58）。他还认为“凯恩斯主义基础理论中对生产资料的需求是建立在最为古典主义接受的利润最大化的观点之上”，补充道“最好再从服从最优原则的个人行为出发创造一个新的处理办法，然后把经济作为整体得到一个总的关系”（Klein 1947，p. 62）。

最后，克莱因还说“为了从利润最大化理论中得到投资方程，我们还得引进生产函数，生产函数表达了总产出和劳动力及资本等生产要素的总投入之间的技术关系。把资本作为变量考虑了上面技术关系中利润最大化的过程将使我们得到投资方程。考虑劳动投入的利润最大化将得出结论，即平均真实工资等于劳动边际产出，劳动边际产出即单位劳动者最后一小时的劳动产出”（Klein 1947，p. 74）。

克莱因和莫迪利安尼的贡献是完全趋同的。莫迪利安尼（1944）也开始构建生产函数方程。他引进劳动供给曲线作为真实工资的方程。他也从生产函数中得到劳动需求函数，其假设在“新古典主义”情况下劳动市场出清（利用“类似凯恩斯主义”方程组得到的“古典”的结果）和在“凯恩斯主义”情况下货币工资刚性（没有利用流动性偏好理论得到的“凯恩斯主义”的结果）。

如前所述，凯恩斯从来不否定经济理性的工具方面。首先，克莱因和莫迪利安尼强调了凯恩斯主义宏观经济学和新古典主义微观经济基础协调一致的必要性，这为在信息收集领域和经济理性认知方面的强烈理性假设的有效性的拓展开辟了道路。其次，将微观经济学基础引入凯恩斯宏观经济学理论有利于工资和价格不完美问题的作者展开新的思考。不仅如此，在完全竞争和市场出清假设下，接受新古典主义协调经济的概念作为一种分析基准，表明了造成协调失败的相关原因将会自动受到关注。

在旧凯恩斯主义新古典综合开辟的考虑工具理性的道路上，现代凯恩斯主义新古典综合走得更深更远。正如Blanchard写到的：

> 同旧的综合一样，新的综合是从微观基础、消费者效用最大化和生产者利润最大化中发展起来的。但是，旧的综合中模型只是将理论作为一个对实践说明的宽松指导，并且允许数据决定最后的说明；而在新的综合中，模型和它们的微观基础保持了更为紧密的联系。动态性可以从这个模型本身得到，并且暗含行为方程是从有关潜在技术的和实用参数的假设中得出来的，而不是估计出来的。这些更为详细的微观基础有利于作出一个比旧模型更为细致的政策影响的福利分析。（Blanchard 2008，p. 5）

Blanchard明确地指出在动态一般随机均衡模型中，机构被赋予强烈的工具理性和认知形式的理性。工具理性意味着机构决策应该遵循一般经济均衡理论框架下的个人行为的通常原则。旧凯恩斯主义新古典综合促使最初的凯恩斯宏观经济学不断向最大化“微观基础”的宏观功能转化。理性的认知形式并不是应用于个别机构，而是应用于代表性机构。与旧凯恩斯主义新古典综合相对比，现代凯恩斯主义新古典综合将重点放在这样一些机构中，即它们的微观行为能够明确代表经济中所有机构的行为。这个假设不是无足轻重的，因为它要求这些机构在一定程度上是同质的：要么机构是同一的，要么它们多到可以形成一个连续统一体。旧的和新的凯恩斯主义——新古典主义综合的撰稿人强烈要求将这个推论引入问题当中。因此，托宾（2001，p. 129）写道：

> 我认为宏观经济模型的行为方程不反驳选择理论的观点，并在原则上和其保持一致很重要。但是我也认为加强版本的“微观基础”在方法上的错误，它产生了大量的危害。现在我们考虑一下代表性机构假设的规范要求，它的最优化产生了“宏观经济学”行为方程。那是对大部分的宏观经济学本质的相当大的牺牲。假设你有许多不同类型的机构，所有的这些机构均追求最优化。然后把它们的聚合体加入到你想得到的宏观模型的行为方程中。这个聚合体不可能为任何单个机构的解决办法。在我看来，坚持那样实在是有点执迷不悟。它把我放在了宏观经济学的错误轨道上，或者它被误认为是宏观经济学。

代表性机构假设也受到了严格的批评，因为它在反映真实世界的“程式化事实”方面无能为力。举个例子，索洛（Solow）认为动态一般随机均衡模型的核心在现实世界中的相关性非常弱，因为它是建立在单一代表性消费者能够利用理性预期在无限期范围内达到最优这个基础上。这就是原因所在。和许多新凯恩斯主义者一样（例如，Greenwald 和 Stiglitz 1993），索洛写了下面的这段话：

> 一个更好的宏观经济学需要什么呢？对以 Ramsey 为基础的模型进行了无情的讽刺，我建议摒弃掉那些粗糙的难以置信的模型。一个很明显的替代方案便是代表性机构假说。不一致性是现代经济的本质。在现实生活中我们对于你所能说出来的管理者和股东、银行和它们的借款者、工人和老板、风险投资者和企业家之间的关系并不放心。我们担心这些关系的交会点是因为它们就像宏观经济事件一样能够并且肯定会出现问题。我们知道这样一个事实，不一致的机构会有不同的（有时甚至是冲突的）目标、不同的信息、不同的处理能力、不同的预期、对经济怎样运行的不同看法。通过抽象和归纳宏观经济模型，代表性机构模型排除了上述这些情况。（Solow 2003，p. 1）

认知理性

凯恩斯认为认知理性问题和三种不同的情况相关。第一种情况相当于“理性信念”（不是理性预期）。这些“信念”并没有真正被证明是正确的，但如果认为它们是可能的那么便有可能存在。据凯恩斯所言（CWK 8，p. 5）这种可能性只表达了“在结论中我们信念的理性程度”。这些理性信念并不应该被描述为知识，因为知识没有定义为可能的理性信念，而是确定的（CWK 8，pp. 10 – 11）。这就是凯恩斯为什么认为知识是只和“最高程度的理性信念”相联系的原因（CWK 8，p. 10）。这对应于第二种情况。在第三种情况中，任何可能的概率判断的“权重”倾向于零。在这种情况中，“严格的数学预测的基础是不存在的”（CWK 7，p. 59）。人们根据他们可能想到的最好的方式来行动，但是，很显然大部分时间理性观点被“一时兴起、感觉和运气”替代（如上）。还有一些其他动机替代了理性的情况，这些动机是“习惯、本能、偏好、欲望、愿望等”（CWK 29，p. 294）。最常出现的动机之一是和建立成规的必要性相关，被理解为形成多样化个人预期的共享过程的一个共同基础。

在某种程度上，短期预期可以被解释为理性信念有效的情况。在这篇文章中，过去的影响可以为个人决策提供大部分解释，而过去的影响作为知识会被每一个人轻松地获得（参见 CWK 7）。因此，生产者倾向于喜欢适应性和外推性的行为，因为过去重现是可能性最大的。这就是为什么“有效需求通常反映真实需求的当前预期”（CWK 13，p. 603）。相比之下，长期预期的内容不允许利用知识，严格地讲，也不允许利用理性信念。其主要原因是企业缺少作出决策的个人知识基础。在这些情况下，概率的权重倾向于零，有时概率甚至会变得不可测。很明显，对凯恩斯来说长期决策是和不完全信息联系起来的。因此，他们拒绝使用概率来计算。这就是为什么凯恩斯 1937 年在《经济学季刊》（*Quarterly Journal of Economics*）上发表的文章中写道，他所说的“不确定性”概念并不是指确定性和可能性之间的区别：没有任何科学方法可以进行这种概率计算。在这样的情况下，机构采用建立在常识或者“对市场和商业心理的实际观察”上的预测技术（CWK 14，p. 161；也见于 Arena 2004）。

和凯恩斯的三重区别（知识、理性信念和成规的信念）相反，旧的凯恩斯主义新古典主义综合专注于前两种情况，并且认为即使概率是主观的，概率计算的应用还是可行的（凯恩斯不接受主观概率的利用；参见 Arena 2003）。因此，在弗里德曼引入“持久收入假说”（Friedman 1957）及 Modigliani 和 Brumberg 引入“生命周期假说”后，凯恩斯的国民消费和收入之间的最初关系就消失了。渐渐地，消费函数变成了跨期效用函数。实际上使 Modigliani 和 Brumberg 的多时期生命周期分析在主观确定性下是易于实现的，是一个等同于生命效用函数的说明。这使未来每个时期计划消费写作计划日期的预期财富的函数成为可能。因此，消费函数不仅改变了生命周期假说的理论角色，而且还改变了它的内容。财富作为一个新的变量加入消费函数，因为跨期选择暗指已经考虑了真实财富的贴现，所以利率也变成一个解释变量，这在 IS/LM 模型的最初版本中就已经出现过。一些旧的凯恩斯主义——新古典主义综合的支持者也引进了投资函数。根据 Klein 所说，我们完全有可能从利润最大化理论中得到投资函数。这个任务被 Eisner 和 Strotz（1963）及 Jorgenson（1963）完成。Hirshleifer（1958，1965）认为投资应该从公司当前价值最大化的内容中得到。随后，Jorgenson（1963）提出了一个建立于这个观点的有微观理论支持的新古典主义的投资理论。事实上，Jorgenson 的解决方法是在跨期模式下重塑了最优资本存量决策。公司尝试选择在跨期路径下它们的最优资本存量，以使公司的目前价值最大。在这篇文章中，投资被定义为最优资本存量瞬间的变化。因此，原则上如果没有使最优资本存量改变的原因，那么便不会有投资，或者投资是在向最优资本存量 K^* 调整的路径中得到的。所以投资被看做是从给定的资本存量水平向最优的资本存量水平的调整，从而 Jorgenson 和凯恩斯之间的联系就不再是微乎其微的了。事实上，对凯恩斯来说，“资本形成依赖于对利润的预期和风险的长期估量以及对承受风险的商业态度。对所有的实际目标来说，资本边际效率的变化包含了重要的自主权和外生性的基本因素”（托宾 1977，p. 460）。

不管怎样，至少在存在投资方程的情况下，旧凯恩斯主义新古典主义综合（或者一些它的支持者）再次向这样一个理论打开大门：投资水平可以由一个跨期最优化的方案决定。旧凯恩斯主义新古典主义综合还把注意力放在货币需求和其他金融资产需求所扮演的角色上。马柯维茨（1952，1959）第一个提出当决策者形成预期时需要把风险因素考虑进去。为了解决风险问题，马柯维茨（Markowitz）利用新发展起来的预期效用理论，并且得到以风险和收益平衡为内容的最优投资组合选择理论，把重点放在投资组合分散化可以作为减小风险的方法这个观点上。最佳的投资组合配置这个观点对凯恩斯来说并不陌生，这就是为什么托宾（1958）沿着 Baumol 1952 年的货币需求理论函数把货币加入到马柯维茨的分析：托宾认为机构将会把它们的储蓄分散化成无风险资产（货币）和一个风险资产的投资组合（这个组合对任何人都一样）。

值得一提的是，现代凯恩斯主义新古典主义综合保留，但是同时又超越了旧凯恩斯主义新古典主义综合中流行的认知理性概念。认知理性被认为仅仅是预期领域理性原则的一个扩展。与凯恩斯观点形成的一个鲜明对比，机构按“理性”来行动，就好像它们能够利用所有可以得到的信息通过数学方法形成对各种相关变量的预期，从而避免系统性错误。理性预期假定被一些旧凯恩斯主义新古典主义综合支持者和现代凯恩斯主义新古典主义综合争论了很多次（例如，詹姆斯·托宾），但这些批评是针对这个假定本身还是针对新古典主义理论者对该假设的使用方法，通常不是很明确的（参见莫迪利安尼的评论）。可能是因为这样，所以这个假定目前被所有的新的凯恩斯主义——新古典主义综合拥护者接受了。就像 S. Fischer（2001，p. 38）所写，“这个严密的假定是非常简单的，人们利用各种信息来形成预期并最优化地处理。对我来说，这是一个很好的方法论假定。”

在“新 IS/LM 模型”中，现代凯恩斯主义新古典综合给预期和认知理性的重要性还是显而易见的。新的模型对预期的使用方法与传统 IS/LM 模型有很大的不同。预期影响总需求和总供给。这个理论为预期如何进入分析提供了精确的说明。IS 曲线是来源于（在微观基础框架下）一个以消费和真实货币收入为内生变量的代表性家庭的效用函数和跨期预算约束，跨期预算约束在经济的需求方面引进了远期行为，因为经济主体每个时期都面临着消费和储蓄之间的选择。IA 曲线指的是基于公司垄断竞争和未来收益现值最大化假设下的定价的形成机制。因此，最大化把远期行为加入到了经济的供给方面。LM 曲线是从 Fischer 方程（基于通货膨胀率的预期）、货币需求函数和货币供给函数中得到的。菲利普斯曲线也是附加预期的，也通过远期行为和远期的通货膨胀率相联系。

在信息和经济政策方面，两种综合之间有明显的不同。旧凯恩斯主义新古典综合被认为给“微调”的经济政策制定提供了微观基础（例如，基于该综合的菲利普斯曲线）。在现代凯恩斯主义新古典综合观点中，认知的不可预期、贯彻执行和行为滞后阻碍了政策制定技术的应用。通过对比，基于简单规则的粗调也许会起些作用，可能会使经济趋近于最优化。

宏观经济市场均衡和价格刚性

正如前文所说，IS/LM 模型正逐渐成为旧凯恩斯主义新古典综合中具有权威性的模型。同样，IS/LM 宏观均衡也满足了基准概念的目标。基于劳动力市场出清，这个均衡很显然是一个瓦尔拉斯均衡，因此，在旧凯恩斯主义新古典综合中，失业被认为是对瓦尔拉斯基准的偏离。为了使“失业均衡”成为 IS/LM 方程的解决办法，旧凯恩斯主义新古典综合提倡者诉求于货币工资刚性、投资需求利率无弹性、货币需求收入无弹性或者该系统的一些其他不足之处。市场也将不再被看成是完全竞争的。然而，在这些新的市场观点和 20 世纪 30 年代及之后几十年里出现的不完全竞争理论之间还没有建立明确的联系。市场调整是需要时间的，但是还没有给出一个清晰准确的解释。目前，人们发现了一个非常重要的区别。在短期内，市场是不完美的，不再是完全竞争市场，因此给了经济政策一定的空间，他们继续假定长期市场仍是完美的：第一次我们进入到了这样一个理论世界，短期“凯恩斯主义”，长期“新古典主义”，这和我们之前注意到的凯恩斯在短期和长期内关于不确定性的观点形成鲜明的对比。这种二分法解释了为什么经济增长理论可以分别独立地从商业周期和短期调整分析两个方面发展。就像萨缪尔森说的，“通过收入分析工具来解决货币政策和财政政策的关键问题将会使古典主义的真理有效并带回我们的研究中”（萨缪尔森 1955，p. 360）。

但是，怎样才有可能在这个框架下判断价格和工资的黏性？尽管有菲利普斯对后来发展有巨大贡献的论文（Phillips 1958），但不完全竞争理论还是一直被放在一边，直到萨缪尔森和索洛 1960 年的论文得到了一个关于通货膨胀和失业之间的明确关系：当通货膨胀率高时，失业率就低；反之则相反。在对菲利普斯曲线的分析中，当失业率低时，劳动力市场就会紧张，雇主不得不支付更高的工资来吸引少数的劳动力。当失业率高时，增加工资的压力就会少了许多。菲利普斯曲线代表了在商业周期的基础上失业和工资行为的平均关系。如果一个特定水平的失业持续一段时间，那么就可以得到工资的通货膨胀率。但是，很明显工资和失业之间的关系会随着经济周期的变化而变化。当经济处于扩张期时，在给定的失业水平下公司会比“平时”更快地提高工资；当经济处于收缩期时，公司将比平时更慢地增长工资。这里的调整速度与通常经济假设下价格和工资的即时变化是不同的。基本原理是“在现代资本主义社会中，价格和工资对超额需求和供给的反应都很慢，尤其是对超额供给反应更慢。在一个相对长的短期中，用产量记录需求的起起落落：它们远远没有被价格所反映”（托宾 1977，p. 459）。

最后，旧凯恩斯主义新古典综合宣称短期理论和长期理论之间是独立的，即使引入长期经济增长理论，也无须面对短期的不完美性。在《通论》中，凯恩斯只专注于短期方面的投资、消费，并且在他的大部分研究中，资本的边际效率被认为是给定的。Joan Robinson 认为凯恩斯关于长期问题的思考不全是那么令人信服的：

> 凯恩斯认为积累在长期中将会提高人均资本存量，并减少进一步积累的作用直到投资失去意义为止。他自认为资本收益率会降到和投资的社会回报率相等的水平。没有任何理由认为它们未必就是一回事或者利润最大化的商业项目未必就是对其他人而言最好利用资源的……他的长期增长观点在今天看来与其说有害的倒不如说是不现实的。在凯恩斯还在写《通论》的时候，他设想了将来萧条的情况，提建议道：在完全就业的水平下 30 年的投资将会满足积累的需要，前提是没有战争的发生且人口停止增长（Robinson 1975，p. 130）。

积累的长期性观点存在弱点，这也许会使现代凯恩斯主义新古典综合的倡导者更容易坚持他们的信仰：凯恩斯主义的结论是严格“短期的”，因此没有必要进入经济增长和商业周期理论的领域，替代性地全部从新古典主义理论借鉴而来构建他们自己的经济增长模型。也许有人会认为 Harrod 增长模型和凯恩斯一般框架一致。首先，Harrod 十分强调资本收益率长期下跌的风险（Harrod 1949，p. 32）。其次，和凯恩斯关于资本主义经济的内在趋势是向不稳定方向发展的观点一致，Harrod 认为这个趋势是相当有可能的，并强调经济增长稳定均衡的不可能性。然而，正如我们所知道的，1956 年，罗伯特·索洛（Robert Solow）作为旧凯恩斯主义新古典主义综合的主要构建人之一，基于从资本和消费规模报酬不变的边际生产理论中发展出来的收入分配理论，通过引入新古典主义生产函数（柯布—道格拉斯函数）把 Harrod 增长模型转变成为新古典主义增长模型。他基本上认为，无论经济在何时偏离“黄金律”，一些反映产量动态因素的市场机制都将把经济带回均衡状态和合理的增长率。大部分的现代凯恩斯主义新古典综合学派支持索洛版本的增长理论，认为其描述了他们学派的经济发展的长期状况，在这方面似乎是新古典主义的观点占了上风。因此一个旧凯恩斯主义新古典综合构建者为现代凯恩斯主义新古典综合支持者的观点的出现预留了道路，这个观点是长期趋势的，并被经济的供给方面驱动地向动态一般均衡收敛。正如之前所说，动态一般均衡模型是新的凯恩斯主义——新古典主义综合的经典模型。从它们只包含有限数量的代表机构这个方面来说，它们是“简单的”一般均衡模型。但是，动态一般均衡不只是一个工具。就像 IS/LM 均衡一样，一个动态一般均衡也是一个基准概念，因为它为经济发展的远期路径提供了基础，并且只允许在经济偏离路径时才考虑刚性或者不完全。作为一般经济均衡模型，动态一般均衡模型的确提前假定市场出清和完全竞争。但是，要考虑“凯恩斯主义”的特征，就必须把不完全竞争的动态一般均衡模型引进来。在这个问题上一个很好的案例是之前提到的缩减版本的现代凯恩斯主义新古典综合，它包含一条向前预期的 IS 曲线、通货膨胀调整曲线（IA）和货币政策曲线（MP）。价格刚性首先出现在基于 Calvo 式模型的 IA 曲线中。公司被分为两组。在每期，以固定比例随机选取的公司可以调整它们的价格，在垄断竞争环境中运营。它们通过使公司未来利润当前价值最大化这一目标程序来制定价格，因此在它们决定自身的总供给时采用向前预期行为。另外一组公司，不是随机抽取的，保持它们的价格不变，至少持续到本期结束。MP 曲线加强了这些价格刚性，因为如前文所说的，新凯恩斯主义的菲利普斯曲线是向前预期的，而不是像他的先行者那样向后回顾。目前，我们知道在向前预期的环境中私人部门将会对货币政策的预期效果进行反应，所以货币政策的微小变化就会产生很大的效果，并且有时因为公司制定它们的新价格而使这种不均衡被放大。

新凯恩斯主义——新古典主义综合派也完善了凯恩斯理论和旧凯恩斯主义新古典综合理论中对长期和短期相区别的内容。例如，现代凯恩斯主义新古典主义综合派的中心思想已经被美国经济学会研讨会于 1997 年 5 月发表的《美国经济评论论文和纪要回顾》（*Papers and Proceedings of the American Economic Review*）所确定。这次研讨会的基本主题是“实践中的宏观经济学是否存在我们共同认可的核心内容?”R. Solow、J. B. Taylor、M. Eichenbaum、A. Blinder 和 O. Blanchard 为这次研讨会作出了贡献。这次讨论会的内容证实了接受现代凯恩斯主义新古典主义综合理论的经济学家其实在十年前就对长期和短期的问题达成了广泛的共识。简单地说，短期分析是用来针对总需求冲击占统治地位的经济周期的研究，这当然是“凯恩斯主义”（不是凯恩斯）的观点。相比之下，长期分析专注于经济的供给方面导致的趋势的研究。J. B. Taylor 把长期供给方面贴上了“最基本的和最少争议的原则”的标签。长期分析显然是建立在利用一般随机动态均衡模型对经济增长问题进行系统性分析的基础之上。在长期中，劳动生产率增加，并且基本假定依赖于单位小时劳动的资本增长率和技术增长率，或者准确地说，依赖于生产函数的变动。生产函数对应用于代表性消费者采用的跨期效用最大化程序提供了约束。生产函数的应用显然是结合了跨期效用函数的最优化使用。不断增加的动态一般随机均衡模型的使用，并不意味着凯恩斯主义理论者实际上和真实经济周期分析者一样欢迎价格和工资弹性的一般假设，虽然承认它的权威地位。但他们只是在动态一般随机均衡框架下简单分析、测量和检验名义和实际的价格和工资刚性的动态效应。考虑到短期，现代凯恩斯主义新古典主义综合派抛弃了真实经济周期的观点，即短期波动是一种最优的应对不可遇见冲击的市场供给方的调整，这种冲击来自偏好和技术变化的冲击。目前，在短期中（对许多现代凯恩斯主义新古典综合宏观经济学者来说只在短期中）他们存在一个共识，即通货膨胀和失业之间存在一个平衡。然而，有关这个平衡起因的争论仍在继续。比较流行的解释是价格黏性/交错工资理论，在本章之前已经提到过。相比于旧凯恩斯主义——新古典综合派的学者，大多数的现代凯恩斯主义新古典综合派学者已经接受了价格刚性和不完全竞争之间的关系。不仅如此，学术界对于需求总量的波动引起真实产出的短期偏离这一假设达成了共识。这也是从一些工资和价格没有足够的弹性来持续地使相关市场保持出清这个假设中得到的。在现代凯恩斯主义新古典综合派中出现的情况是：在真实经济周期理论者坚持长期的一般随机动态均衡分析方法的同时，“新凯恩斯主义者”则以新菲利普斯曲线、不完全竞争、交错价格设定或劳动合同等为基础，引出他们关于短期的观点。再次，从某种不同的意义上说，长期分析是新古典主义的，而短期分析是新凯恩斯主义的。

结语

这种对旧的和新的凯恩斯主义——新古典主义综合之间相同和不同之处的描述，在后面的例子中，强调了两种综合之间存在一种很强的连续性。考虑到凯恩斯主义和新古典主义策略方式的相容性，它还允许我们再增加一些结束语。现代凯恩斯主义新古典综合处理各种凯恩斯主义的主题和急需解决的问题，尤其是关心总需求所扮演的角色、失业的性质或者经济政策的内容。但是它却很少包含，凯恩斯原始著作中的分析基础。最后，总结反映了新瓦尔拉斯均衡、凯恩斯主义理论和知识信息之间基本不存在兼容性。从这个角度来看，值得指出的是作为建于动态一般随机均衡模型之上的现代凯恩斯主义新古典综合阐述了经济理性和协调性的概念，但是这个概念明显和凯恩斯尝试提出的概念存在矛盾。凯恩斯的概念突出强调了信息无知的重要性，以及我们今天所说的在个人认知理性中的不完全信息（见于 Arena 1989 和 2004）。他还强调了习惯、协作失败以及在个人经济合作过程中关于组合的错误见解所扮演的关键角色。目前，在现代凯恩斯主义新古典综合之外，Minsky、Clower、Leijonhufvud、Stiglitz、Cooper 和 Howitt 都尝试为凯恩斯理论贡献的各个方面提供不同的理性重建，包括它和新瓦尔拉斯方式关于理性和协调性的完全不同观点的基本因素。直至今日，他们各自不同的贡献还并未形成对凯恩斯思想的统一的诠释。这篇文章的目的不是在于进行现代的系统性的重建，这儿应该注意到的是他们重要的贡献已经足够使一些人继续保持希望，这些人在目前严重的经济不稳定的情况下仍然停留在现代凯恩斯主义新古典综合之外，并继续坚信凯恩斯信息的生命力和创造性。

致谢

我要感谢 T. Asada、R. E. Backhouse、B. W. Bateman、M. De. Cecco、H. Hagemann、T. Hirai、M. C. Marcuzzo、T. Nishizawa、H. M. Trautwein 和所有凯恩斯会议的参与者（举行于东京的索菲亚大学，2007. 3）对本文毫无保留的评论、建议和批评。

第五章　托宾的凯恩斯主义

Robert. W. Dimand

序言

1936 年 9 月，当詹姆斯·托宾（James Tobin）还是一个在哈佛大学学习经济学课程的 18 岁二年级学生时，他的导师，Spencer Pollard（一个哈佛大学的研究生，也是托宾 EcA 课程的导师），“决定对我进行私人辅导，他推荐我去读一本从英国来的书，因为它很重要。所以我就投入到《通论》的学习中去了。但是我当时太年轻太无知，竟然想通过学习凯恩斯的《通论》来开始自己的经济学学习（托宾 1998，p. 662）”。Pollard 是正确的：这本书确实很重要，尤其是帮助托宾形成了自己的经济学视角。托宾（1992，1993）到现在仍喜欢别人称他为“旧凯恩斯主义者”，而不是诸如新凯恩斯主义、新古典主义或者后凯恩斯主义之类的称号。当 Harcourt 和 Riach（1997）编辑《通论》第二版的时候，他们邀请托宾参与了新版书总章的写作，托宾在这章的第一部分写道：“像凯恩斯一样。”[①]尽管约翰·希克斯（John Hicks）（1935a，1937，1939）和欧文·费雪（Irving Fisher）对托宾的影响也很大，[②]但是托宾研究经济学的方法始终是受凯恩斯的影响最深并有着 20 世纪 30 年代经济大萧条的烙印。

纵观托宾的整个学术生涯，他始终都秉持着经济理论是为稳定经济服务的观点，他认为经济理论的任务应该是防止出现另一次大衰退，通过稳定经济来提高民众的生活水平，而不仅仅是就事论事对某个现象发表评论。随着大衰退而来的美国银行体系的崩盘，凯恩斯认为与进行物物交换的经济相比，货币经济时代的一个大问题便是有效需求不足导致的大衰退。美国有很多凯恩斯主义者，如保罗·萨缪尔森（Paul Samuelson）、罗伯特·索洛（Robert Solow）或者弗朗哥·莫迪利安尼（Franco Modigliani），与他们不同，詹姆斯·托宾关心的是货币系统的运行机制和出现问题的原因，他曾经同 David Colander（1999，p. 121）说过，“我与 20 世纪 50 年代大部分美国凯恩斯主义者不同，我认为货币政策是宏观经济政策的一个重要组成部分，忽略它的人都犯下了一个重大错误。”托宾将自己和剑桥大学凯恩斯的继承者（如 Joe Robinson，Richard Kern）与美国的后凯恩斯主义者区别开来，因为他反对“完全将新古典主义抛在一旁”（Colander 1999，p. 121）。即使是在他职业生涯晚期参与的一场学术争论中占到了英国剑桥的一方，他在文章小标题中仍注明了：“A Neoclassical Kaldor Robinson Exercise”（Tobin 1989b）。但是同时，他也同那些新凯恩斯主义者划清了界限：“对于 Greg Mankiw 这样的人，我不认为他是一个凯恩斯主义者，我不认为他们会承认非自愿失业和市场出清这些概念”（Tobin，Colander 1999，p. 124）。托宾把凯恩斯一些富有争议的思想按照自己的理念进行了拓展。他写了一篇关于把货币看做资产来求货币需求的文章（托宾 1958），并把凯恩斯的词汇“流动性偏好”加到了里面，在这篇文章里他建议用托宾税来限制国际资本的投机，这类似于凯恩斯的用来限制股票市场投机的资本税（Keynes 1936，Tobin 1984），他围绕着 Tobin's Q 建立了自己的投资理论（Brainard 和 Tobin 1968，Tobin 和 Brainard 1977），这个概念和凯恩斯的《货币论》（*Treatise on Money*）（1930）[3]里的 Q 十分类似，凯恩斯选择 Q 这个符号是因为 Alfred Marshall 提出的一个概念，准租金（Quasi – rents）。

托宾眼中《通论》的中心思想

托宾（1977）在“*How dead is Keynes?*”中总结了凯恩斯《通论》中的四个中心思想并指出人们把凯恩斯的去世看得过于严重了，就像对待马克·吐温（Mark Twain）等人的去世一样，他认为：“当代美国经济和其他发达民主资本主义国家经济所呈现出的经济现象都能从凯恩斯的四个中心思想里得到印证。至少前三个和现在的事实是十分吻合的。20 世纪 70 年代中期是除了 60 年代外，第二次世界大战后凯恩斯主义最好的例证。因此我们很难说，凯恩斯主义随着凯恩斯的去世而离我们远去了（1977，p. 460）。

托宾总结的凯恩斯的第一个思想是在现代工业化资本主义社会里，工资对过度需求尤其是过度供给的反应特别缓慢，所以在长期里总需求不单单影响价格，也影响实际产出。由此我们可以推出第二个思想，美国经济这种薄弱性必将增加非自愿失业的持续时间。前两个思想唯一的区别就在于后者主要针对非自愿失业现象，是指在一个未出清的劳动市场里的过度供给。如果将第二个思想里的“非自愿失业”换成“高失业率”，就会发现这种思想早已被很多人接受了，比如在1752年的David Hume，1802年的Henry Thornton，1887年的Alfred Marshall和1968年的Milton Friedman。托宾（1977，pp. 459－460）指出1974年以来的高失业率就是这些思想最好的佐证，他坚持认为不断升高的失业率确实是非自愿的：“人们愿意接受比当前工资低的工资，但是仍然找不到工作，而且他们无法有效地表达自己的这种意愿。”与此相反，弗里德曼（1968）适应性预期，即附加预期的菲利普斯曲线和卢卡斯（1981a）提到的新古典经济学里货币幻觉都认为工人们会被货币冲击所欺骗，从而将名义工资的变动错认为是实际工资的变动，这样我们就可以认为工资是可以灵活变化的，而劳动市场也会因此而达到均衡。托宾的前两个总结被广泛采纳（虽然新古典学派的经济学家会因为承认非自愿失业而遇到一些麻烦），而且现在已经被写入了凯恩斯教科书的第二章，这本教科书里凯恩斯讨论了劳动市场的两个经典假定。凯恩斯接受了第一个经典假定，即真实工资等于劳动产品的边际价值（假设经济必须是完全竞争的而且必须存在劳动需求曲线），但是否定了第二个假设，即真实工资的效用等于劳动力的边际效用。尽管第二章解释了黏滞名义合同和工人们对于相对工资的关注在没有货币幻觉的情况下，是名义工资缓慢下降的原因（这是正式验证泰勒规则的先驱1980），④但是一般教科书和托宾的总结都一致认为凯恩斯的分析方法有着十分明显的实际效用，但是理论上的意义却很小：它仅仅是在经典分析方法中加入了一个黏性名义工资的概念而已。强调价格和货币工资的缓慢变化暗示着凯恩斯的失业概念是一个非均衡状态，一个转换时期的短期状态，而不是接受一个存在非自愿失业（劳动力的过度供给）情况下的均衡。

《通论》第二版面世的时候，托宾（1997，p. 7）是这样恭维凯恩斯的，“要像J. M. 凯恩斯一样写作”（1936，chap. 2）

> 我在《通论》面世不久就开始学习这本书，结果使自己的理论方法和古典经济学的方法差别很大。感谢［John］Dunlop和［Lorie］Tarshis的实证研究，如果第一个经典假设是正确的话，实际工资（用

劳动者的边际产品而不是消费来衡量）就可以反周期调整了。但是，Dunlop 和 Tarshis 发现如果这种产品工资存在的话，他是提前于经济周期运动的。这并不是《通论》的一个致命错误，恰恰相反：这并没有触及我最基本的理论……如果增加总供给能够在不减少实际工资的情况下增加就业和产出，一切就都完美了！……但是要认识到市场是不完美的，不完全竞争和工资缓慢的调整将会在短期内导致产品成本和销售价格之间的不一致。⑤

托宾关于凯恩斯的第三个总结是“资本的形成长期来说是由盈利预期估计、风险和经济对风险的态度共同决定的。这些并不能由当下和近期的经济现象简单估计出来。比如，从实际的角度讲，边际资本效用的变化包括很多重要的内生和外生变量”（1977，p. 460；Keynes 1936，chap. 12，“The State of Long – Term Expectation”）。这里强调的是长期预期的自动调整（凯恩斯称之为动物直觉）。凯恩斯的这种思维直接否定了 Robert Lucas（1981a），Thomas Sargentant 和 Neil Wallace 在 1971 年共同引入宏观经济学的概念：理性预期，也否定了弗里德曼在 1968 年提出的内生的可调整预期。Tobin 一直强调未来盈利预期的波动性，认为这可以解释 1929 年 10 月的华尔街危机和大萧条（Tobin's Q 的分子，即资产的市场价值，是未来税后净收入的折现值），弗里德曼和施瓦茨（1963）则认为大萧条是由美联储作出的错误决定所导致的通货紧缩造成的。托宾的关于凯恩斯的第三个总结也直接否定了（Minsky（1981）和 Crotty（1990））试图依法做出的一个属于新古典学派的 Tobin's Q 的想法，所谓属于新古典 Tobin's Q 是指，应该是建立在相关基础变量的已知概率分布上，用一种类似于凯恩斯学派的方法辨认长期预期的不确定性和外生变化（Dimand 2004b）。

托宾总结的第四个凯恩斯的思想，延续着《通论》第 19 章的思想，认为“即使货币工资对市场额外的需求和冲击有反应，它们的灵活性也不足以稳定经济”。这个思想被托宾反复提及（1975，1980，1992，1993），而且被认为是凯恩斯对“古典经济学”挑战的一个关键理论。在托宾看来凯恩斯主义没有落伍的原因在于他创造性地观察（或者说是大胆地假设）到了工资向下调整具有黏性。即使价格和货币工资能够作出反应，经济在受到一个负面的攻击冲击之后仍然很难自动调整回潜在产出水平，这时候就需要政府干预来实现充分就业。取消工会、缩小工资法律方面的限制和建立失业救济金使工资调整更灵活，这样做往往会让事情变得更糟。托宾总结的第四个思想和凯恩斯《通论》的第十九章（他认为这一章是理解凯恩斯经济思想的关键）对于托宾的凯恩斯主义至关重要：非自愿失业或许是一个非均衡现象，但是经济系统没有办法在受到需求冲击之后恢复充分就业均衡。托宾（1977，p. 460）赞同凯恩斯“认为那种‘经济是稳定的，而且具有自我调整能力’的观点是一种经济学上的教条主义”。与他的前三个总结不同，托宾没有针对这个思想进行实证分析，“因为既然货币工资和价格对于额外的供给和需求反应不是很迅速，那么我们就无法对这种现象进行直接的观察。”关于第四个思想的例子是纯理论的（1975）。这个例子只有在20世纪70年代正式提出过，那时候凯恩斯主义正受到自然利率理论的冲击，首先是货币学派的弗里德曼（1968），而后是新古典经济学的卢卡斯（1981a），这些理论认为想通过需求来刺激就业和产出，那么只有欺骗工人，让他们接受比他们所预想的更低的工资。但不幸的是，罗伯特·卢卡斯（Robert Lucas）（1981b），在他的第一篇批评托宾（1980）的文章中，忽略了托宾第一次演讲中讨论过的非均衡的动态性，稳定和自我调整机制失败这些问题，而是把注意力集中在了托宾的第二篇演讲上，在那篇演讲中，托宾称Lucas的新古典综合主义为“货币主义二代”，仅仅是弗里德曼的自然利率假说的翻版，简单地将菲利普斯曲线中的理性预期换成了可调整预期。

“像凯恩斯一样写作，”托宾（1997，p. 4）写道，“我们这代经济学家以前面对的中心问题是‘我们的资本市场化经济是否能在没有政府干预的情况下充分利用劳动力和其他生产资源？系统是否在任何时候都能迅速实现一个充分就业的状态？’古典经济学家的失败给了我们一个肯定的答案，但是凯恩斯的《通论》却告诉我们不一定是这样……幸运的是，解决的方法就在政府的财政和货币政策里，并且能保留民主资本主义社会基本的政治、经济机构完整”（这与年轻的马克思主义者的信仰相反，它们是20世纪30年代剑桥最流行的思想）。在他自己所写的文章中，托宾（1997，p. 27）总结道：“在凯恩斯时代，古典经济学所信仰的是经济在未达到充分就业状态时，有自我恢复功能，不幸的是，这种思想在理论上和实际操作过程中都被证明是失败的，现在，一个多世纪以后他们又失败了。”

IS/LM 的微观基础

托宾参与创造了 Alvin Hansen 的能使货币市场和产品市场同时达到均衡的 IS/LM 模型，这个模型现在已经成为了美国教授凯恩斯主义理论的主要方法。Hansen 在自己的作品（1949，p. vi）序言里特意感谢托宾阅读了他的初稿并提出了意见，当时托宾还是哈佛社会研究会的初级会员同时也是经济学手册系列的编辑。Hansen（1949，p. 168）认为（1947/1948）：“托宾的分析对我的帮助非常大。”托宾（1947/1948）曾经利用 IS/LM 曲线和模型蕴含的两个等式向当时货币主义的领头人 Clark Warburton（1945）指出他们的货币政策依赖于一个不明显的假设，即货币需求对利率变化不明显。

后凯恩斯主义者反对 IS/LM 模型，是因为模型弱化了无回报风险的重要性（这里与有回报风险区别开），同时凯恩斯也从来没有声称自己的理论能用几个同时成立的等式表述出来，虽然在 1933 年 12 月的一次演讲中，他使用了一个四等式的 IS/LM 模型，当时参加那个演讲的还有 David Champernowne 和 Brian Reddaway，他们不久之后就发表了第一个与 IS/LM 模型等价的模型（Dimand 2007）。货币主义者米尔顿·弗里德曼也通过设计一个给定价格的方法绕开了 IS/LM 的这一难题（参考“耶鲁学派”的 Brunner（1971）和 Meltzer（1989）的评论），弗里德曼有一次在 Gordan（1974）使用 IS/LM 模型试图与其他凯恩斯主义批评者进行交流，这个被一些后凯恩斯主义者引用来作为美国使用凯恩斯 IS/LM 模型的都是古典主义者而非凯恩斯主义者的证据。托宾（1980，Lec. 1）针对货币主义者的反对 IS/LM 声音作出了回应，在给定产出的情况下，他把利率和价格水平都放到了坐标轴上，以此来分析充分就业的状况。托宾一直试图找出 IS/LM 模型有价值的地方并且致力于扩展它，为模型中的投资、消费、货币需求、货币供给的组成部分，尤其是对一篮子资产，提供更为丰富和有深度的微观基础（Dimand 2004a）。托宾（1980，p. 73）在他的第三次也是最后一次 Yrjö Jahnsson 演讲中提到：“我会十分关心凯恩斯模型和由约翰·希克斯（John Hicks）完成的 IS/LM 模型的规范化（1937）……我会认真考虑所有有关模型的意见，一些意见来自反对者，一些则是自己的反思。首先我想说的是，我并不认为凯恩斯的分析方法应该被抛弃了。我始终相信，这是一个很强大的工具，能够帮助我们更好地理解我们的经济和政策对经济的影响，我将一如既往地认真使用它们，并将它们教给其他人。”托宾（1980，p. 94）最后结束他的演讲时说道：“一个很重要的结论就是，标准的规范化来自于希克斯的 IS/LM 分析。现金流和股票能够更准确地在模型中反映出来，在模型中现金流能通过折现影响债务和其他资产，这里说的资产范围十分广泛”。托宾对于 IS/LM 模型在资产选择方面所做的改进都是在希克斯的影响下完成的，希克斯始终认为应该把货币需求理论看做是一个资产组合选择的过程而不单单是经济学的一个简单应用。[⑥]托宾（Gordan 1974，p. 77n）写道：“二十世纪最后二十五年的经济学的发展包含了很多《通论》里没有的元素。也许我们应该将这二十五年综合称为希克斯时代，因为这些都来自于他关于 IS/LM 的文章，更重要的是来自于他的关于货币的经典论文（希克斯 1935a)”。

托宾的博士论文是关于储蓄和消费的，他将初始财富和收入融入了消费方程当中。托宾关于投资的 Q 理论是讨论 IS（投资和储蓄）方程的其他商品市场均衡的条件。托宾为流动性偏好理论（货币需求）和 LM 货币市场均衡条件（货币供给的组成部分，众多资产市场出清条件之一）提供了微观理论基础。他发明了一种能够最优化商业银行的模型，并且用它研究了为什么市场上许多资产是不能够完美替代的。货币供给的内生性并不意味着水平的 LM 曲线（和 Moore 1998 形成对比），由于货币当局控制着基础货币（托宾和 Golub，1998），因此也就控制着货币的内生性。

虽然欧文·费雪（Irving Fisher）（1930）提出了持有资金的机会成本的说法，但是凯恩斯（1936）仍是第一个提出将资金需求看做是收入和利率函数的人。托宾将理性个体的选择加入了零利率无担保货币的需求函数中。托宾（1956）和 William Baumol（1952）、Maurice Allais（1947）（见 Allais 的优先论，Baumol 和托宾（1989））从现金管理最小化成本中得出了存货方法中的平方根理论，现金管理成本包括有息资产转化成支付手段中的转化成本加上流动性成本。

托宾（1958）的“风险行为中的流动性偏好”理论将货币需求看做是资产选择的一部分，由于货币流动性最好，所以即使它的收益率为零，低于风险资产，人们还是将它放入了资产组合中。凯恩斯（1936）假设中介机构对未来利率有一个固定的预期，但是正如托宾对 Shiller（1999）说的那样“想对什么是货币需求作出一个解释，而不仅仅是依靠模型提供的利率水平来确定不同的货币需求。这恰恰是优秀的理性预期方法论……这才是那篇文章要表达的全部。这和创建 CAPM 模型或是分割定理无关，分割定理是自然而然地从我对模型的设定中产生的。”

托宾创建了一个多资产的架构，其中货币并非其他资产的完美替代品。因为资产选择是在多个市场限制条件下进行的，这些限制包括，资产总需求必须考虑财富、储蓄带来的现金流、股票价值变化。这些限制（加总个人预算限制的 Walras's Law）的存在使得单资产市场出清条件变得很复杂，但是 Brainard 和托宾（1968）警告必须考虑到需求带来的弹性作用。Brunner 和 Meltzer（1993）也创建了一个多资产模型，但是托宾诧异地表示“他们在使用多元可互换资产的概念，最终却得出了货币主义的结论，这看起来与我们假设的资产之间的互换性并不一致”（Colander 1999，p. 124）。当将模型外的财产作为增加的限制条件，假设股票现金流稳定持续，最大化模型中特定变量，如货币需求时，托宾并不认为市场与预算限制、最优化代理变量是联系在一起的（Geweke 1985；Kirman 1992；Hartley 1997，代理模型）。托宾的代理模型完全不适合分析凯恩斯提出的微观经济协调问题（Dimand 2004a）。托宾强烈反对声称重叠时代（OLG）模型依赖于货币是唯一资产和时间是连续的这些重要假设，为不兑现纸币的存在并拥有价值这一说法提供了严密的微观经济学基础（参考他对于 Kareken 和 Wallace（1980）以及 Colander（1999）的评论）。尽管托宾强烈表示 OLG 模型不能满意地解释不兑现纸币的价值，他发现这些模型可以用于分析跨期消费选择。Willam Buiter（2003，F590 – F591）观察到“在 20 世纪 60 年代、70 年代和 80 年代，托宾在生命周期理论和实证上作出了一些重要贡献，通过假设它在 Allais – Samuelson 重叠时代（OLG）的设置之中……所采用的实证方法是使用早期的校准拟合。稍微夸张地说，托宾的方法是 Kydland 和 Prescott 的 RBC（真实经济周期）学派的教父。”⑦

托宾的 Q 理论和后期的凯恩斯主义者

托宾与后期凯恩斯主义者的关系十分复杂（见 Dimand 2004b）。Geoffrey Harcourt 将托宾视为凯恩斯主义需求管理理论对抗货币学家和新古典主义挑战的同盟军，并邀请托宾撰写 Harcourt 和 Riach 章节的序言

(1997)。托宾（1960）讽刺了 Nicholas Kaldor 的分配理论，而随后却在1983 年邀请 Kaldor 在耶鲁大学开展了第一个系列 Arthur Okun 讲座并建立了一个以 Kaldor 命名的刊物（托宾 1989b)。Paul Davidson（1997）提倡建立国际货币联盟，使得货币在遭受投机式攻击时只能进行单向兑换。然而，他却坚持认为即使是几个基点的货币交易“托宾税”也会给贸易和长期资本流动造成混乱，但是却不能有效限制短期的“热钱”流动。

Hyman Minsky（1981，1986）和托宾一样是凯恩斯和费雪的支持者，在哈佛大学期间接受了 Joseph Schumpeter 和 Wassily Leontief 的指导（托宾和 Minsky 在 1946 年到 1949 年间也接受了他们的指导)，他指责托宾本质上是一个新古典主义者而非凯恩斯主义者。托宾（1989a，p. 75）反驳道："凯恩斯主义者受到误导，认为 Pigou – Patinkin 余额效应的存在，工资和价格灵活变动就能够保证充分就业，因此政府的干预是没有必要的。Minsky 对此加以指责是不符合事实的，我曾公开说过完全相反的话。"托宾（1989a，p. 73）曾经这样评论过 Minsky（1986)："他的后凯恩斯主义理论并不能和这本书的核心思想——经济周期中的金融理论——联系起来。Minsky 在资产定价和投资理论上的造诣很深，就像我对 Q 理论比较了解一样，但是他关于价格、工资和利润方面的研究就差强人意了。"

James Crotty（1990）同样也认为 Minsky 是一个凯恩斯主义者，而托宾是一个新古典主义者。托宾和 Brainard（1990，pp. 66 – 67）则认为他们一直坚持着凯恩斯的观点"《通论》第 12 章反复强调非理性——乐观、自信或是它们的反向情绪——在影响资金边际效用方面的重要性……Crotty 指责'托宾的凯恩斯主义是建立在理性预期、有效市场一般均衡模型上的，而这些恰恰都属于凯恩斯极力反对的古典主义理论'"，但很少有人同意这种说法。Crotty 还说"托宾认为金融市场是有效的和稳定的"，托宾和 Brainard（1990，p. 71）对此感到十分愤怒：

> 我们从来没有用过稳定这个词汇。我们使用有效这个词汇的时候，也仅仅指的是技术上市场出清的有效性。我们没有提出过股票市场的不断变化是建立在一定基础价值上的观点。在 Crotty 提到的 1977 年的文章里和其他文章里提到的 Q，我们都同意凯恩斯的观点，即投机使得价格偏离了基础价值。Crotty 在他 1984 年的文章脚注 9 里又一次把他自己杜撰的词汇用到了托宾身上："托宾放弃了他关于金融市

场价值有效性的信仰”，无论是个人还是两人合作的时候，我们都没有使用过“价值有效性（valuation efficiency）”这个概念，我们从来没有写过托宾坚持某种金融市场信仰这样的句子（Tobin，Brainard 1977；Tobin 1984；Shiller 1989）。

托宾（Shiller 1999 年的访谈，pp. 887 - 888）认真解释了他的 Q 理论。Q 理论被机构广泛采用并作为观察的基准，但是应当与 Fumio Hayshi（1982）的 Q 理论区别开来，Fumio Hayshi 的 Q 理论指的是解决最优问题的一个影子价格。

经济系统是否可以自我调整

托宾（1977）总结的凯恩斯的第四个思想是货币工资和价格的灵活调整也不能保证经济的稳定性。参照中 Keizo Nagatani（1984，p. 117）“凯恩斯在《通论》中强调过以及托宾所讨论的稳定性问题，如今被这样解释，即瞬时均衡能够在短期内持续存在。我认为，这是宏观经济学的一个核心问题。但这也是一个很复杂的问题，我们只能给出一个片面的答案”（参见 De Long and Summers 1986；Driskill and Sheffrin 1986；and Chandha 1989，这些人都对这个问题进行了探讨）。

托宾（1975）发表了 Walras - Keynes - Phillips 模型，模型在达到潜在产出时存在唯一均衡（托宾强调说，这并不是他的观点），而且他在模型中加入了 Pig - Haberler 余额效应，一旦产出受到一个负面的需求冲击，仍然可能会偏离潜在产出。这将导致一个动态不均衡的现象，但是如果没有一个充分就业均衡的话，模型描述的系统是否缺少一个非充分就业均衡并不重要。

低价格下 Pig - Haberler 余额效应（低价意味着更多的流动价值、更多的财富和更多的消费）将受到一个下降价格体系导致的不稳定效应的影响。价格下降的预期将导致持有货币机会成本的下降，同时提高了对真实货币的需求，这将使 LM 曲线向左移动。托宾（1980，Lec. 1）和 Minsky（1975）一样，开始从欧文 · 费雪（1933）提出的债务紧缩过程里寻找思路：名义价值破产的风险增加了债务的风险溢价，导致名义价格表示下的内部债务的真实价值上升，同时真实财产从贷款人到借款人的转移也降低了支出，因为这基于对资金不同的消费倾向，我们可以将资金使用者分成贷款人和借款人。内部债务的数量远远超出结余效用下的外在流动货币量。Don Patinkin（1965）和 A. C. Pigou 一样，认为结余效应证明了工资的灵活变动能够使经济在名义利率无法下降（如降到零）的情况下，经历负面冲击之后能够重新实现充分就业状态。

托宾（1975）认为 Pigou 对凯恩斯的反对意见，即使理论上也是很难成立的。Clower（1984）和 Leijonhufvud（1968，1981）还认为凯恩斯带来的不单单是政策上的转变，还有理论上的变化。他们认为，Walras's Law 在数量受限的需求中起不到作用（比如，一个失业的工人不能够出卖自己的劳动力，因此他也就无法获得工资，那么这些都不能算在这个工人的预算约束里），而动态调整可以解决这样的问题。托宾告诉 Colander（1999），他并不反对 Clower – Leijonhufvud 的方法，只是思路不太一致罢了。

托宾（1997，pp. 12 – 13），在《通论》的第二版中写道：

> 在第 19 章里，我强调了增加债务的负面影响，而且费雪教授举了一个很有说服力的例子，美国大萧条时期债务在不断加剧的通货紧缩中增加了。我也同意费雪教授所说的，不管低工资低物价的作用如何，这都是没有意义的。对于通货紧缩的预期，换个角度讲也就是利率的上升。基于以上原因，我不同意 Pigou 教授把反推力作为否定通论理论性的理由，至于操作性就更不用说了。事实上，我仍持有这种观点：一个稳定的合理的工资将会减少产出、就业和价格的波动性。

托宾（1975）发表了他的模型稳定条件，但是没有给出证明。托宾的 Walras – Keynes – Phillips 模型稳定的必要条件是从 Bruno 和 Dimand（2009）的模型中派生出来的，表明托宾的模型拥有一个稳定机制，Leijonhufvud 也一直在研究这方面的问题（1981，pp. 103 – 129），即模型在受到小的冲击的时候具有自动调整功能，但是在受到大的负面冲击之后就将离开这个稳定状态，甚至会使产出偏离潜在产出更远。模型告诉我们的是大的经济衰退只是偶尔发生，大部分时候，市场可以自我调节。稳定状态之所以存在是因为有维持稳定的力量，我们称之为凯恩斯效应，指的是低物价导致真实货币供给上升从而降低利率，直到名义利率降为零为止。

结语：“旧凯恩斯主义者的反击”

托宾现在还很乐意别人称他为“旧凯恩斯主义者”（Purvis（1982）和

Buiter（2003）列举了托宾对经济学的贡献）。他关于凯恩斯的动态不均衡的解释，使得第 19 章成为了《通论》的中心。这使得托宾不仅仅和凯恩斯的反对者分开来，也使得他和凯恩斯失业均衡的支持者区分开来。托宾（1975，1977，1980，1992，1993，1997）提出并发展了凯恩斯的动态不均衡的观点，反驳了自然利率理论，表明即使没有一个唯一的自然利率均衡，经济系统在没有政府帮助下仍然无法在受到一个巨大的负面需求冲击之后恢复平衡。1975 年，凯恩斯《通论》的第 19 章第一次在托宾的解释下成为了全书的中心。比起后凯恩斯主义者，托宾的理论和古典理论有一些相似之处，托宾把他的资产需求方程（包括货币需求）和消费决定建立在理性人的最优化行为上，而且强调了积累约束和股票现金流的持续性，但是他反对用劳动力市场出清来理解宏观经济协调问题。他的方法受希克斯（1935a）、费雪（1933）当然还有凯恩斯（1936，chap. 12 和 chap. 19）的影响比较大，同美国旧的凯恩斯主义者区别开来，后者很少注意货币、多资产建模和动态不均衡。

注释

这篇文章是通过整理 2007 年 3 月东京索菲亚大学关于凯恩斯讨论会议资料得来的。我很高兴能够获得以下人的批评：Avi Cohen，Omar Hamouda，J. Allan Hynes，David Laidler，DonMoggridge，和 Allan Olley，他们都来自多伦多大学和纽约大学的经济思想史工作室。

① 在 1996 年 1 月举行的 AEA（American Economic Association）的会议中，因为一场暴风雪，托宾被困在了康涅狄格，我发现自己正在阅读一篇托宾为纪念 AEA60 周年写的一篇论文。

② 托宾曾是费雪（1997）的咨询编辑并为 Dimand and Geanakoplos（2005）提供帮助，后者是托宾为费雪组织的会议中的记录员。他早期关于费雪的文章也通过会议重新发表了。

③ 托宾的 Q：企业市价（股价）/企业的重置成本，这是《货币论》（*Treatise*）里两种解释中的一个，凯恩斯的 Q 与这两种都不同（参见 Dimand 1988）。

④ Taylor 于 1979—1980 年在耶鲁做访问教授时，与托宾共同教授货币和金融学课程。托宾对 Taylor 在交错合同论和相对工资方面的研究给出了很高的评价。不久，托宾对他的 Cowles 基金会同事 Truman Besley（1999）的研究项目十分感兴趣，Besley

过去是一个抽象的经济数学家，它能够用复杂的数学方法来说明为什么工人在萧条时期不同意削减工资：如果存在黏滞名义合同的话，工人更关心的是相对工资，而货币工资的减少无疑会降低工人的生产积极性。

⑤ 参见 Dunlop，Tarshis，Keynes 和 Ruggles 写的文章，托宾（1941），Dimand 在 2002 年再版了，第八卷。

⑥ 托宾总是强调他对希克斯（Hicks）的尊敬，比如，在希克斯年龄比较大、行动不便的时候，跑去多伦多纽约大学格兰登学院看望他。

⑦ 但是当 Colander（1999）问起托宾“经济周期理论怎么样”的时候，托宾回答道“那是我们的敌人”。

第六章　新古典主义综合和 Wicksell – Keynes 的联系

Mauro Boianovsky and Hans – Michael Trautwein

序言

自从 20 世纪 30 年代开始使用“宏观经济学”[①]这个术语以来，学术界对于造成总产出、就业率和价格波动的原因就开始争论不休。就像 Michael Woodford（1999，p. 2）指出的那样：“宏观经济学发展过程中充满了创新和反对创新的声音”。但是，这场争论运动使得各学派达成了共识，经济学周刊上的一篇关于宏观经济学的摘要里写道：“约翰 · 梅纳德 · 凯恩斯声称他的《通论》是传统经济学理论的反对者，但是不久之后凯恩斯主义的创新也吸取了古典主义的一些观点，变成了新古典主义综合学派。货币主义的反对者和新古典理性预期革命支持者在解释经济实际运行中出现的问题上展开了激烈的讨论。新凯恩斯主义者在应对挑战的过程中也得到了发展，成为了新的新古典主义综合派，近代宏观经济学的发展到这儿也就告一段落了。”[②]

传统意义上的新古典主义综合依托的是 IS/LM 模型。与此类似，新古典综合派或者说是 NNS 是以 IS – AS – MP 模型为基础的，在这个模型中产出、通货膨胀和利率同时达到均衡：IS 代表的是总需求，AS 代表的是总供给曲线也就是附加预期的菲利普斯曲线，MP 代表的是对货币政策的反应函数。

这个模型是 Woodford 的《利息与价格》（*Interest and Prices*）（2003）的核心内容，这本书对载入宏观经济历史的 NNS 模型的发展具有突出的贡献。书里经常提到 Knut Wicksell 的《利息与价格》（*Geldzins and Güterpreise*），这是前凯恩斯时代货币理论中里程碑式的著作。书的题目和 Wicksell（1898）1936 年的翻译版本题目是一样的，并且 Woodford 修改的 IS – AS – MP 基本模型被广泛地用于货币政策的分析，被称为“新 Wicksell 框架”（2003，chap. 4）。我们不难发现 Woodford 选择 Wicksell 作为他分析思路来源的原因。单单从泰勒法则一个方面来说，Woodford 的“不使用货币的货币政策”（Woodford 1998，p. 173）和 Wicksell 的“纯信用体系”是有着很多共同点的，都主张使用根据物价变动来调整名义利率的方法来消除通货膨胀。[③]更进一步说，在提到 20 世纪 30 年代的 Wicksell 主义的时候，Woodford（2003，p. 5）在货币政策非中性的基础上提出了按照一定的规则来控制通货膨胀的方法：“正是因为商品总体价格的不稳定导致了信息的扭曲，进而导致了总体就业率和总产出以及经济活动中各部门无效率变动，因此稳定的价格是很重要的。”

Woodford 的“尝试着使那些在凯恩斯主义出现以后被忽略的货币主义观点重新得到重视”（2003，p. 5），这不仅仅意味着把最近的新古典主义和凯恩斯主义作一个综合。在某种意义上讲，他是在创造一种新的思考宏观经济的方法。Dennis Robertson 曾幽默地形容这样的思维：“富有智慧的想法就像狩猎中那只注定属于你的野兔一样……就算你站在原地，它也会绕一个圈重新回到你的身边”（引自 Leijonhufvud 2000，p. 12）。Dennis，从一开始就是 Wicksell 的支持者，[④]我们当然相信他说的话。但是，Woodford 仍然将传统意义上的 Wicksell 主义和新的 Wicksell 主义区别开来了。他认为，Wicksell 和他的支持者——比如像 Erik Lindahl、Gunnar Myrdal 和 Friedrich A. Hayek——“在提出他们观点的时候没有用到现代的一般均衡理论，也没有用到宏观经济学的建模技巧，因此在如今中央银行纷纷采用数量政策分析的年代，Wicksell 的理论能否适用还是一个未知数。”

那么我们将面临两个问题：Wicksell 理论和 Woodford 方法的主要相同点和不同点在哪儿？Woodford 的方法在多大程度上能够解决 Wicksell 和他的后继者提出的问题？下面我们将仔细地研究这两个问题，并不仅仅是检查那些注释引用的正确性，而是要试图找出经过 Woodford（2003）的重新阐释，来发现最原始的 Wicksell 理论除了他的经济学历史地位外，还能不能给我们带来新的启示。在第二部分，我们描述了 Woodford 的“新 Wicksell 框架”。在第三部分，我们试图找出它和原始的 Wicksell 理论的相似点，并在第四部分指出两者的不同点。我们把注意力集中到了 Lindahl 的方法上，这是因为他是最接近 Woodford 理论的人，而且他还对旧的 Wicksell

理论和后来出现的综合派作了比较。这两者的不同和凯恩斯主义与新古典主义的不同有着相似之处。[5]就像 Leijonhufvud（1979）指出的那样，凯恩斯和 Wicksell 有着某种联系，比如他们都承认利率在预防投资和储蓄问题上无所作为，这就导致了商品市场和劳动力市场需求过剩，而这些是价格和工资的自由调整无法解决的。除非主动调整利率水平使之与价格稳定下的充分就业相协调。但是这种观点在 NNS 模型中消失了。本章的第五部分试图讨论 Wicksell 与凯恩斯的联系以及 Woodford 的新观点。在最后一部分，我们将总结新综合派没有解决的一些问题，而这些问题恰恰是 Wicksell 主义和凯恩斯主义研究的核心所在，也将是以后宏观经济研究的中心问题。

Woodford 的新 Wicksell 框架

NNS 模型的核心是利用三个等式最后求出产出、通货膨胀和利率水平的动态均衡。出于不同的考虑，模型经常以不同的形式出现（Goodfriend 和 King 1997；Clarida，Cali 和 Gertler 1999；Romer 2000；Taylor 2000）。在 Woodford 看来，这个系统是在理性预期下求出的跨期的一般均衡（2003，pp. 243 – 247）。

第一个等式是 IS 关系式，即产出和利率的一个反向关系：

$$x_t = E_t x_{t+1} - \sigma(i_t - E_t p_{t+1} - \rho_t) \tag{1}$$

这里 x_t 代表的是实际产出和“自然水平”产出的差额，σ 代表的是跨期替代弹性，i_t 是指名义利率[6]，p 代表的是通货膨胀率；ρ 代表的是对自然利率水平有影响的扰动项。“产出的自然水平来自实际经济周期（RBC）理论，代表的是在价格和工资没有黏性的情况下能达到的”真正的均衡（同上，p. 9）。自然利率指的是使得总需求时刻等于产出自然水平的均衡利率（同上，p. 248）。

因为 Woodford 的理论基于人们的预期行为，现在的消费是被未来的预期消费所决定的；更确切地说，实际的产出缺口是由未来产出和通货膨胀的理性预期（由运算 E 表示）、同时期的意外冲击、政策变量 ρ 和 i 共同决定的。

第二个等式是 AS，从某一方面来说就是菲利普斯曲线，表示的是实际的通货膨胀率等于预期的通货膨胀率加上实际的产出缺口。

$$p_t = \beta E_t p_{t+1} + \kappa x_t \qquad (2)$$

这里β代表的是一个折算因子，κ代表的常数参数。我们假设公司都是垄断竞争的，价格都以 Calvo 彩票[7]的形式设置成互相交错的。在受到利率冲击的时候，大部分公司在追求最大化利润的情况下，选择的是调整产量而不是价格。不同公司的产品之间的互补性又进一步增加了价格黏性（影响κ），这样冲击对产出的影响就是显著而持久的。

第三个公式是用于货币政策中的泰勒规则：

$$i_t = i^* + \gamma_p(p_t - p^*) + \gamma_x(x_t - x^*) \qquad (3)$$

在这里i^*代表的是通货膨胀p^*可能的变化以及扰动项之和（即控制错误以及测量误差）。权重因子γ_p和γ_x分别表示实际通货膨胀和产出缺口对于目标值偏离的反应程度。产出缺口的目标被定义为时刻与目标通货膨胀率一致，即$x^* \equiv (1-\beta)\,p^*/\kappa$。这样的设定保证了泰勒规则模型的内部一致性：$x^*$的定义保证了不管通货膨胀的目标$p^*$是否达到，$I = i^*$始终成立。这样内生变量$i$，$p$和$x$就在等式（1）～（3）中确定了。Woodford 表示泰勒规则在目标通货膨胀率接近零的时候为最佳。在这个例子中，福利损失随着价格黏性的增加而增加并且保证了产出缺口的最小化。新古典学派就这样在新综合学派的基础上发展起来了。这个新学派基于产出调整先于价格调整的理论基础，并在一个贴了（新）凯恩斯主义标签的模型中发展起来。[8]

“具有讽刺意味的是，事实上尽管 NNS 模型中货币政策的凯恩斯效应最为明显，但当完全去除凯恩斯效应时货币政策却是最好的。”（Goodfriend and King 1997，p. 278）。当我们描述 Woodford 的新 Wicksell 模型框架的时候，他也说出了同样的问题：“使用非货币主义者的分析方法来分析货币政策效应，与新古典主义正统思想并不产生矛盾”（Woodford 2003，p. 238）。

新旧 Wicksell 理论的相似点

Woodford 认为通货膨胀是由利率缺口造成的，并且如果按照 Wicksell 的《利息与价格》（*Interest and Prices*）（1898）中一个反馈规则来执行的话，通货膨胀能够完全消除。《利息与价格》（*Interest and Prices*）这本书对宏观经济学的发展的影响甚至早于 NNS 模型。它提出了一些宏观经济学里很有争议的概念，比如利率的自然水平（失业率的自然水平），货币中性和积累过程理论。Wicksell 并不单单是想创造这些词汇[⑨]，他的目的是把这些词汇所暗含的思想都整合到一个框架里面，并用他们分析市场之间宏观层面的互动。当一个市场出现名义刚性的时候——比如，一个相关金融市场的利率出现了黏性——我们就需要调整价格或者其他金融市场的变量来将整个经济系统拉回到平衡状态。在二十世纪当自然利率、中性这些概念不断被整合、批评和重新定义的时候，Wicksell 的另一个关键词汇，纯信用体系却没有得到太多的重视。[⑩]但是在 Woodford 看来，这个概念在整个理论体系中却是处于中心地位的。

货币总量的不相关性

NNS 模型有时候被形容为“没有 LM 曲线的凯恩斯宏观经济学模型”（Romer 2000）。NNS 模型完全抛弃了利率的流动性偏好理论而且也不需要以前旧综合派关于货币供给外生性的假设。Woodford（2003）指出，现代货币政策控制通货膨胀是用控制利率的方法，而不是控制货币总量的方法。他举了两个例子来支持他的观点。

第一个例子描述了中央银行现行的一个普遍做法即通过一个“管道系统”来实施货币政策，在这个“管道系统”里，隔夜拆借的存借款利率与中央银行的利率目标大体一致（同上，pp. 25 – 31）。在 Woodford 看来“当市场利率偏离目标利率的时候，中央银行并不需要通过公开市场作出调整”。他认为中央银行的供给平衡对通货膨胀的控制并没有那么重要。

第二个例子是“完全没有现金的经济体里的货币政策”（同上，pp. 64 – 74），Woodford 用这个例子来进一步巩固新 Wicksell 框架。他假设了一个完全竞争的完美金融市场，在里面每个家庭都尽可能最优化自己的家庭资产。在这个经济系统中没有货币摩擦（同上，p. 31），中央银行发行了多种金融资产。这些资产组成了货币基础，但是在这个模型的结构中“基础货币数量的变化对于均衡利率和其他变量都没有影响”（同上，p. 75）。中央银行对其债务利率的调整并不影响政策目标的执行。Woodford 认为，只有在这样的环境中，货币政策的利率规则才能通过价格和利率水平对理性预期均衡起到决定性作用。

Woodford（2003，pp. 31 – 32）用他的两个故事表明：支付的系统存在一种无现金支付的倾向，并且在抛弃了货币摩擦后货币转换机制变得更容易理解。在他的《利息与价格》（*Interest and Prices*）中，Wicksell（1936（1898），pp. 62－76）用了相似的观点介绍了他的纯信用体系思想，就像他试图这样重新表述货币数量论：整体利率机制揭示了价格的变化和银行贷款的变化所导致的后果。自然利率（真实投资的预期收益率）和银行的贷款利率的任何差额都将通过贷款和存款导致货币的扩张。“为了使论述更加直白”，Wicksell 假设只有一个金融机构——Ideal Bank（1936，pp. 70－76）证明他的信用系统分析。这个银行可以通过设置贷款利率对产品的总需求产生影响，从而控制价格水平。这样银行就可以在不用增加货币供给的情况下，利用利率和自然收益率之间缺口的开合来调节通货膨胀和通货紧缩。

Lindahl（1939（1930），第二部分）在完全央行化的银行系统的“简化假设”下，以同样的方式重新验证了 Wicksell 的“利率与价格”理论。银行——Lindahl 解释为公共中央银行——“以一只完全自由实施信用政策的手”设置名义利率（1939，p. 139）。正如在 Wicksell 的例子中，金钱的供给（存款）内生地由给定利率下的贷款需求所决定。然而，当 Wicksell 使用其观点来支持数量理论，Lindahl 却认为这在之前的假设下难以成立。

他通过假设一个纯信用经济说明了价格预期是由货币供给（存款）和价格水平决定的。[11]因此与 Wicksell 相比，Lindahl 的方法更符合 Woodford 框架。

利息率、通货膨胀和产出缺口

旧式 Wicksell 理论认为：贷款利率（代表了普遍信用情况）和自然收益率之间的差距导致价格水平的累积变化，在特定条件下，也会导致生产水平和结构的变化。通货膨胀缺口是由期望收益率提高或者贷款利率下降引发的；在通货紧缩的情况下正好相反。后者往往是作为一种假设的情况出现，但是通货膨胀则被认为是频繁出现的。经济学界一直存在这样的争论：如果企业预期收益的上升是由科技创新或者其他因素产生的生产性收益，那么银行在一段时间之后才能拥有该信息，这时候银行才能决定是否调整相应的贷款利率。换句话说，市场利率有黏性，一个对于自然收益率的正向冲击会提升总需求，并且早晚会相应地提高价格水平。这些 Wicksell 理论的核心部分可以通过 Woodford 模型的各个式子来表达（方程 1～

3)：当一个对自然利率的冲击发生时（$\rho>0$），中央银行没有很快地采取措施来中和这个冲击（通过提高 i），这样产出缺口会增加进而产生通货膨胀。当中央银行削减目标利率（减少 i^*，γ_p 或者 γ_x）的时候，名义利率（i）就会降低，同样的事情也会发生。

在 Wicksell、Lindahl 和 Myrdal 的理论中，通货膨胀的速度和程度主要取决于系统中企业家和其他中介的期望。Woodford（2003，p. 46n. 40）声称“Wicksell 并没有考虑过内生的通货膨胀期望，不应该限制价格水平而不是通货膨胀率的上涨。Lindahl（1939）是在分析中引入内生通货膨胀期望的第一人。”

这样的言论对 Wicksell 并不公平，总体上来说，他认为“上升的运动在一定程度上能够自我推动”（1936，p. 96），因为“一旦企业开始有了（通货膨胀）的预期——当他们开始预计未来的价格将上升——真实的上涨会变得越来越迅速。极端的情况是期望的价格上涨将进一步影响预期时，年度的价格上涨将接近于无限大。”（1936，p. 148）。[12]但是，我们也应该注意到，Lindahl（1936）更系统地讨论了通货膨胀预期值的问题。

加入自然利率和产出缺口的概念后，Lindahl 的方法也更接近于 Woodford。Wicksell（1898）认为真实投资收益率独立于市场收益率。他把它定义为“自然利率”，也就是借贷行为都是以物物交换进行时供给和需求（1936，p. 102）所决定的利率。只有当市场利率等同于此利率时，计划投资与计划消费相等，此利率才被视为“正常”表现，我们称之为“货币价格中性”。对 Wicksell 而言，自然利率提供的不仅是均衡标准，他断言贷款利率迟早都会回到正常水平，并且结束积累过程（1936，p. 110，p. 135）。进一步，他在很大程度上忽视了产出效应。他肯定地指出信用扩张会产生一种“产出扩张的趋向”（1936，p. 144）并且“信用机构，通过支持长期企业，可以在一定程度上迫使有需求的资本脱离公众”（1936，p. 111），因为通货膨胀有减少黏性薪金和降低固定名义收入者消费的趋势。在他的“讲座”（1935，p. 199）中，Wicksell 甚至承认新投资及相应产出增长会阻碍通货膨胀，我们应调整真实资本收益接近贷款利率，而不是进行相反的操作。然而，在完全就业和生产能力缓慢调整的假设下，他降低了这些财政性扩张的非中性因素的作用，使其不影响累计的价格变化（1936，p. 143）。在他看来，产出的变化应该只归咎于自然利率的变化，而不是自然利率和市场利率之间的缺口。

Lindahl（1939，pp. 247 – 249）和 Myrdal（1939，pp. 49 – 53）反对 Wicksell 提出的自然利率主张，并探究货币供给的扩张和收缩所带来的产出暂时性或长久性变化的现象。他们认为 Wicksell 的自然利率要求供给和产出完全相同或者是需要一个价格相对稳定的经济环境。这两种假设在利率缺口给资本存货和产出制造压力的财政经济分析中都不适合。在货币经济中，预期收益率是对作为机会成本的相关贷款利率的预期。因此，它并不独立，也不能作为市场利率的引子。跟 Wicksell 一样，尽管在更一般的层面上，Lindahl 定义的均衡利率是一个计划储蓄和计划投资相等时的利率，其产生的收益预期正好符合跨期消费者偏好。这就表明“类似价格的建立尽可能地符合公众的预期”（Lindahl 1939，p. 252）。这在一定程度上也和 Woodford 的自然利率的定义相符。[13]

为了分析货币政策刺激在各个部门中的传导过程，Lindahl（1939，pp. 161 – 183）使用了多种假设，包括主要原始产能的利用、投资期的刚性、薪金弹性和期望符合通货膨胀的程度。如果贷款利率降低，产能得到充分利用，并且价格完全弹性，价格水平会立刻“直冲到无限程度”。更为实际的假设是，在一个上升的“具有黏性的薪金水平”条件下，消费者价格会逐步上升，但消费仍然会低于计划水平。由贷款支撑的投资扩张将引起通货膨胀，工厂会从通货膨胀中得到意外收入，从而作出“计划外储蓄”的决定。而这些意外收入又将产生新的投资。以经典观念来看，总投资不会改变计划储蓄，而是储蓄调整至（贷款支持的）投资水平，因此这将导致收入的重新分配。这将导致产出的增加，并最终阻止通货膨胀。在这种情形下，货币政策在短期和长期内具有产出效应。Lindahl 的方法明显接近于在 NNS 模型中 Woodford 及其他人对总供给的阐述。他进一步证明了货币政策能够影响资本市场的股票价格，进而影响实际投资收益率。Woodford 在提出新 Wicksell 框架（2003，pp. 352 – 378）之后有可能也对这个问题进行了探讨。

然而，Lindahl 并不相信中央银行可以通过利用操控利率的方式持续推动产出增长。公众对于价格的预期会很快地适应通货膨胀而且随时间推移会进一步提高预期。“完全按照企业家的利益来进行调控会在收入再分配方面损害固定收入者和工人的利益”，从而“有必要在部分资本以更低的利率逐渐积累之前，对其进行控制”（Lindahl 1939，pp. 182 – 183）。为了避免这种矛盾，Lindahl 认为货币政策的制定应该更规范化。

期望管理

Wicksell、Lindahl 和 Woodford 有着许多共同点，其中一个是他们确信可以通过利率反馈机制将通货膨胀率的波动最小化，从而提升公众福利。Wicksell（1936，pp. 1 – 4）认为通货膨胀和通货紧缩是一种“对社会机能的干扰”，并且指出“理想的状态价格水平是‘完全不变’的，能为不同利益团体中的大多数人带来好处”。他因此提议银行利率水平的变化应当同价格水平的波动相吻合。在存在通货膨胀的情况下，应该提高利率来抑制通货膨胀。当通货紧缩时，则应该降低利率直到通货紧缩停止。这种反馈机制很容易实施，因为价格波动本身就能成为利率波动的指示器。政策制定者甚至不用获得自然利率，当然也无从知晓，因为难度实在是太大了（Wicksell 1936，p. 189）。

Myrdal（1939，chap. 6）对总体价格水平是否能作为利率的信号提出了质疑。他提出了一个十分具体的相关价格指数的概念：“应该尽可能地消除经济波动”，办法就是尽可能最小化价格指数的波动，而价格指数的制定必须考虑到各种价格的黏性以及它们对收益率和真实投资的重要性，所以投资实际上就意味着放弃空闲资金（Myrdal 1939，p. 199）。[14]可问题在于，Myrdal 并没有进一步地研究这个标准在货币政策下的可操作性，但是他的关于稳定黏性价格的想法还是获得了 Woodford 的赞同（2003，p. 13）。

在他 1930 年研究利率变动对价格水平影响的作用以前（英文翻译发表于 1939 年），Lindahl（1929）发表了一篇关于货币政策的补充说明，致力于讨论政策规则。Lindahl 在“预期货币政策”的两条原则下展开了自己的论证。第一个原则是在一个明确的规范下作出一个公共的声明，以增强双方在交易和法律规则上彼此的信任程度。第二个原则是制定一种标准，以最小化市场期望产出和实际产出的偏离程度。

在 Lindahl 看来，这两条原则需要满足以下条件：（a）价格稳定；（b）价格水平与总产出成反比例变动。Lindahl（1929，chap. 4）更偏重于准则（b），这最早是由 David Davidson 在批评 Wicksell 的时候提出来的。Lindahl 认为这样的一个准则将充分分散企业、债权人和工人之间的风险。

这样一旦生产受到不利冲击，上升的价格将会通过对经济的反作用来稳定经济，反之则相反。1931 年瑞典放弃黄金准则，成为了世界上第一个使用价格指标的国家，Lindahl 在当时被任命为瑞典中央银行顾问。他大概在这个岗位上干了三十年，成为了价格水平目标的忠实支持者，也没有放弃自己对 Davidson 规则的偏爱。回顾他的职业生涯，Lindahl 始终认为货币政策的主要任务就是帮助公众形成一个稳定的预期，从而有利于个体作出合理的经济计划。在这方面，Lindahl 的观点与 Woodford 的“中央银行是预期的管理者”（Woodfort，2003，p. 15）的见解不谋而合。

新旧 Wicksell 理论的区别

尽管有许多相似之处，旧 Wicksell 理论和 NNS 理论还是有着本质的不同的。也许最大的不同就在于对动态通货膨胀的预期上。在 Wicksell 和 Lindahl 的描述中，通货膨胀是一个非均衡的过程，是一个由商品市场和劳动力市场的过度需求造成的价格累积变化。如果发生产出效用，那么通货膨胀是由投资引起的，这些投资（也就是计划外储蓄）产生的资金本应该从市场过程中被消费掉。Woodford 关于 NNS 的观点是通货膨胀和产出变量是连续均衡状态下的一系列跨时期选择的结果。Woodford 声称在没有违背“严格概念现代准则”的情况下，对 Wicksell 理论的主要部分进行了重新描述（2003，p. 6）。他的模型符合 DSGE 的建模标准，包含了个人部门的前瞻性行为和最小化摩擦。在我们看来，这种进步是付出了代价的：新 Wicksell 框架不能解释为什么中央银行在没有货币摩擦的情况下控制通货膨胀会出现严重的赤字，而且在处理持续通货膨胀和持续通货紧缩的本质问题方面也无法令人满意。

没有货币摩擦下的利率控制

Woodford 声称他的经济模型建立在没有货币摩擦的条件下（2003，pp. 61 – 74），认为中央银行在没有操纵货币总量的情况下可以控制利率水平。在那个模型里，“市场是完全竞争的，价格能够连续变动直至市场出清，并且存在可以交易任意证券的资本市场。”

在这样的世界里，没有人能够真正持有货币，但是 Woodford 假设了中央银行的负债中货币基础的存在，它们是账户的计量单位，并且除了具有追索权以外毫无价值。因为没有摩擦，所以其他无风险的非中央银行负债资产都可以作为货币的完美替代品。

Woodford 接下来分析了一些代表性家庭的组合选择，并且表明如果基础货币被控制住的话，利率水平必须等于替代品的收益率。更令人惊奇的是他的结论：中央银行作为债务发行者的特殊身份使得他能够控制利率水平和货币总量。

这个结论是自相矛盾的。如果其他的名义资产是基础货币的完美替代品，那么中央银行就不再具有特殊的地位。中央银行将不能单独决定利率，因为套利会使需求转向替代品。而且只要替代品的发行方能够自由地改变发行量，中央银行也就无法控制货币总量。如果中央银行不能够控制价格和货币总量，货币也就不是完美的替代品了。换句话说，如果存在货币摩擦的话那么中央银行就拥有垄断地位。[15]

显然，我们很难说中央银行能控制利率，因为中央银行不能提供足够的账户来供应不同的金融产品。Wicksell（1898）用一种更为直截了当的方法来说明中央银行对利率的控制。他将他的纯信用经济作为一个银行系统，在这个系统里，黄金不再作为支付手段，但仍具有价值尺度的职能。Wicksell 认为黄金应该被一种新的货币单位所取代，这种货币单位将用于银行各种账户的核对中，同时具有交易媒介和价值尺度的职能。在暂停金本位制后，Wicksell 于 1919 年对瑞典金融系统的改革建议中，更加详细地阐述了这一观点。他建议中央银行作为一个非营利机构，应当保证存贷款利率一致。[16]鉴于商业银行需要存贷利差来获取利润，中央银行可以通过商业银行来决定整个社会的信用规模。假设在一个没有现金的经济体里，中央银行仅仅通过控制其存款利率就能够保证折现利率的有效性。有一些项目中央银行觉得风险太大，这时私人中介就可以介入，收取更高的利率。一些存款者通过入股或其他方式参与其中，或者直接与那些高风险的企业交易（Wicksell 1936, pp. 74 – 75）。但是，这些资产都无法替代中央银行存款的地位。在 Wicksell 的纯信用体系里中央银行的存款利率变成了基本利率，因此其他资产的出现并不会改变这个体系的本质特征。

Woodford 也利用类似的直觉去讨论中央银行的渠道系统，但这只是一个表象罢了。金融中介无法在以家庭为基础的“严格模型”中充当新 Wicksell 主义框架的核心。Woodford 的 NNS 模型和 Wicksell 的纯信用模型之间看起来联系得并不是那么紧密。

价格刚性和货币政策的产出效应

在 Woodford 和 Lindahl 的框架里，价格刚性是解释货币政策产出效应的关键。但是通过进一步的观察我们可以发现 Woodford 的理论框架非常死板，适用范围有限，但是 Lindahl 的方法却在分析中加入了通货膨胀和动态产出从而适用的范围更广。

在 Lindahl 讨论累积过程的时候，名义刚性和预期的形成是相互起作用的。在贷款利率偏离了预期利率的时候，价格和工资一般认为是不变的。一旦信用扩张，导致通货膨胀，价格预期最终将会追上通货膨胀的脚步。在一些极端的例子中，预期将会变得有前瞻性，导致价格无限上升。预期随着通货膨胀的调整将会影响价格和工资的黏性，进而使通货膨胀加剧。这样 Lindahl 就在利率缺口导致的失衡中，将预期、价格刚性和它们的产出效应内生化了。

相比而言，在 Woodford 的 NNS 模型里，名义刚性和私人部门的预期都是外生的。Woodford（2003）介绍马斯—理性预期假设主要有以下三个原因：对宏观经济的动态分析很重要；逻辑很简单；考虑到了动态非一致性，它能使政策规则更清晰。但是，这样的假设存在一个问题，即学习效应和动态通货膨胀的联系很少。⑰

既然 NNS 是建立在 RBC 标准上的，在理性预期下，货币政策产生大量持续的产出效应就很困难。就像我们之前指出的，Woodford 通过使用 Calvo - style 模型的交错定价得出了新凯恩斯—菲利普曲线（等式 2）。但是，在这种模型里价格改变的时间和通货膨胀无关——这是 Woodford 承认的一个缺陷（2003，pp. 141 - 142），而且也认为这个模型逻辑过于简单且实证效果并不好。现代主流观点认为旧综合派和较早的宏观经济学都已过时，因为他们犯了政策上的错误，上述的方法自然也就无法令人满意。⑱

现在大部分综合派是用“似乎”这个词来进行反驳：通过分析可观察的通货膨胀和动态产出，私人部门似乎有理性预期，公司似乎在玩 Calvo 彩票，我们可以在现实生活中模拟那种前瞻性不强也不是严格内生化的动态过程。这很重要，因为 Calvo 的定价只有在低通货膨胀率下才会有些用处。更进一步说，就像 Woodford（2003，p. 243）承认的那样，之前提到的线性对数模型只能用在描述零通货膨胀下“稳定和较小波动状态下的均衡”。但是现代 Wicksell 框架并不仅仅是教学上用的一个简单的估计，它也能用来政策分析。尽管如此，这个理论仅仅能在“正常气候”下使用（Laidler 2006，p. 159），也就是排除了加速和高通货膨胀（或通货紧缩）下发生的大部分问题，而这些却正是 Wicksell 理论的核心。

中央银行应该知道什么

Woodford 关于货币政策规则的讨论是完善且具有指导意义的。他认真比较了 Wicksell 反馈机制和泰勒规则的区别。考虑到等式（3），明显的差别是：

- Wicksell 公式不对产出缺口而仅对通货膨胀缺口作出反应；
- Wicksell（Lindahl）关注价格水平目标而不是通货膨胀目标；
- 在 Wicksell 公式里，中央银行没有必要知道自然利率，当然也就没有必要设置目标利率水平。

原则上 Wicksell 不允许任何基础信息的偏差，换言之，即货币政策不会改变价格水平。在考虑冲击对总供给、信息缺口以及其他问题影响的时候，如果价格保持黏性，产出效应将会大大减少。这就是为什么 Woodford 和其他 NNS 的支持者，包括泰勒自己，都支持将目标锁定在通货膨胀上。但是，Wicksell 规则吸引人的地方在于它对信息的要求是最小的。中央银行需要对观察到的价格水平变化作出反应。在 Woodford 看来，泰勒规则里银行必须设定一个目标利率才能使市场里存在自然利率。如果中央银行不能够正确预期到自然利率的变化（这是一个不太可信的假设），或者不能针对这些变化迅速而全面地作出调整，那么等式（3）表示的泰勒公式或许会产生我们不想要的通货膨胀和产出效应。[19]

Wicksell – Keynes 联系与 Wicksell – Woodford 联系对比

Wicksell 和凯恩斯的理论相似点很多，我们在这里就不一一赘述了。我们把目标限定在凯恩斯和其他原始的 Wicksell 主义者即 Woodford 的 NNS 在方法上的相似处。在这里，我们采用了 Leijonhufvud（1979）对凯恩斯“Wicksell 联系”的重新描述。

就像凯恩斯在他的《货币论》（*Treatise on Money*）（1930，chap. 13）

指出的那样，他的有关利差导致的价格动态性的分析和 Wicksell 的理论十分相似。Wicksell 将重点放到了自然利率超过市场利率所导致的通货膨胀上，而凯恩斯则将重点放在了信用循环和市场利率超过自然利率带来的通货紧缩上。

他认为投机者和其他金融市场的代理商在积累过程中所起的作用比 Wicksell，Lindahl，Myrdal 和 Hayek 的银行中心理论的作用要大。但是，在所有早期的 Wicksell 理论中，我们都采用了凯恩斯专著的框架，大家都普遍认为利率机制会协调失败。价格水平的动态调整（对于 Lindahl，Myrdal 和 Hayek 来说，是产品结构和水平最初的调整）被人认为是跨区间不均衡的结果。

在《通论》（1936）中，凯恩斯改变了他的观点。他现在将重点放在了偏离了充分就业均衡的有效需求上，而且他在比较静态框架下讨论了这些变化。他再也不将货币政策作为讨论的中心，他认为利率在协调投资和储蓄中根本没有起到作用。利率水平是由流动性偏好决定的，而且它们也可以通过资本边际效用来影响投资，但是储蓄在采取一定的措施后会通过收入支出机制而不是利率缺口对投资产生影响。《通论》中似乎没有 Wicksell 联系，[20]因为凯恩斯（1936，p. 182，p. 243）反对自然利率的（他在专著中曾用到过）声音比以前 Lindahl，Myrdal 所做的更加强烈。[21]

但是，从新旧古典主义与 Woodford 比较看来，凯恩斯的《通论》仍然是属于旧 Wicksell 阵营的。在 Modigliani（1944）之后，旧综合派的 IS/LM－AD/AS 模型框架下的关于未充分就业均衡的解释已经被归纳为黏性价格和工资名义刚性。现在新综合派的观点被 Blanchard Triangle 总结为：现在所有持续的产出缺口模型都是建立在跨期最优选择、不完全竞争以及商品和劳动市场价格名义刚性的基础上的。工资和价格刚性对新凯恩斯主义者和 NNS 阵营中的新 Wicksell 主义者来说是一个重要条件，但它们在凯恩斯的非充分就业均衡中却不是至关重要的（1936，chap. 19）。因为在这种情况下，灵活的工资和价格机制并不能防止或是解决有效需求不足和非自愿失业的问题，甚至会把情况弄得更糟。这是 Wicksell 关于向下积累过程的一个重要方面，向下积累过程是指通货紧缩时工资的下降不会减少失业，除非它对市场利率有着很强的间接作用。[22] Lindahl（1939［1930］）进一步指出，工资和价格的灵活性才是问题的所在，而不是解决问题的方法。[23]

在 Wicksell – Keynes 联系里，严格刚性仅存在于金融市场，而商品和劳动力市场并不存在。市场利率与投资和消费相等时的利率的不一致使得经济总是处于失衡状态。为了形成跨期均衡，Wicksell 和 Woodford 将利率和产出组合起来，而在 Wicksell 和凯恩斯的理论里这种情况就不存在。如果均衡不是最优的，那么就是政策出了问题，而不是市场出了问题。

结语

NNS 的发展会不会意味着 Wicksell 宏观经济学的复兴？它同 20 世纪 30 年代的 Wicksell – Keynes 怎么联系起来？对于大部分经济学家来说，这些都不是很有趣的问题。但是当现代最先进的模型综合派的鼓吹者使用旧理论标签的时候，比如“新古典主义”、“凯恩斯主义”甚至是“新 Wicksell 主义”，他们都很明显希望表明他们的研究是有着古老的传统的。我们在选择这些标签的时候应该十分谨慎。这也就是我们为什么试图找出 Woodford 的新 Wicksell 主义和原 Wicksell 主义之间的区别与联系的原因。

我们的结论是 Woodford 的方法将很多 Wicksell 的方法带回到现代主流的观念当中，但它仍然是 Wicksell 关系一个有限的扩展。在某种程度上它表明 Wicksell 通货膨胀和动态产出能够通过跨期一般均衡理论这个相当“复杂”的技术重新表述出来（Woodford 2006, pp. 197 – 198）。但是，完全竞争金融市场使得 Wicksell 的利率控制模型化变得困难。在总供给固定的情况下，通货膨胀和动态产出来源于对预期和价格设定行为的严格假设；而且这些又完全依赖于商品和劳动市场的名义刚性。更进一步地说，他们都被限制在了低通货膨胀的环境中，而且他们都不能解释在价格水平稳定条件下凯恩斯提出的产出缺口问题。所以比较旧 Wicksell 主义（包括凯恩斯）和新综合派的区别帮助我们认识了后者的缺陷。如果 Dennis Robertson 先生还在世的话，他也许会认为批评 Wicksell 主义的方法过于老套。但是他也观察到新的分析工具适用范围非常有限，我们很难在现在的研究中广泛地应用这些方法。

注释

本章是为2007年3月在东京索菲亚大学举行的“凯恩斯经济学及其对现代经济学的影响”会议准备的发言稿。早期的版本是在2005年Catholique大学举行的“经济学历史”的会议上发表的。我非常感谢Michel De Vroey, Charles Goodhart, Toshiaki Hirai和其他参加这两次会议并给出重要意见的各位朋友们。

① Ranger Frisch和Erik Lindahl 1933年第一次使用了这个词，参见De Vroey和Hoover（2003，p. 2）。

② 这些言论和标签，按照年份来自于凯恩斯（1936，p. xxi），Klein（1947），Samuelson（1951，p. 336），Johnson（1971），Begg（1982），Miller（1984）及Goodfriend和King（1977）。

③ 注意Woodford和Patinkin的《货币、利息和价格》（*Money*，*Interest and Prices*）（1956）标题上的差别，这本书对新古典主义综合派起了十分重要的作用，书中附录（Note E，pp. 381－397）强调了Wicksell的真实平衡机制，但是也贬低了他的纯信用理论。

④ 参见Leijonhufvud（1979），Boianovsky和Presley（2009）。这里并不是说Robertson提出了一个无货币的货币政策，而是他更愿意将Woodford（2003）很多作品的主体作为两战之间的文学来讨论。

⑤ 想更全面地了解Lindahl的宏观经济学，参见Boianovsky和Trautwein（2006a）。

⑥ 事实上，i_t代表的是名义利率的当前价值——这是由中央银行设定的，参见公式（3）——和它的稳定状态下的价值是联系起来的；参见Woodford（2003，pp. 77－81）。

⑦ 在Calvo的交错价格模型中，部分商品价格保持不变（$0<\alpha<1$），尽管剩下的（$1-\alpha$）部分会伴随着冲击进行调整。既然“改变的权利”已经隐藏在了一部分彩票中，但对于模型中的任何商品来说，价格调整的可能性都为（$1-\alpha$）。这是不符合实际的，这样的设定只是为了分析的方便（Woodford 2003，pp. 177－187）。

⑧ 注意，尽管凯恩斯论述的重点不在价格黏性上。凯恩斯坚持即使工资和价格能够灵活变动，产出也不会回到充分就业的状态。

⑨ 自然利率最早的使用者应该是Smith和Ricardo，参见Hayek（1933，p. 110）。中性货币这个概念只有在Wicksell中性利率的讨论中才出现；显然，Bortkiewicz在铸币过程中需要信用，参见Hayek（1933，pp. 117－118）及Patinkin和Steiger（1989，p. 255）。积累过程的最早使用者是Thornton和Joplin，但是这个词语在Myrdal（1939［1931］）之前没有用过。

⑩ 尽管纯信用系统在Mill关于“信用对价格的影响”的讨论中是一个领先于当时的

概念（Mill 1871，chap. 12）。想了解 20 世纪 50 年代关于这个概念的讨论，参见 Hicks（1989）和 Trautwein（1997）与 Boianovsky（1998）作的研究。

⑪ 在 Lindahl 看来，凯恩斯经济体系中的流动性偏好理论在长期动态理论中是没有用的，因为有货币价值的股票没有纳入均衡的体系；见 Boianovsky 与 Trantwein（2006a）。

⑫ 在对积累过程理论的最后评论中，Wicksell（p. xii n. 1）声称即使人们只是通过过去价格水平的变化来形成自己的预期，通货膨胀还是会加速的："只要价格稍有变化，人们就会认为价格短时期内有变化，进而相信这种变化是永久的，而后相信价格还会进一步变化，所以最后还是会走向崩溃。"见 Boianovsky 与 Trautwein（2001a）。

⑬ Wicksell 关于经济周期的理论和他眼中的经济循环、经济危机和积累理论的特征都在 Boianovsky（1995）和 Trautwein 与 Boianovsky（2001b）中讨论过。

⑭ "可自由支配资金"指的是存款加上价值的变化（Mydral 1939，p. 85）。

⑮ Boianovsky 与 Trautwein（2006b）仔细讨论了 Woodford 模型中存在的问题，参见 Woodford（2006）回应的文章。

⑯ 参见 Boianovsky（1998，sect. 4）。关于存贷款相同利率的假设 Lindahl 也讨论过（1939［1930］pp. 161 - 162）。

⑰ Woodford（2003 pp. 252 - 275）检验了一些学习动态过程，并且把讨论限制到了这样一个事实上，即泰勒法则（$\gamma_p > 1$）保证了理性预期均衡的存在。

⑱ Goodhart（2004，p. 5）狠狠地批评了 Calvo 定价法：当前宏观经济学中关于工资/价格黏性的结构基础，都是建立在一种便捷的类似虚构小说一样的方法上，与现实世界有着很大的差别。为什么这样的方法学术上我们能够接受它，反而适应性预期这种假设没有被接受，这是超出了我的理解范围的。

⑲ Trautwein（2006）作出这个声明完全是出于对泰勒法则（$\gamma_p > 1$）的敬意。

⑳ 出于对凯恩斯理论不重视利率的不满，Leijonhfvud 发明了 Z 理论，一个引入了产出波动性的可贷款基金理论，为凯恩斯的专著和《通论》提供了联系。

㉑ 另一方面，Swedes 对凯恩斯的《通论》并没有多少赞美之意；参见 Ohlin（1937）和 Lindahl（1954）。他们认为比较静态分析法和流动性偏好理论相对于专著和他们的动态宏观经济学分析法来说，是一种退步。

㉒ Wicksell（1935，p. 26）在讨论向下的积累过程中提到："失业、低工资、逐渐降低的消费和不断下降的价格都减少了对通货的需求。"这样就使市场利率降到了自然利率水平。

㉓ 参见 Trautwein 与 Boianovsky（2006a）和（2006b）。

第三部分　品读和诠释凯恩斯

人们在过去与现在不满于对凯恩斯理论和凯恩斯主义的诠释，掀起了对凯恩斯作品的新一轮研究。由于获得了一些凯恩斯未出版的论文，以及人们逐渐认识到凯恩斯主义观点的重要性，这些都促使当前出现了一股研究凯恩斯主义的热潮。该部分中的几篇文章都注重了对凯恩斯作品中的语言、所处环境以及写作时期的研究，因此，这些文章从一个崭新的视角展示了凯恩斯著作的内涵和外延。

Roger Backhouse 认为《通论》是使用数学的语言写成的，这并不意味着凯恩斯在《通论》中建立了正式的数学模型，这只是在说凯恩斯在书中澄清了古典理论和他自己著作中所依赖的假设条件之间的不同。凯恩斯所选择的方法便是使用数学符号来定义问题，但是，他并没有使用代数方法去获得更进一步的结果。凯恩斯坚信使用普通语言来描述经济问题所带来的优越性，数学只是为言辞上的讨论提供了一个分析的框架，这也是凯恩斯不同于其他人的特点。

Hiroshi Yoshikawa 致力于使用恰当的语言来阐释凯恩斯理论成就的框架，同时他还谴责过去和当今的“宏观”分析中缺少“微观”基础。Yoshikawa 认为，建立在统计物理学基础上的方法已经足够去描述众多微量个体的行为，因为该方法捕获了整个系统的工作特性。凯恩斯理论的核心便是总需求在影响产出和就业水平中所起到的作用，即总需求的增加会使得生产要素从生产力较低的部门转移至生产力较高的部门的思想。和新古典主义不同的是，凯恩斯《通论》中劳动力和资本的利用率是由需求水平决定的，均衡状态（和非充分就业状态是一致的）的到达是随机的而不是唯一的。我们由此便可以得出著名的凯恩斯主义结论，即资本主义经济体系并没有产生充分就业的倾向。

凯恩斯有效需求的基本原则，是使他最终放弃他的著作《货币论》(*Treatise*)的一系列思考过程的最终结果,在《货币论》中的货币分析多是属于 Wicksell 主义的而不是 Marshall 主义的。Toshiaki Hirai 了解了《通论》中的每条脉络,并为我们描绘了书中转折点、里程碑以及需要迂回之处的详细地图,我们十分感谢他在研究存放于剑桥大学国王学院之中的凯恩斯书稿、目录和笔记的过程中所付出的辛勤汗水。凯恩斯的新发现和新思想总是伴随着他对"思维和表达常用模式"逐渐放弃的一个过程,因此凯恩斯思想的形成过程是迂回曲折的而不是一帆风顺的。

在凯恩斯完全将自己的理论阐述清楚的过程中,他遇到了来自他亲近同事和朋友圈的批评。Piero Sraffa 便是其中批评他的一位。Piero Sraffa 的名字总是会和 Richard Kahn、Joan Robinson 以及 Nicholas Kaldor 一样使人联想起剑桥经济学,但是,Sraffa 反对边际分析方法,他基于古典政治经济学理论另辟蹊径地使用了一种截然不同的方法来论证自己的观点。在 Trinity College 学院我们还可以找到 Sraffa 的文章,这使我们可以进一步了解这位富有争议的人物。Sraffa 的贡献仍然可以激发我们的灵感,但是在那些把剑桥经济学看做是当今主流经济学替代品的人们眼中他却一文不名。

Heinz Kurz 仔细整理了 Sraffa 后期一些零散笔记、短评以及他对《通论》所做的注解中包含的对凯恩斯思想或明或暗的批评。Sraffa 对凯恩斯的不满主要源于凯恩斯对他想要颠覆的理论持有的妥协的态度。特别是,Sraffa 反对继续保留投资量和利率水平之间的反向关系,与之相类似的还有就业量和工资水平之间的关系。他还批评了凯恩斯关于流动性偏好的思想,因为他对流动性概念本身感到含糊不清;Sraffa 同时坚决反对货币需求和货币利率之间存在反向关系这一假定,因为这使他联想到了边际效用曲线。就是因为凯恩斯使用了诸多边际主义概念,才使 Sraffa 没有完全赞同凯恩斯的方法,直至今日这种分歧甚至成为后来他们各自的支持者之间的分界线。

该部分的最后一章由 Gilles Dostaler 编写,他以凯恩斯留下的大多数还未出版的诸多著作为基础,对凯恩斯及其著作进行了评价。Dostaler

的主要观点便是凯恩斯的经济理论是不能和他的政治主张以及他的哲学理念脱钩的，更不能与之脱钩的是凯恩斯劝说他的同胞和整个世界对改变调控经济方式的需要和可能性的初衷。为了使子孙后代生活得更加美好，凯恩斯发动了一场反对他所处时代主流观点的残酷无情的文字战争；并劝说其他人相信为了更加美好的未来而作出的改变是可行的，或许，这才是凯恩斯留给后人的永久财富。

第七章　一个关于数学的深入探讨：《通论》中的数学推理

Roger E. Backhouse

序言

《通论》被很多读者评为一部很难的书，是用数学来演绎一个技术性问题的著作。*The Times* 的评论员写道："这本书的确很难，书中一些部分的半数学形式会让非专业的读者毛骨悚然"。《经济学家》（*The Economist*）评论员则进一步说道："即便是对普通的经济学家来讲，这篇大部分用数学形式表示的文章也挺难"。对于这本书的反应，很多评论员都像上面二位，认为很难、很数学化。《牛津英国史》（*Oxford History of England*）的一名记者兼专栏作者 R. C. K. Ensor 评论道："数学讨论让原本深奥的问题更加复杂"。类似地，哥伦比亚经济学家 Horace Taylor 说："著作是以高度深奥和数学化的形式表现的"。凯恩斯的朋友，Hubert Henderson 写道："《通论》是一本很难且很有技术含量的书，包含了很多新颖的专业术语和可观的数学符号"。大西洋彼岸的 Alvin Hansen，这位后来成为凯恩斯著作最有影响力的翻译者，在他两部评论的第一部中描述道："借助数学等式，讨论升华到了严密的推理和高难度的分析"。

上文的引述都是评论者为广大读者而写。评论者需要告知读者这本著作很有技术含量。[①]然而，他们的评论远超过这个需要，正如《经济学家》评论中暗示的那样：即便对于普通的经济学教授，这部书也是很数学化的。更甚的是，Ensor 描述这本书很深奥、晦涩，泰勒的评论则更是有过之而无不及。他们所做的评论远不止仅仅警告业余读者经济学很难。

专业界则迅速出现了一种截然相反的观点，认为《通论》不是一部数理经济学著作。该观点在 1936 年后的十年中相对较快地流行起来。那时，经济学家们开始将著作中的主要思想表达成联立方程的形式，并从 John

Hicks's（1937）的简单 SI – LL 模型（后来被 Hasen 称做 IS – LM 模型），发展到 Don Patinkin 的《货币、利息和价格》（*Money*, *Interest*, *and Prices*）中成熟完善的一般均衡模型。然而，到了 20 世纪 70 年代，由于这些宏观经济模型被驳斥"没有充分严格的微观基础"，Robert Lucas、Thomas Sargent 等人提高了宏观的数学应用层次，但即使这样，要说《通论》是一部数学领域的著作还是勉强了一些。

出现上述观点转变的主要原因显而易见。在这期间，经济学因为各种各样的原因变得更加技术化和数学化（见 Morgan，2003；Backhouse，2008）。首先，计量经济学学会，例如在 20 世纪 40 年代成为最先进的数量经济学中心的 Cowles Commission，不断推进数学方法在经济学中的应用。其次，第二次世界大战期间，欧洲的动乱导致一批高技术经济学家的迁移，得以使经验丰富的英国经济学家、重要的美国经济学家和自然科学家及工程师们一道进行工作，从而使他们把经济学看成是一门更加技术性的学科。虽然直到 20 世纪 60 年代，较高的数学水平才成为当经济学家的先决条件，然而在这之前，对经济学学生数学水平的要求始终在不断上升。

上述解释可以部分说明为什么经济学家开始对凯恩斯的风格越来越不重视，但这并不是全部解释。很明显，那些说《通论》中数学太难，或是说《通论》中数学很匮乏的人当中，很多都是利害相关者。保罗·萨缪尔森（Paul Samuelson）是认为"凯恩斯敌视数学"的人之一，但是，他并不是诋毁凯恩斯，恰恰相反，他是一位非常具有影响力的凯恩斯主义者。他强烈地辩解到，数学推理的重要性已经远远地超过了凯恩斯可以接受的范围（见 Mc – Closkey 1986）。第二次世界大战之后大多数著名的宏观经济学家都在研究中建立了严格的数学基础。这意味着他们有动机蔑视《通论》中的数学，因为《通论》中的数学越少，越显出他们自身成就的非凡。

另一方面，那些反对主流观点的经济学家也有动机轻视《通论》当中的数学部分。20 世纪 70 年代后自称为后凯恩斯主义者的经济学家，试图争论说，《通论》阐述的经济学与 IS/LM 模型以及其他复杂的数学模型是不同的。例如，《通论》第 12 章或凯恩斯发表在《经济学季刊》（*Quarterly Journal of Economics*）上的文章中关于不确定性的论述，是不能够通过数学模型抑或是《通论》中的等式所能捕捉住的。这为他们贬低数学的重要性提供了依据。类似地，关于货币经济的重要特征，用数学表达出来的式子也不能体现凯恩斯想要表达的核心观点；相反，这些数学表达式几乎适用于无货币经济体的一般性竞争均衡理论。这使得后凯恩斯主义者跟正统的凯恩斯主义者一样，有理由将《通论》中数学论证的影响力和重要性降到最小。

本章的目的就是探究以前这些观点背后更深的东西，以阐明《通论》是一部训练有素的数学家的著作，他的数学背景形成了他构建该书论点的方式。[②]凯恩斯不仅仅使用了很多代数，即便他不用代数的时候，他的语言推理也充斥着数学思维方式。整个论证的结构和大部分主要语言都出自一个有着数学家思维的人。那些认为这本书高度数学化的先辈们，要比后辈评论者有着更深的理解，因为后辈们在把《通论》与之后的经济理论进行比较时，会误导他们的理解。

上述这一考虑将该研究同有关凯恩斯其他的运用数学的研究区别开来。O'Donnell（1997），一位形式主义者，恰当地总结了凯恩斯对数学的态度：广泛所认为的凯恩斯反对数学在经济学中的应用这一观点是错误的。这一结论的依据几乎涵盖了包括《通论》在内的，凯恩斯对其运用数学所作出的所有说明。凯恩斯对数学的态度是本文讨论的一个核心问题，在这里要对其作出回顾与评论，但是上述结论已给出了一个新颖观点。[③]核心不在于形式主义（如果它跟其他更广义的讨论有关，则除外），而是凯恩斯的数学思维与其构思文章的方式之间的关系。[④]

本章是从 Backhouse 和 Laidler（2004）发展的观点，而这二位的观点又是基于 *Fabricating the Keynesian Revolution*（Laidler 1999）中对《通论》的阐释。Laidler 在其书中写道："《通论》以及凯恩斯理论的表现形式 IS/LM 模型，是两次世界大战期间的大部分研究进入到战后宏观经济的一条途径"。Backhouse 和 Laidler 进一步认为，1936 年之后，经济学家从《通论》中取舍什么，已很清楚。那些可以用数学形式表达的理论被继承，而那些复杂的只能用语言表达的理论则大部分被忽略掉了。由于被舍掉的部分很多是关于时间和动态理论的，导致继承的理论变得更为静态。正如 Ohlin（1937）所指出的，集中于静态研究是从《通论》自身就开始的，而不是 Hicks 或是他的追随者。本章表明，虽然凯恩斯自己很重视动态研究与论证，但是弥漫在《通论》中的凯恩斯数学家式的思维，使得其论证的风格只能是以静态研究为焦点。

本章旨在了解历史中的凯恩斯，而非写《通论》背景下的他。然而，我的研究面可能更为广泛，因为自他之后，经济学开始数学化。《通论》采取什么样的论证尚未经仔细审视、讨论，而这正是为什么经济学家在讨论到如何构建经济理论，以及如何用理论来指导政策制定时，可以用凯恩斯的权威理论来支持完全不同观点的原因所在。因此，倘若对凯恩斯的兴趣是随着对其历史的更深了解而重新燃起的话，那么本章讨论的问题可能非常重要。

我的论述分为三部分。第一部分概述凯恩斯对数学推理的态度。这部分很大程度上基于 O'Donnell（1997），Rymes（1989），以及 Skidelsky（1992）的研究。接下来第二部分，对《通论》中数学方法的使用以及数学的推理作了一些简明扼要的评论；此外，对可转化成代数形式的术语作一些基本的"语言学"分析。就其本身来说，这部分不是非常有趣，但其为最后结论部分，即凯恩斯是如何将其中心思想表述出来的，做好了铺垫。尽管这部分会采用非常熟悉的资料，但是只有这些资料，才能清楚地反映出，为什么早期的评论者会有那些评论，以及为什么《通论》中论证问题的方法远比凯恩斯在其提出问题时所做的暗示要数学化得多，即便他对数学在《通论》中的作用和地位有着微妙看法。

凯恩斯对运用数学的态度

凯恩斯信奉 G. E. Moore 的哲学，Moore 将清晰的思考和直觉放在第一位。[⑤]因为概率是直觉可以把握的重要内容，直觉便是凯恩斯早期概率论的基础（CWK 8；见 Bateman 1996）。不仅如此，直觉还是他对待经济理论的重要方式（Moggridge 1992，pp. 551 – 571；Skidelsky 1992，pp. 539 – 548）。论证的第一步，也是基础的一步，就是直觉或者想象，凯恩斯将其称为头脑中"灰色的、模糊的、毛茸茸的怪物"（Skidelsky 1992，p. 539）。这表现在，凯恩斯在论证时先勾勒出整体思路与结构，然后再填充细节。论证的第二步则是考究概念的精确性及它们之间的关系。这一论证过程便是从直觉到具体想法的印证。然而，凯恩斯没有继续下去到正式的数学模型。他的确构建了模型，但是不完整，这些数学模型一旦离开文字性的分析，便失去意义。

凯恩斯之所以这样用数学模型，是因为他相信构建模型就是为了“精确”，将文字分析中未包含的东西精确地表达出来。[⑥]而不能精确的东西，正如 Garabelli 所说的（见，e. g. ，1991，2003），“世界本来就是模糊、复杂的”，那么这种方法就不适用，仅给出基本概念以供清晰地思考便足够了。[⑦]这也是为什么凯恩斯在《通论》中使用数学，但却拒绝用数学模型来概括他的论点的缘故。从他著作的前几章发现，他集中于阐释建立“古典”模型和他自己模型所用的各种不同的基本假设。他讨论的话题“古典经济学的基本假设”（第二章）以及“有效需求原则”（第三章），从语言上就可以看出他想要传达的讯息。接下来，在第二卷中，他讨论了四章内容，题目为“定义和概念”，囊括了储蓄和投资的单位选择、定义及“意义”。第三卷和第四卷，则将重点转向了建立理论，阐明第三卷强调的“原则”。在第四卷中，尽管“理论”占了三章，其中两章关于“通论”，一章关于“古典理论”；然而，较消费偏好、边际效用和资本、流动性偏好等概念所占的章节，则是少得可怜。甚至连“利息和货币的基本属性”（第十七章）也出现在这里。只有在第五卷中，就业的一般理论被重新讨论之后，凯恩斯的关于货币工资和价格的章节题目才离开了概念与定义的地界，以“就业函数”为标志，转向具体分析。

凯恩斯在 1932—1933 年写书的过程中，作过一些演讲，可以用来帮助理解《通论》中数学的运用。《等式是符号而非代数》（*Equations are symbolic rather than algebraic*）便是根据 1932 年一个学生作的演讲笔记整理而成的文章（1989，p. 77）。凯恩斯在之前的演讲中，就对流动性偏好状态下，货币量与利率之间的关系作出了解释：“他使用的等式，例如 $\rho = A(M)$，是一个代表符号，而非代数等式。它只是表示不同事物之间相关关系的一种简单方法。我们必须作出非常简单的假设（Rymes 1989，p. 77），才能使用这些代数等式。而这些假设使得这些（符号）关系更优”。

对于等式，凯恩斯还解释道，“给出流动性偏好，利率是货币量的函数”。“不同期限的利率（部分）构成 M 和 A 之间的关系，但 A 与其他经济变量的关系很是复杂”（Rymes 1989，p. 76）。这就是凯恩斯《概率论》（*Treatise on Probability*）中运用数学符号的态度和方式，他既给出概率的数学代表符号，但又赋予它们不同寻常的意义。就好像凯恩斯是想借符号来吸引读者的眼球似的。尽管在《通论》的第十二章没有使用符号，但是他也用了同样的策略：他回顾了预期效用的计算，用类似的语言来描述“预期收益”（他在前几章已经讨论了 Irving Fisher 的理论），但他又超越这个框架，分析了更深的思想和内容。

凯恩斯在《通论》靠后的部分讨论了数学在书中角色的问题，这部分后来被常常引用：

> 把一组经济分析用符号的假数学的方法变成公式，加以形式化，像本章第六节要做的那样，其最大弊端，乃在于这些方法都明白假定：其所讨论之各因素绝对独立；只要这个假设不能成立，则此等方法之力量与权威便一扫而尽。在日常会谈中，我们并不一味瞎算，而知道自己在做些什么，文字代表的意义是什么，又把以后必须要加的保留、修正与调整都记在心上；但我们却不能把复杂的偏微分记在几页代数之书角，因为这几页根本假定这些偏微分不存在。近代所谓“数理”经济学，太多一部分只是杂凑，其不精确一如其开头所根据的假定；而其作家，却在神气十足但毫无用处的符号迷阵中，把现实世界中之复杂性与息息相通性置诸脑后了（CWK 7，pp. 297 - 298）（摘自《就业、利息和货币通论》商务印书馆 1987. 2）。

这段话指出凯恩斯极度重视术语的精确意义，正如前面所说的，等式是符号而非代数。[8]仅仅根据对概念的传统理解建立数学模型，是远远不够的。

《通论》：简评

浏览《通论》，这本书并不像一本数学书：事实上，它很少运用图表，还没有马歇尔的《经济学原理》（简称《原理》，*Principles*）（1920）里的数学多。[9]在它的二十四章当中，只有一半含有数学符号，一章含有图表。[10]而且，很多章节中，它运用的数学对现代学者来讲可以说是小菜一碟。凯恩斯给出的都是简单函数，通常只包含一个变量，如他的总供给和总需求函数，$Z = \varphi(N)$ 和 $D = f(N)$ 。变量的导数（如 dC/dY）、变动率（如 $\Delta C/\Delta Y$），以及弹性等也在他的运用之列。他还使用和与差来定义术语，例如使用者成本 $A_1 + (G' - B') - G$。而且他会用关系式将不同期的变量联系起来，即将一期的利率用其他两期的利率表示出来。这些都是掌握书中结论所需要的简单数学知识。

事实上，这些用到数学的情况，都是凯恩斯用来定义问题，以便在后文进行语言描述的；方法就是给出函数关系式或者将一个概念分解。因此，这些数学只是为其后的语言分析提供框架，而并不通过复杂的推导演化来得出更深层次的结论。

当然，对于上述的概括还有三个例外。第一个就是投资乘数 k 和就业乘数 k' 这二者的关系证明，但这也仅仅出现在脚注里（CWK 7，p. 116），[11]正文当中，凯恩斯已将其简化，即假设二者是相等的。其余两个分别出现在第二十章和第二十一章（CWK，pp. 282 – 285 以及 305 – 306），涉及一些相对复杂的弹性推导；同样，文中描述的公式推导也具体在脚注中给出。这三个证明推导乍一看貌似很复杂，但其实，凯恩斯只是做了简单的求解弹性或将某弹性用其他的弹性表示而已。因此，凯恩斯所做的工作还是比较机械的，不是像现代经济学家所看到的那样，说他在分析行为关系（behavioral relationships）。

这些事实都支持《通论》不是一本高度数学化的书这一观点。然而，同样的事实可以从不同的角度去观察理解。用数学推导作为语言分析的框架，意味着数学是语言分析的中心。因此，凯恩斯所使用的方法即是以定义出的抽象函数关系为中心，然后展开讨论。“函数”这个词在书中一共出现了 109 次，通常就指的是数学函数。[12]而“失业”这个词只出现了 82 次，通过对比，情况一目了然。[13]此外，“函数”和“曲线”两个词的使用频率也是惊人的不对称。

凯恩斯共使用了 43 次“曲线”这个词。[14]讨论这个词有意义的一点，就是凯恩斯用这个词来表示古典理论的内容，例如，“劳动需求曲线”、“一般需求曲线”，“资本需求曲线”等。[15]这些术语本身并没有很显眼，但是它们只在讨论古典理论时出现，而在凯恩斯陈述自己的理论时，他用的是“函数”这个词。本来，他可以在两个理论中使用相同的术语，但他选择了区别对待。不管凯恩斯这样做是有意还是无意的，函数这个词所代表的是抽象关系，相比曲线作为一种可以清晰画在纸上的工具来说，就可以充分表明，凯恩斯自己的理论更为一般化。

凯恩斯的话也有助于强调他的理论较古典理论更为一般化这一观点。他说，“古典”理论中的“曲线”是他的“一般”理论中的“函数”的一种可能的表达方式：即其他条件不变的情况下，无限种可能条件可以得出的无限支曲线中的一支。《通论》中的一个图便可以支持这个观点。

该图即是图 7. 1（CWK 7，p. 180），图中纵轴表示投资和储蓄，横轴代表利率水平。

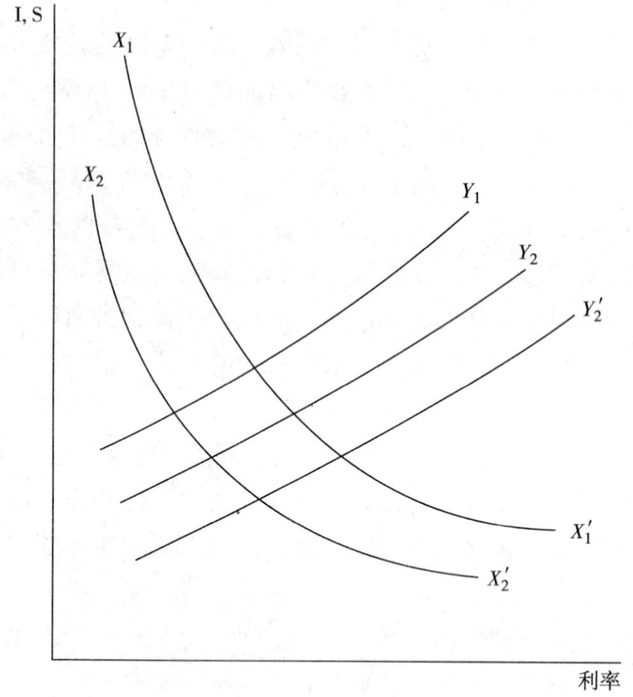

资料来源：CWK7，p. 180，对原图稍做简化。

图 7. 1 《通论》中的一个图

在刻画储蓄、投资与利率之间的关系时，讨论两支曲线的对称情况是很自然的事情，但是凯恩斯并没有这样做。他的两支曲线中，一支来自“投资需求表”（investment demand - schedule），具有负的斜率；另一支是储蓄对利率的曲线，斜率为正。他直接讨论图中两支曲线的对称情况，只出现在他用 X 曲线和 Y 曲线来指出当投资需求表变动，会导致收入的上升，进而导致储蓄对利率的曲线发生移动这一逻辑之时。那么，要知道投资需求表的变化结果，就要知道储蓄曲线移动的情况。

关于这个讨论，有三点需要注意。第一，凯恩斯考虑到了古典理论失败的原因，即允许收入水平发生变化。因为当收入可以变化时，会有三个变量需要确定（收入，投资 = 储蓄，还有利率），但等式只有两个。这是古典理论欠缺考虑的一点。第二，凯恩斯用一般均衡理论的性质存在回馈效应（feedback effects）这一点，来反驳古典理论（尽管他的讨论主要依赖于 Marshall 理论，而非 Walrasian 一般均衡理论）。即利率变化引起经济中其他变量变化，进而使两支曲线移动。而凯恩斯的“一般”理论，则不依赖于独立和齐次性的隐性假设。[16]第三，凯恩斯的语言传达出，两支曲线的性质是完全不同的。一支代表投资需求表和利率之间的真实关系，另一支则是随其他变量的变化随时发生移动的曲线。言下之意，“曲线”是不可用的，只有需求表才是函数关系的合理刻画，“曲线”做不到这一点。

虽然这里不是在对《通论》全文进行细致的语言分析，但是对凯恩斯使用什么语言来描述他的理论成分，还是值得深入探究的。他用“消费倾向”来描述后辈经济学家所称的消费函数；类似地，用“流动性偏好”来描述货币需求。这些词的使用，让术语蕴含了模糊的元素，在之后更加现代的词库中，这些术语已经不常用了。“资本的边际效率”则是个例外，可能是因为它不是一个行为代表，甚至连期望都不是。有了流动性偏好和资本边际效率，凯恩斯就着手讨论更精确的表（尽管他所讨论的表不是指曲线），而将“函数”留做讨论其他关系时用。

《通论》：中心论点

《通论》有着清晰的理论结构，即便人们对一些章节的影响存有争议。凯恩斯在列出他称做古典理论的基本假设之后，便给出了“有效需求原则”的清晰框架（第三章）。他明确指出这是他论证的中心，即总供给和总需求相等的点只有一个，在这一点上，有效需求等于产出价格下的总供给。古典经济学错误地认为，总需求和总供给在任意产出水平上都相等。[17]接下来的十四章（在第三卷和第四卷中）对这一问题进行了详尽的阐述，证明他的总需求函数不同于总供给函数这一观点。要完成证明，他必须挖掘消费和投资的决定因素，如利率等。第十八章则“重申”了他的观点。在整个证明过程中，他将货币工资率看成是给定的，这意味着，要进一步完善该论证，就必须要考虑货币工资发生变化时的影响。凯恩斯将这一讨论放到了第五卷（第十九至二十一章）当中，给出了货币工资的变化不能解决失业问题的原因。

很清楚，总需求不恒等于总供给是《通论》的中心论点；也是凯恩斯的理论区别于古典经济学的核心所在。[18]如果没有它，凯恩斯的理论就不再有意义。他的政策性结论的推出，也严重依赖于这个核心的论证。因此，数学运用以及数学推理都需要和该论点联系起来看。

第三章“有效需求原则”是围绕单变量抽象函数展开的数学论证，但是整个论证，都不会忽视函数之间的相互关系，这种关系往往是模糊抽象的。O' Donnell（1997，p. 159）写道：需求（D）和供给（Z）的讨论得求助于图表（尽管如上文所述，这样做不会凸显出古典“曲线”跟凯恩斯自己的“函数、表”在辞藻上的不同）。这一章是通过两个函数之间的关系来论证宏观经济均衡的思想。事实上，这将经济浓缩成了抽象的数学论题。

第十八章从另一角度出发重新讨论了这个问题，虽然没有用数学符号来证明，但是其要探索的思想还是相同的。而且，凯恩斯运用了联立方程式的语言：“弄清楚经济体系中哪些变量是给定的，哪些是独立于系统之外的，以及哪些是因变量”（CWK 7，p. 245）。“变量给定”有点 Marshall 的味道，但是因变量和自变量确实是联立方程的语言（值得注意，除了这里，凯恩斯只在第十四章古典利息理论中使用这些语言）。但是，它们对凯恩斯不造成影响，因为凯恩斯列出的自变量是不同的：利率是一个基础变量，即便它在书中代表一个复合利率；消费倾向是收入和消费之间的关系，就像“资本边际效率表”（CWK7，p. 245）一样。相反，因变量都是真实变量，如就业量以及国民收入。因此，凯恩斯用数学语言勾勒出框架，却跳出该框架来讨论问题。

其他重要的章节有第十章，以及第五卷关于工资和价格的三章内容，因为凯恩斯在其中给出了政策含义。第十章主要阐明了乘数理论，是他的理论和政策结论的重要组成部分（见 Blaug 1987，第四章）。第五卷中，凯恩斯建立了重要命题：不能依赖货币工资的调整以提升就业。在所有这些章节的关键点中，他都会给出数学论证。

这并不是说《通论》的其他章节不重要，第四章到第十七章作为凯恩斯理论的补充内容，为其第三章和第十章的理论证明提供了重要的基础，并在第五卷中得到应用。非数学的论证部分，则可以看做理论的支持，虽然这些理论用抽象函数表示，但事实上也是数学。接下来的第六卷，“《通论》的简单建议”，给出了凯恩斯想要表达的基本结论。

值得注意的是，凯恩斯的数学运用对其后辈理论的发展方式产生了重要影响，虽然这一点不是本章所要讨论的主题。[19]可以感觉到，《通论》的核心论点是通过数学表达出来的（或者运用代数，或者运用可以转换成代数的符号）。因此，这个核心论点事实上是静态的，甚至是机械化的。然而，不仅仅是代数表达不出动态推论，[20]用来表达中心论点的抽象函数也表达不出。因此，凯恩斯的追随者们，从 David Champernowne（1936）到 Hicks（1937），在将理论表达成数学形式时，就将凯恩斯的动态讨论给忽略掉了。

结语

在现代经济学家眼中，《通论》不是一部数理经济学著作，因为很多结论都依赖于文字性的推导、依赖于读者的直觉，甚至依赖于凯恩斯观察世界的角度。如果一个人从不同的角度去观察世界，那么他的理论根基就显得不牢固。很明显他既反对数学形式主义，如之后的 Debreu；又摒弃联立等式的方法。但正如 O'Donnell 指出的，凯恩斯并不反对数学的应用，只是反对数学的不当使用。

然而，使得《通论》比 Marshall 的《经济学原理》（*Principles*）看起来更像数学著作的地方在于，凯恩斯有意识地使用抽象函数概括论点。他本可以将他的中心论点，关于总需求和总供给的理论，从抽象函数转化成曲线，进行详细论证。但是出于种种原因，他没有这么做。他在书的其余部分为这些函数做铺垫，并用文字和论证过程表明：要将分析转换成代数形式是很有难度的。然而，为了展示他的整体理论，他还是选择用本身数学化的语言（联立方程透露出的）以及一些代数来表达。如果将明显依赖于抽象函数分析以及用了大量代数的章节（第三章、第十章、第十八章及第十九章至第二十一章）删掉，那么《通论》就不再是《通论》了。[21]

依此来看，一些评论员认为《通论》非常深奥、非常数学化，是可以理解的。当然，也如大部分评论员认同的，这本书的大部分还是非技术性的；但是，要完全理解书的中心论点，还是要理解数学部分或是依赖于数学概念的部分，虽然这些论证在数学上并不严谨。对于那些以提供政策建议为生涯的经济学家来说，凯恩斯的思想是非常有影响力的，《通论》也因此要求读者像数学家一样思考，来理解凯恩斯的行文思路。[22]或许，这就是该书对整整一代具有比先辈们更高的数学水平的经济学家有着如此深刻影响的原因所在。

注释

我想感谢 Bradley Bateman，Anna Carabelli，以及 Marco Dardi 对本章初稿作出的详细评论。对于本章仍然存在的不妥之处，他们不负有责任。

① 评论分别出现在 *The Times*、《经济学家》（*The Economist*）、《伦敦信使》（*London Mercury*）、《新共和》（*New Republic*）、《旁观者》（*Spectator*）以及《耶鲁经济评论》（*Yale Review*）等。

② 出于一些目的，详细探究凯恩斯到底钻研过哪些数学是很重要的。剑桥 Bertrand Russell 等经济学家将数学视做逻辑学的一个分支，很明显，该思想对凯恩斯的数学态度有着非常重要的影响。然而，如下文解释的，本章所探寻的目的尚不仅仅于此。

③ O' Donnell 深刻的讨论，无可避免地已经涵盖了本章所讨论的内容。然而，本文的侧重点会有不同。

④ Backhouse（1998）就数学和形式主义者进行了区别。文章不对形式主义进行讨论，也是为什么 Chick（1998）的工作不被讨论的原因。

⑤ 这部分是 Backhouse（1997，p. 34）的一个扩展，那篇文章对凯恩斯辞藻的其他方面也作了讨论。

⑥ Coates（1996，chap. 4）详细讨论了凯恩斯对模糊和精确的态度，该思想则来自于跟凯恩斯亲密接触过的 Ludwing Wittgenstein，他们两人之间的关系见 Raffaelli（2006，pp. 173 – 174）。

⑦ 在《概率论》（*Treatise on Probability*）（CWK8，P. 20 n. 1）里，凯恩斯讨论了 Bertrand Russell 用“休谟英语（the English of Hume）”进行精确、富有逻辑的表述的优点。凯恩斯认为 Moore 则给出了一种展示力与美的“折中风格”。如果想追求完全的精确，那么用 Russell 的风格更为合适；相反，不需追求精确时，“时刻抓住你想表达的问题的本质”就好，而不需要将论证简化到“x 或 y 的境界”。

⑧ 根据 Debreu 对数学严谨的定义标准：论证可以独立于其解释，这点可以看做是对形式主义数学的攻击。O'Donnell（1997，p. 146）令人信服地指出：凯恩斯一般不抨击数学的使用。

⑨ 它包含了一个图表，下文将对其进行讨论。

⑩ 数值计算当然是数学的一种形式，但是在凯恩斯的时代以及我们的时代，数值计算对读者的理解没有挑战性，因而常被忽略。

⑪ 读者还应当知道 φ' 和 φ'' 分别代表函数的一阶导和二阶导。

⑫ 这包含了 17 个复式、两个“函数关系”和一个“函数倾向”的应用。

⑬ 使用最频繁的经济学术语是“利息”，共 666 次；就业 586 次；投资 504 次；以及货币，586 次。

⑭ 这包含了 7 个复式。

⑮ 该观点出自和 Yann Giraud 的讨论，反映他对视觉再现的研究成果。

⑯ 作这样一个暗含的假设意味着，他对古典理论的批评可以看做是逻辑批评：它并不像其支持者所深信的那么广泛。这一观点是 Anna Carabelli 提供给我的。

⑰ 这是对凯恩斯的分析的一个说明，而不是支持凯恩斯有关古典经济学的特征描述。

⑱ 注意，这里所讲的《通论》的“中心论点”与 Patinkin（1982）对该词的使用是不同的。这里的中心论点，被用来阐明一些不同的观点。

⑲ 这段与本章对 Backhouse 和 Laidler（2004）的讨论有关。

⑳ 应当注意，CWK7，p. 169 中利率的公式有微小的不同。

㉑ 包含第十八章的原因在前文已经叙述过。它是对论点的一个重述，开篇就采用了数学语言，即便凯恩斯尽量不这么做。注意，这句的意思不是说，如果数学被移除了，就不会有《通论》这部著作了。

㉒ 基于有影响力的理论，这个具有政策影响的观点与凯恩斯的理论方法及其论证的严谨度是一脉相承的。凯恩斯所采取的正是介于 Russell 的形式逻辑以及 Hume 的英语之间的 Moore“中间”方法（见注释 7）。

第八章 《通论》：随机宏观均衡的概念

Hiroshi Yoshikawa

1936年2月，《就业、利息和货币通论》发表，当即引来广泛关注以及更多学术文章的发表。Backhouse（1999）汇编了1936年所有这些文章的名单：仅这一年就共有123篇。在一些经济学家以极大的热情追捧这本书的同时，其他一些经济学家也在质疑凯恩斯的《通论》。Samuelson（1964）这样描述美国当时的情况："《通论》就像病毒一样感染着35岁以下的大多数经济学者，其威力像病毒第一次突然袭击和杀死南海的一个与世隔绝的部落岛民那样厉害。50岁以上的经济学者则被证实对这种感染具有相当的免疫力。随着时间的推移，处于35岁和50岁之间的大多数经济学家也开始被感染，但他们通常不知道或者不承认自身的状况"（Samuelson 1964，pp. 315－316）。

众所周知，《通论》最初比新古典经济理论更胜一筹，宏观经济学几乎与凯恩斯经济学成为同义词。然而，在过去的四十年中，钟摆再次摆向新古典宏观经济学，世界顶尖大学现在都热衷于教授它（尤其针对研究生课程）。本章简要论述了有关《通论》或"凯恩斯经济学"的争论，它们也就是过去70年的宏观经济学发展史。最后一部分，我将解释一个比较陌生的概念——"随机宏观均衡"，我认为它是凯恩斯有效需求原则真正的微观基础。

早期的争论

《通论》强烈批判了新古典理论——凯恩斯所谓的古典理论——因此它也遭到强硬的反击。例如，Pigou（1936）在对这本书的评论中很严肃地说道："凯恩斯认为他对经济学的贡献相当于爱因斯坦在物理学界的贡献"（Pigou 1936，p. 115）。但同时，Pigou又戏谑道："在《通论》中，我们看到的是一个向月亮射箭的艺术家"（Pigou 1936，p. 132）。Pigou的不满是很可以理解的。在《通论》中，凯恩斯认为“从 Say 和 Ricardo 那个时期起，古典经济学家就开始认为供给自身创造需求。”正是由于这个萨伊定律，他提出“古典理论仅在充分就业的情况下适用”（Keynes 1936a，p. 16）。依其陈述，古典经济学家假设不存在经济波动问题，尤其是经济衰退和经济萧条。然而，就是 Pigou，这个被凯恩斯称为当时具有代表性的古典经济学家，写了一本叫《产业波动论》（*Industrial Fluctuations*）（1929）的书，其卷首插图很好地展示了英国 1850 年到 1914 年的失业率波动情况。

不管怎样，早期的争论都是围绕着储蓄和投资等相关概念，因为《通论》中凯恩斯对这些概念的使用，给他的经济学同仁造成了迷惑。总的来说，这些争论已被化解，凯恩斯所要表达的意思现在也基本上清楚了。因此，这里跳过这些争论，集中研究现今存在的一个更基本的问题。

这个基本问题就是《通论》中的凯恩斯经济是如何区别于传统的新古典理论的。这一问题困扰着好几代经济学家但仍然没有答案。对于《通论》的发表，Hicks（1936）和 Leontief（1936）都将其与 Walras 的一般均衡理论做了对比。例如，Leontief（1936）讨论到：传统理论依赖于“齐次性假设”，意思是“所有以价格为自变量、数量为因变量的供给和需求函数都是零阶齐次函数”（Leontief 1936，p. 193）。根据这个假设，货币供应量 M 的一个变化，会伴随着所有价格的同比例变化，使需求量和供给量保持不变——货币是中性的。然而，一旦拒绝该假设，货币就不再是中性的，并且所有供给和需求函数都依赖于 M。在该情形下，应该可以很确信地找到一个 M 值，使其带来最高的劳动就业水平。事实上，任何产品、要素或产量都存在这一问题。Leontief 还指出，“使汽车产量最大的货币量，可能要比维持某种劳动力的最高就业水平所需的货币量更多或者更少”（Leontief，1936，p. 194）。这种情况下，给货币供给任意一个水平 M，失业或非充分就业就会发生。这是 Leontief 对凯恩斯《通论》的诠释。凯恩斯本应注意到并质疑这个齐次性假设，但是他没有。因此，Leontief 的定论是“凯恩斯先生基于‘传统’经济理论基础假设的攻击，似乎没有击中目标”（Leontief，1936，p. 196）。

《通论》发表几个月后，Hicks（1936）也写了篇评论性文章发表在《经济学期刊》（*Economic Journal*）上。他认为“预期方法”是凯恩斯在

《通论》中最有影响力的分析方法创新：[①]

> 从而产生了一种特别的，但非常重要的分析方法。如果我们假设所给定的不仅包含统计理论中通常给定的偏好和资源，而且包含人们对未来的预期，那么我们可能认为供给和需求是由这些偏好、资源和预期确定的，价格是由供给和需求确定的。均衡分析一旦加入预期，那么其不仅可以用于远期静态条件分析，很多经济学家在研究这方面都无功而返；其还可用于真实的世界，甚至真实世界的“非均衡”……
>
> 从纯理论的立场来看，使用预期方法也许是这本书最革新的地方；然而凯恩斯使预期方法可用性更强，则是他做的又一创新（Hicks 1936，p. 240）。

具有讽刺意味的是，另一个新的“预期方法”即“理性预期”在40年后推翻了凯恩斯的经济学，但这是后话。

同年，希克斯（Hicks）写了另外一篇有关《通论》的论文。在这篇名为“凯恩斯和古典学派”的著名文章里，希克斯以以下评论作为开始：尽管凯恩斯对古典学派进行尖锐抨击，但事实上仍然缺乏一种“令人满意的比较基础”。因此，希克斯的目的是“孤立凯恩斯的创新，从而揭示处在争论中的真正问题是什么”（希克斯 1937，p. 148）。

为实现这一目标，希克斯提出了一个大胆的宏观模型，这个模型随后被称为IS/LM模型。假设货币工资明确给定，名义价格相应是一个隐含的常数。那么凯恩斯经典体系由如下一系列方程表示：[②]

$$M = kY,\ I = I(i),\ S = S(i,\ Y),\ I = S \qquad (1)$$

这里，Y、I和S分别为名义收入、投资和储蓄。M是名义货币供给，i是利率，k是一个常量称为马歇尔k值。在这个体系中，第一个货币方程决定名义收入水平，而储蓄投资等式（或IS方程）决定利率水平。

然而，希克斯则认为凯恩斯模型可以如下表示：

$$M = L(i),I = I(i),S = S(Y),I = S \qquad (2)$$

现在，货币方程决定利率，利率反过来又决定投资水平。希克斯认为第一个货币方程是凯恩斯理论的关键：“流动偏好学说极其重要。因为是利率而不是收入由货币的流动性决定”（希克斯 1937，p. 152）。

希克斯继续争辩说以这种方式建立的凯恩斯模型不能完全被称为“通

论”：“如果我们喜欢，我们可以称之为凯恩斯的‘特殊理论’。通论应该是一些看上去更传统的东西。”他坚持认为通论应该表示如下：

$$M = L(Y,i)\,,\ I = I(i)\,,S = S(Y)\,,\ I = S \tag{3}$$

这个体系就是现在的IS/LM模型，即收入Y和利率i同时被IS和LM方程（或课本图表中的两支曲线）决定。希克斯指出，“做了这个修正，凯恩斯就退回到马歇尔传统学说，那么他的理论就很难同改进后的Marshall理论区分开来，况且我们都知道的，后者也不是一个全新的理论”（希克斯1937，p. 153）。该观点可以很清楚地从一些问题中看到，例如当资本边际效用增加时，会出现什么情况。凯恩斯会断然否认它会提高利率，并且坚持认为投资会增加。希克斯则指出“资本边际效用的增加必然提高IS曲线，因此，尽管它增加了收入和就业，但也提高了利率水平”（希克斯1937，p. 154）。

希克斯认为凯恩斯理论与古典理论的区别不在于IS/LM图表的中间区域，而是体现在极限值处。一方面，肯定存在一个最大收入水平Y_F（你可以假定在“充分就业”水平）。在Y_F处，LM曲线是垂直的，由古典理论IS方程决定的利率将和凯恩斯理论下的结果很好地吻合。另一方面，如果利率在最小值水平上，那么LM曲线为水平的。这种情况下，当资本边际效率提高时，仅仅是投资增加进而就业增加，但利率没有丝毫提高：“我们完全脱离了古典世界”。希克斯把利率降到最低水平时的情况看做凯恩斯经济学的精髓。由于当Y非常低时（远离Y_F）LM曲线趋于水平，当Y接近Y_F时LM曲线会趋于垂直，因此，希克斯得出结论：“关于就业的《通论》是萧条经济学”（希克斯1937，p. 155）。

需要注意，即使在古典模型中，希克斯（1937）也假设货币工资是给定的。正因为如此，他会说货币供给的增加必然会提高总（名义）收入Y，进而增加就业。由于假设了固定工资或价格，所以在他的古典模型中，货币是非中性的。

莫迪利安尼（1944）明确地将劳动力市场引入到一个类似的宏观模型中，并同时允许价格和工资发生变化。在他的古典模型中，劳动力供给和需求都取决于实际工资，并且经过调整达到古典均衡，从而构建劳动L在古典均衡中实现“充分就业”。那么根据生产函数，总产出或实际GDP也达到充分就业水平Y_F。

给定了充分就业的实际 GDP 水平，IS 方程决定均衡（或“自然”）利率。最终，在充分就业的实际 GDP 为 Y_F 和自然利率 i^* 给定的情况下，货币方程为 $M/P = L(i^*, Y_F)$，它决定了价格水平。货币供给 M 的变化会带来价格水平 P 同比例的变化，其他所有的实际变量即 Y、i 和劳动就业保持不变；在莫迪利安尼（Modigliani）古典模型中货币（再一次）是中性的。

在对应的凯恩斯模型中，莫迪利安尼去掉了一个古典假设即劳动供给取决于实际工资，相反，他假设名义工资是给定的。这个模型基本等同于希克斯的 IS/LM 模型。当然货币不是中性的。在莫迪利安尼的陈述中，凯恩斯理论的关键假设是名义工资以及相应的价格是缺乏弹性的（极端情况下为常数）。大多数经济学家赞同这一观点。的确，从那以后，“凯恩斯经济学假设不变工资或价格，而古典经济学假设弹性工资或价格”已成为老调。

弹性工资或价格拯救了陷入困境的经济吗？特别是，名义工资或价格的削减能使经济免于衰退甚至萧条吗？凯恩斯的回答是否定的，在《通论》中体现在几个方面。首先，名义工资在现实世界中缺乏弹性。凯恩斯指出，一个原因就是工人们关心相对工资。他们强烈反对削减他们自己的工资，因为这样必然会降低他们的相对工资。[③]

即使名义工资或价格降低，实际货币数量增加，当货币需求具有高利率弹性时，利率也可能不会下降。如果利率下降了，投资也可能仍然没有回应。最终，实际工资或价格的下降可能引发对工资或价格进一步下降的预期，这个预期反过来会提高实际利率。总而言之，名义工资或价格的下降不可能使经济免于严重的衰退或萧条。

Pigou（1943）针对这一论点作出回应，他说到工资或价格下降带来的实际货币供给增加会直接提高消费进而提高总需求。[④]然而，Kalecki（1944）很快指出：部分“货币”是所谓的内生货币，而且真实经济中存有负债。他继续谈道：“必要的调整会使负债的实际价值灾难性地增加，进而可能导致大规模破产和‘信任危机’。当然，这个‘调整’可能不会进行到底：因为如果工人们坚持进入无限制的竞争博弈，那么在雇主的压力下政府可能会推行工资限额（Kalecki 1944，p. 132）。”

费雪（Fisher）（1933）也提出了同样的观点，他曾提出著名的债务紧缩论（见托宾 1980，chap. 1）。日本在 20 世纪 90 年代经济长期停滞期间，就陷入通货紧缩。在当时，经济学家、政治家以及政策制定者一致认为通货紧缩需要制止。然而，即使现在，“如果工资或价格有足够的弹性，那么宏观经济就会处于新古典主义均衡”的观点仍充斥在经济学领域中。

菲利普斯曲线

第二次世界大战之后，凯恩斯经济学被经济学界广泛接受，宏观经济学也成为了它的同义词。一本书的大胆标题对该事实作了很好的总结，那就是 Klein（1947）的《凯恩斯主义革命》（*The Keynesian Revolution*）。

教科书中既定的“凯恩斯经济学”基本上是 Hicks（1937）阐述的 IS/LM 模型，在标准的 IS/LM 模型中，价格被认为是常数并标准化为 1。然而，价格是常数这一假设通常被认为是凯恩斯经济学的弱点。通货膨胀取代了通货紧缩成为战后时期的一个重要的经济学问题。在这种情况下，甚至不能寄希望于解释透通货膨胀，更不用说通过一个假设价格恒定的理论框架提供一个有效的政策建议。然而就在这个关键时刻，有好消息传来。Phillips（1958）发现 1861—1957 年英国经济的失业率和工资膨胀率存在一个反向关系：当失业率降低时，工资有上涨的趋势；反之则相反。

人们可能会疑惑为什么经济学家会过于关注这么一个看似常识的现象。有两方面的原因，首先，被菲利普斯曲线强化了的 IS/LM 模型构成了一个动态模型，在这个模型中，工资和价格变化是内生的。很多曾经流行的宏观经济模型都是这个框架的一些变形。其次，菲利普斯曲线展示了失业率和通货膨胀之间的替代关系，这给政策制定者和政治家提供了一个关于这两个重要政策目标的可行组合。因此菲利普斯曲线被认为是一个政策制定的有用工具。在 20 世纪 60 年代早期的肯尼迪政府下，著名的美国凯恩斯派经济学家如保罗·A. 萨缪尔森（Paul A. Samuelson），詹姆斯·托宾（James Tobin）以及罗伯特·M. 索洛（Robert M. Solow）都积极参与美国的经济政策制定，在此背景下，考虑菲利普斯曲线的凯恩斯经济学得到运用，被称为新凯恩斯经济学（见托宾 1974）。可以说，20 世纪 60 年代是凯恩斯经济学的全盛时期。

与此同时，一些经济学家不断地问自己，凯恩斯经济学或《通论》区别于新古典理论的实质是什么。Clower（1965）指出，在竞争性经济中，所有的行为人都是价格接受者，那么凯恩斯的消费函数就无法得到；于是消费必须是实际工资的函数，或者加上利率，正如劳动供给函数。这意味着在竞争性经济中，凯恩斯的消费者必须与其对手方作出不同的决定。Clower 认为凯恩斯的消费者会在首先假定价格恒定的情况下最大化他或她的效用。这个最优化给出商品和服务的"理论"需求以及劳动供给。它们只是理论上的，因为市场达不到均衡，该需求就无法实现。例如，当劳动供给大于劳动需求时，一个消费者面临的不仅是市场的工资水平，他或她所能提供的劳动数量也会成为限制条件。在该情况下，消费不再是实际工资的函数，而是工资乘以劳动供给数量即收入的函数。这就是凯恩斯的消费函数。Clower 很明确地指出，《通论》或凯恩斯经济理论假设经济存在数量限制，或者更普遍地讲，经济处于不完全竞争。

事实上，在 Clower 之前，Arrow（1959）就曾指出，价格接受行为的假设只有在经济达到均衡时才有意义，经济不均衡时，市场必然是不完全竞争的。特别地，当整体市场供给大于需求时，每个经济主体（或企业）都面临一个向下的个体（不是市场）需求曲线，而不是一个完全弹性的（即水平的）需求曲线。例如，竞争市场中的一个公司可以在一个给定的价格下销售任意数量的商品或服务，这在市场是均衡的情况下说得通；然而，当整体市场供给大于需求时，很明显个体公司必须要服从一些数量及价格上的限制。

Clower 寻找了与凯恩斯经济学一致的微观经济行为。很快，宏观经济学的微观经济基础成为一个重要的研究课题。一条新的研究路径出现并极大地扩展了 Clower 的分析，这就是引进了很多消费者及生产者的量化约束经济，例如 Barro 和 Grossman（1971）、Benassy（1975）和 Malinvaud（1977）等作的一般均衡分析。在这些分析中，价格被假定为常数，数量则是变化的。Negishi（1979）曾尝试探究如何通过引入"拗折"个人需求曲线，使不变价格与公司利润最大化行为保持一致。他的分析是下面讨论的"新凯恩斯主义经济学"的前身。

新古典宏观经济学的复兴

弗里德曼写的一篇论文可以说是宏观经济学领域最具影响力的论文之一。在这篇论文中（弗里德曼 1968），他大胆地反对均衡（或长期）状态下存在向下的菲利普斯曲线这一观点，而该观点在当时已被广为接受。他的观点建立在自然失业率的概念之上。弗里德曼给出的定义如下："'自然失业率'，换句话说，是这样一种失业水平：它可以通过繁琐的计算由瓦尔拉斯一般均衡方程体系导出，条件是假定这些均衡方程中蕴含着劳动力市场及产品市场的实际的、结构性的特征，包括市场的不完善性，需求与供给方面的随机可变性，收集空缺岗位及劳动力可得性等信息的成本，跳槽成本等"（弗里德曼 1968，p. 8）。

基本上，它就是达到新古典均衡时的失业率。很明显，它与凯恩斯在《通论》中提到的"摩擦失业率"很相似。弗里德曼认为不考虑通货膨胀率（或者通货紧缩）的话，长期来看实际失业率必然等同于自然失业率："换种方式说明这一结论，通货膨胀和失业之间总存在一个暂时的替代关系；但没有永久的替代关系。这个暂时的替代关系不是来自于通货膨胀本身，而是来自于非预期的通货膨胀，通常是在上升的通货膨胀中引发的。存在永久平衡这一普遍想法是将'高'和'升高'混淆了的复杂结果，而且我们认识到的只是它的简单形式。上升的通胀率可能会减少失业，但高的通货膨胀率是不会的"（弗里德曼 1968，p. 11）。

非预期的通货膨胀和失业率之间只存在暂时的替代关系。鉴于弗里德曼的自然失业率假说，预期的形成对理解经济运行至关重要。Phelps（1970），Lucas 和 Rapping（1969）以及其他经济学家探究了就业和通货膨胀理论的微观经济基础。他们的研究应该与菲利普斯曲线相关，但基于预期误差的动态性与大多数凯恩斯主义者所考虑的菲利普斯曲线，实质上有着很大的不同。Rees（1970）表达了合理的困惑并作出如下评论：

> 在最近出版的期刊中，Lucas 和 Rapping（1969）关于劳动力市场均衡的性质发表了一些新颖有趣的评论。不幸的是，他们严重误解了一些后凯恩斯文献，并让人们觉得其与普遍观点的背离程度要比实际情况小很多。他们提出的关于失业的自愿与非自愿性质的问题对政策制定有非常重要的意义。尽管 Lucas 和 Rapping 没有探究这些意义，但是他们已充分阐明了问题的重要意义……
>
> 人们可能会顺便注意到，作者们基于一条菲利普斯曲线可以被看做任何向下倾斜且涉及工资和失业的函数，有时候会将失业率函数看做菲利普斯曲线。但是由于原始的菲利普斯关系引入的是货币工资率而不是真实工资率，且菲利普斯曲线（1958）中因果关系的方向是从

失业到工资变化而不是反过来的，所以二者的相似度甚是微小。再者，菲利普斯曲线明确假定劳动市场通常处于短期失衡状态。（Rees 1970，pp. 306、309）

Rees 所称的“失业率函数”随后被称为“总供给函数”。基于实际通货膨胀率高于或低于预期通货膨胀率，总供给函数会使得总产出或实际 GDP 围绕“自然的”或“充分就业”水平波动。这不再是一个通货膨胀方程，而是新古典理论的一部分，其框架已从基于有效需求准则的凯恩斯经济学转变为基于总供给函数或自然率假说的新古典宏观经济学。

我们可以将这次宏观经济学的巨变形象地称为凯恩斯主义的反革命；弗里德曼（1968）开启了门，Phelps（1970）铺垫了道路，Lucas（1972）则完成了反革命。Lucas（1972）基于 Muth（1961）的研究成果，将理性预期引入宏观经济学，从而对这一专业领域产生了非凡影响，使大量有关理性预期的文献涌现，主要的例如 Lucas（1972，1973），Sargent 和 Wallace（1975）等人的研究。

然而，对于 Friedman（1968）和 Lucas（1972）复兴的新古典宏观经济学理论来讲，自然率假说应该比理性预期更重要；毕竟，理性预期只不过是一种特定的预期形成假设。事实上，Lucas 和 Rapping（1969）在适应性预期而非理性预期的假设前提下成功复兴了新古典均衡理论。

基于自然率假说的弗里德曼—卢卡斯（Friedman—Lucas）理论是一个关于经济周期的货币理论。根据这个理论，未预期到的货币供给变化会产生错误的通货膨胀预期，进而产生就业（或就业率）和实际产出的波动。这一理论在 20 世纪 70 年代蓬勃发展，但最终，大多数新古典经济学家都选择转向真实经济周期（RBC）理论。

RBC 理论是由 Kydland 和 Prescott（1982）提出的。该理论选定技术冲击——明确地说是全要素生产率（TFP）——作为经济周期的根本性因素。在弗里德曼—卢卡斯货币理论中，经济周期是较稳定的“自然”状态，也就是帕累托有效状态的偏离，也因此是一个有待解决的经济学问题。为此，Friedman 和 Lucas 提出了货币供应量平稳增长模型。相反，在 Kydland - Prescott 的 RBC 理论中，经济周期只不过是帕累托有效均衡本身的波动。在这个观点下，作为凯恩斯的《通论》之母的衰退和萧条不再是一个经济学问题。RBC 理论可以说是新古典理论的终结，钟摆已完全从战后的凯恩斯经济学摆向新古典宏观经济学。目前，世界领先大学教授的是新古典宏观经济学。下面来自 Lucas（1987）的评论代表了目前宏观经济学的状况：

> 对我来说，可以这样描述当前宏观经济理论最有趣的发展：通货膨胀和经济周期等宏观问题在“微观经济”理论的一般框架下重新合并。如果这样成功发展下去，术语“宏观经济”将会被弃用，修饰语“微观”也将成为多余，我们会像 Smith、Ricardo、Marshall 和 Walras 一样只谈论经济学理论。如果我们是诚实的，就必须承认：在任何时候，从我们所拥有的经济学理论出发，都只能解释一部分现象，而对另一些现象无能为力。但我确信，为减轻理论和事实之间的差异给我们带来的不快，会使得我们说“那些一知半解的事实属于其他不同类型的经济学理论范畴”。我认为，凯恩斯主义“宏观经济学”就会这么做（在极大的胁迫下）。这导致，经济学唯一的“发现真理的引擎”在一类极其重要的问题上被弃用。现在我们再一次，把这个 Marshall 的引擎用于解决宏观动态问题上。（Lucas 1987，pp. 107 – 108）

新凯恩斯主义经济学

在新古典宏观经济学的全盛期，就“凯恩斯主义者”而言，“新的”理论也基本上是新瓶装旧酒。很多学者尝试将工资或价格缺乏弹性这一假设“合理化”，因为他们视此为凯恩斯主义经济学的核心。Mankiw 和 Romer（1991）以“新凯恩斯主义经济学”为题总结了这些研究成果：“新凯恩斯主义经济学在 20 世纪 80 年代兴起是为了应对 20 世纪 70 年代的理论危机。过去十年的很多研究都致力于为凯恩斯主义经济学的核心内容提供严密的微观经济基础。由于工资和价格刚性被视为凯恩斯主义经济学的核心，于是很多研究都是为了展示这些刚性是如何从制定工资和价格的微观经济中产生的”（Mankiw 和 Romer 1991，p. 1）。

尽管新凯恩斯主义经济学不是一个统一的理论，但是 Mankiw 和 Romer 仍然看到了一个共同的主题。于是，他们这样阐释他们所称为的“新凯恩斯主义经济学”：

> 关于经济波动的任何理论，人们都可以提出两个问题。
>
> 一是：该理论会违背古典二分法吗？它是否假设名义变量如货币

> 供给的波动会影响实际变量如产出和失业的波动？
>
> 二是：该理论是否假设现实市场经济的不完善对理解经济波动至关重要？这些假设如不完全竞争、不完全信息及相对价格刚性是该理论的核心吗？
>
> 新凯恩斯主义经济学给了所有这些问题一个肯定的答案。古典二分法没有成功因为价格是黏性的；现实市场经济的不完善极其重要，因为不完全竞争和相对价格刚性是理解价格为什么是黏性的这一问题的核心。
>
> 在研究宏观经济学的主要方法中，只有新凯恩斯经济学对所有这些问题作了肯定的回答。真实经济周期理论强调技术扰动和完全市场；因此它否定地回答了所有这些问题。很多旧的宏观经济理论反对古典二分法，但是它们通常不会强调现实市场经济的不完善，而这也是其理论的关键。例如，大多数20世纪70年代的凯恩斯经济学把工资和价格刚性强加于瓦尔拉斯经济学，名义的和实际的不完善之间的相互影响也因此成为新凯恩斯经济学的一大特点。（Mankiw 和 Romer，1991，p. 2）

新凯恩斯经济学的重要概念包括：（a）高成本的价格调整，如“菜单成本”（Akerlof 和 Yellen 1985，Aankiw 1985）；（b）摇摆的工资和价格（Taylor 1979）；（c）不完全竞争（Hart 1982，Blanchard 和 Kiyotaki 1987）；（d）协调障碍（Diamond 1982，Cooper 和 John 1988）；（e）效率工资（Solow 1979；Yellen 1984）；（f）信贷市场中的信贷配给（Stiglitz 和 Weiss 1981）。

新凯恩斯主义经济学在20世纪80年代给经济学界带来了很大的影响。然而，在我看来，它却从根本上被误导。首先，新凯恩斯主义经济学认为总需求等同于名义货币供给——见 Blanchard 和 Kiyotaki（1987），Mankiw（1985）以及 Mankiw 和 Romer（1991）整理的其他研究等。因此，当我们发现 Mankiw 和 Romer（1991）说过“很多新凯恩斯主义经济学也可以被称为新货币主义经济学”的话时一点也不稀奇。在这个框架中，只要名义价格是刚性的，“需求”或名义货币供给就会影响实际产出。于是，这个方法首先要做的事就是解释名义价格、工资的刚性与经济主体的“理性”是保持一致的。这又回到了教科书上老套的思想，即凯恩斯主义经济学只有在价格刚性的情况下有意义——这再一次支持了新凯恩斯主义经济学实际上只是旧酒的说法。

然而，凯恩斯（1936）理论中的有效需求是真实的。这里，我引用托宾的话来强调真实需求的重要性：

> 凯恩斯理论的核心不是名义价格刚性而是有效需求原则（凯恩斯1936a，chap. 3）。在不存在瞬时的和完全的市场出清时，产出和就业就经常被总需求约束。在这些超额供给形势下，行为人的需求受到限制，因为他们不能以现时价格卖出他们想出售的数量。任何用于维持市场出清的价格调整出现失败时，都为数量决定数量这一理论开启一道门，例如，凯恩斯乘数微积分中描述的：真实国民收入决定消费需求……
>
> 在凯恩斯经济周期理论中，产生波动的冲击源往往是商品、服务的真实总需求以及更重要的资本投资的转变。如果凯恩斯的周期理论被描述成：“产出波动很大程度上来源于名义总需求的波动”，凯恩斯一定会非常惊愕（Ball、Mankiw 和 Romer 1988，p. 2）。名义和真实二者的区别的确很重要。（Tobin 1993，pp. 46－47）

新凯恩斯主义经济学被误导的第二个原因是方法论。为了给宏观经济学提供合理的“微观经济基础”，新凯恩斯主义理论具体分析了个体家庭或企业的微观经济行为。然而这个标准方法的方向却并不正确。接下来我会解释为什么这么讲。

随机宏观均衡

宏观经济学的微观经济基础已被认为等同于将单个经济主体如一个家庭或公司的行为分析包含到一个宏观经济模型中。因此，当代“具有微观基础的”宏观经济学始于（通常是动态的）最优化理论，最优化让经济人具有特定的微观经济行为。正如我们在前面章节中所见到的，这一方法论不仅适用于新古典宏观经济学，同时也适用于新凯恩斯主义经济学。

有趣的是，此种方法论与自然科学中的标准方法大相径庭。当人们研究一个由大量微观单位组成的体系即宏观体系时，一种基于统计物理学的方法常常被用于物理学、化学、生物学和生态学领域。由于体系中有太多的微观单位，因此要分析这些微观单位的行为是完全不可能也是无用的。于是，统计物理学的精髓就是放弃追寻微观单位的行为而从整体上把握宏观体系的统计行为。自然科学也就理所当然地认为研究一个宏观体系的方法必然与研究一个微观单位行为的方法不同。但是在经济学中，为什么情况不是这样的呢？然而，基于统计物理学的这一方法为凯恩斯主义经济学提供了合理的微观经济基础，这或许令人惊讶。本节将解释原因。

凯恩斯的《通论》对新古典理论来说是一个大胆的挑战。在新古典理论中，假定生产要素如劳动和资本被充分利用，并且假定均衡时生产要素的边际产出价值在部门、行业和企业间都是相同的。[5]要素禀赋以及偏好和技术决定均衡。但在《通论》中，凯恩斯指出生产要素并没有被充分利用，因此要素禀赋不是均衡的一个有效决定因素。长久以来，凯恩斯主义经济学在涉及失业的问题中被频繁讨论，尤其是关于“非自愿”失业。然而，不一定非要假设非自愿失业，只要最高水平的边际产出不相同，即达不到充分就业，就足够解释凯恩斯的有效需求准则。事实上，凯恩斯在《通论》中说，在受需求约束的平衡中，一个生产要素的生产率在企业和行业间是不同的。

我用一个简单的例子来阐述这一观点。假设经济中有 n 个部门，部门 i 生产一单位产品所需要的劳动数量为 a_i。劳动是唯一的投入。把最低生产率部门即第 n 个部门的商品作为计价商品并且 p_i 为第 i 个商品的相对价格，我们可以以这种方式安排这些部门：$p_1/a_1 > p_2/a_2 > \cdots > 1/a_n$。$p_i/a_i$ 为商品 n 的劳动边际产出价值；部门 1 的生产率最高，部门 2 其次，以此类推。部门 n 可以理解为生产率最低的部门，“如家庭生产（劳务活动）”，失业（寻求工作），“非劳动力”状况（闲暇）。每个部门的劳动加总成一个特定的总劳动 L。我们假设第 i 个部门的产品需求 D_i 是特定的。

在新古典均衡中，跨部门的边际产出价值是相同的，即 $p_1/a_1 = p_2/a_2 = \cdots = 1/a_n$。因此，给定 L/a_n，很容易得出整体经济的总产出或 GDP、Y，即总产出不依赖于需求而仅取决于生产要素的禀赋 L 及技术 a_i。

然而，当生产率在跨部门间不同时，D_i 的增加会提高 Y，即使是部门或行业间的一个需求转移也会提高 Y。简言之，Y 依赖于需求。这种情况下，我们说经济中存在非充分就业。有一点非常重要，需要认清，即（非自愿的）失业仅仅是非充分就业的一个特殊形式，而因为需求影响总产出，所以作为生产要素生产率之间差别的非充分就业要比失业更重要。实际上，关于生产力分散，已经存在一些暗示性证据。例如，Mortensen

（2003）记载了在大多数经济体中观察到的工资分散现象，并得出结论——工资分散现象是生产力分散的结果。

统计物理学的标准方法表明经济中必然存在生产力分散现象，不仅如此，它还精确地显示了生产率分配的函数形式以及它是如何依赖于总需求的。以我的观点，这一统计过程不过是宏观经济学适当的微观基础（Yoshikawa，2003）。

我们考虑一个经济体包含 S 个部门，规模为 n_i，$i=1$，$\cdots S$。这里，n_i 为部门 i 使用的生产要素的数量。整体经济的生产要素禀赋 N 是外生给定的。于是我们有如下资源约束：$\sum_{1}^{s} n_i = N$。部门 i 的产出为 $Y_i = c_i n_i (i = 1 \cdots S)$。这里 c_i 为部门 i 的生产率且已给定。不同部门间的生产率是不同的。不失一般性，我们可以假定 $c_1 < c_2 < \cdots < c_s$。因而整体经济的总产出，或 GDP、Y，为 $Y = \sum_{i=1}^{s} Y_i = \sum_{i=1}^{s} c_i n_i$。我们假设 Y 等同于总需求 D：$Y = D$。D 是外生给定的。

我们关心的是部门间的生产要素分配，即 $n = (n_1, \cdots, n_s)$。接下来是统计物理学的基本方法。它始于一项观察，即有 $N! / \prod_{i=1}^{s} n_i!$ 种方法或结构将 N 分成特定的部分 $(n_1, \cdots, n_s)$。因为可能结构的总数量 S^N 是特定的，假设每种结构是等概率的，我们知道一个特定结构 n 的概率 $P(n)$ 反比例于 $\prod_{i=1}^{s} n_i!$。

统计物理学的基本假设是：与最大概率 $P(n)$ 有关的状态向量 $n = (n_1, \cdots, n_s)$ 在均衡状态下是现实存在的。这一观点同统计学和计量经济学中的最大似然法相似。我们实际上是要在两个约束条件下最大化 $P(n)$。一个约束条件是 n_i 的总和必然等于总劳动 N，注意到由于其中一个生产力较低的活动可能是寻求工作或是失业，因此这一约束条件并非必然指充分就业。另一个是总产出 $\sum_{i=1}^{s} c_i n_i$ 必与总需求的特定水平 D 相同。

认清一点很重要：这一过程同经济主体最大化他们的目标函数以及资源倾向于从生产率低的部门流向生产率高的部门这两个假设是一致的。价格也可以按照标准经济分析所指示的方式变动。然而，为了能简易地研究宏观经济学，所有这些经济“动作”必须被认为是随机的，因为经济主体及商品和服务的数量太大了；例如，在一个大的经济体内如美国，家庭的数量约为 10^8，企业的数量约为 10^7。包含着大量经济主体和无数商品和服务的经济环境也在不断变化。统计物理学从战略上放弃追寻微观单位的行为而是从整体上把握宏观体系的随机行为。

在两个约束条件下，最大化与 $(n_1,\cdots,n_s)$ 相关的概率 $P(n)$ 将我们引向指数分布。这一分布在物理学上被称为 Boltzmann - Gibbs 分布。关于详细的分析，感兴趣的读者可以参阅 Aoki 和 Yoshikawa（2007，chap. 3）。

现在，指数分布意味着较多的资源分布在低生产率的部门或行业，而较少的资源分布在高生产率的部门或行业。当一个部门生产率提高时其劳动份额以指数形式下降，更精确地说，它决定于 $\exp - Nc_i/D$。因此，注意到总需求 D（确切地说，总需求与要素禀赋有关，即 D/N）相当于物理学中的温度，高的总需求相当于高温，反之则相反。当总需求高时，生产要素就会流动到较高生产率的部门或企业。Okun（1973）曾提出一个类似的观点，他指出工人们在一个“高压社会”攀爬一个“生产率”的梯子。于是在这里，我为 Okun 的口述观点提供了严格的基础。我要强调，在这个分析中价格的弹性是次要的。

以上分析为凯恩斯的有效需求准则提供了适当的微观基础。大多数经济学家理所当然认为要素禀赋都是外生的，因为它们是自然给定的而且要素禀赋决定总产出。凯恩斯指出如果要素禀赋是自然给定的，那么它们事实上就不是总产出的根本决定因素，因为那些生产要素的利用率是内生的。根本决定因素是总需求而不是要素禀赋。

利用率的分散以及企业或部门间的技术差别形成均衡中的生产率分配。统计物理学的平行分析表明，事实上，整个经济体获得单一边际产出是不可能的，这与经济学家错误地相信“无套利条件存在”的观念相反。虽然经济学家相信资源必然会流向高生产率部门这一观点并非必然错误，但是经济学家必须认识到资源的流动不是瞬间的而且资源的流动性从根本上取决于总需求。于是，我们得到均衡的生产率分配。均衡生产率预计服从 Boltzmann - Gibbs 分布。正如物理学中的温度，总需求决定不同生产率的部门间的生产要素分配，从而决定总产出水平。这就是凯恩斯有效需求准则的基础。

以上解释的均衡概念基本上就是托宾（1972）所称的“随机宏观均衡。”他认为“（它是）随机的，因为随机的跨部门冲击使单个劳动市场处于不同状态的非均衡中；（它是）宏观均衡，因为特定市场的长期变化会产生相当明确的总结果”（托宾 1972，p. 9）。

通过影响生产要素的转化率，总需求决定“随机宏观均衡”并最终决定总产出水平。接下来的重要问题就是作为 Boltzmann – Gibbs 分布的指数，总需求 D 是由什么决定的。当然，这就是凯恩斯《通论》的精华所在。

注释

我想要感谢第四届关于凯恩斯对现代经济学影响的国际会议，即 2008 年 3 月 9 日在东京上智大学举行的“再看凯恩斯主义革命”（The Keynesian Revolution Reassessed）的与会人员，特别感谢 Maria Cristina Marcuzzo 和 Toshiaki Hirai，他们的评论和建议对我很有帮助。同样对 Brad Bateman 的编辑助理工作表示感谢。

① 希克斯（Hicks）（1936）注意到，“预期方法”对于凯恩斯而言并不独特，然而，其在 Lindahl 和 Myrdal 等瑞典经济学家中的应用已经相当普遍。希克斯在《工资和利息的动态问题》（*Wages and Interest: The Dynamic Problem*）（1935b）中表示，他对这一方法特别熟悉。这也许是他在第一次阅读《通论》时，就被凯恩斯所称的“预期方法”吸引的原因所在。希克斯自己的观点形成于《价值与资本》（*Value and Capital*）（1939）中，在这本书里，他定义了“预期弹性”并充分应用了这一概念。

② 这些表示方法被改变成多种形式，以便现代读者理解。

③ 请注意，相对工资是真实的，因此，工人对相对工资的关注不会引起非理性的“货币幻觉”。

④ Patinkin（1948）强调了庇古效用（Pigou effect）的理论意义，但对其实际意义，特别是对其在大衰退期间的作用，表示十分怀疑。同样参见 Patinkin（1965）。

⑤ 新古典的《寻找理论模型》（*search theoretical model*）将我们引向了存在失业且不同部门/市场间生产要素的边际产出价值不同的均衡。Lucas 和 Prescott（1974）题为《经济平衡与失业》（*Equilibrium Search and Unemployment*）的论文就是一个典型的例子。然而，在这一模型中，默认存在“代表性”市场。结果，边际产出价值围绕均值对称分布。尽管存在分布，但只要方差很小，经济中的边际产出价值就能够作为一个整体由均值所代表。基于“代表性”市场找出的理论性（search – theoretical）均衡从根本上与本部分所介绍的 Boltzmann – Gibbs 分布有所区别。

第九章　酝酿中的凯恩斯经济学理论

Toshiaki Hirai

序言

1936年，凯恩斯的《就业、利息和货币通论》（简称《通论》）一书出版，随之而来的就是所谓的凯恩斯革命，自此之后，许多学者都试图去研究并解释凯恩斯的这一主要著作以及它对经济学所产生的影响。这些凯恩斯学者们都已提出了他们自己的凯恩斯理论或者他们自己对凯恩斯理论的理解版本。研究凯恩斯的方法众多，一般来说，收支方法被认为是最正统最规范的方法，后凯恩斯主义的研究方法也出现了很多的版本；除此之外，还有非常具有影响力的非均衡论研究方法。当然，我们都熟知的一点是，凯恩斯理论也面临许多来自外界的猛烈攻击，譬如说货币主义的拥护者以及新古典宏观经济学的拥护者都会攻击凯恩斯理论，但是，即使是再激烈的争论，也都是围绕着“凯恩斯理论的阵营”展开的。

上述所有的叙述说明，人们几乎都是只单单关注了《通论》，而忽略了凯恩斯的其他经济学著作。然而，自从20世纪70年代中期开始，针对凯恩斯的经济学理论，出现了一条新的研究途径，即开始以“凯恩斯论文集”为基础来研究凯恩斯经济学理论。[①]现今关于凯恩斯经济学理论的研究就属于这种情况，并且有两个方面的研究目的。第一，通过研究各种关于经济周期的理论（这些理论主要分为两大流派——“Marshall传统论”（Marshallian Tradition）和“Wicksell效应论”（Wicksell - type theories），来阐明二十世纪前半叶剑桥经济学派，即新古典经济学派的特征和观点。

第二个目的，阐述从《货币论》（*the Treatise on Money*）的面世到《通论》的诞生这期间凯恩斯的理论发展。在此我将着重研究两个方面，即分析研究《货币论》和《通论》的理论结构，并基于凯恩斯论文集中收录的众多手稿及信件对理论发展的各个阶段作出研究解释。

剑桥学派的两个流派——关于经济周期理论

在剑桥学派内，经济周期理论可分为两个流派。以 Pigou、Lavington 为代表的流派从 Marshall 的著名理论——Marshall 传统理论中获取灵感，而形成了自己的理论见解；而另一学派，是以 Robertson、Hawtrey 及凯恩斯为代表的（《货币论》*Treatise* 中如是说），这些代表人物不论是出于有意识的还是无意识的，都继承了 Wicksell 效应论，和斯德哥尔摩学派的 Lindahl、Myrdal 以及奥地利学派的 Mises、Hayek 一起，为货币经济学的发展作出了巨大的贡献。

Marshall 和 Marshall 传统理论

Marshall 的经济学体系由三个理论构成：供求平衡下的交换论、货币数量论和经济周期理论。②

1890 年，Marshall 在《经济学原理》（*Principles of Economics*）一书中提出了交换论，将其作为正常供给与正常需求保持稳定均衡的一个理论，该理论将所分析研究的对象限于一种单一商品，并且假设货币的边际效用、货币的一般购买力都保持不变。该理论为跨期经济问题的解决提供了一种有效的途径。

Marshall 大约在 1871 年提出了他的货币数量论。对于费雪（Fisher）制定的交易论，Marshall 持怀疑态度，原因是该法并没有明确指出影响货币流通速度的各种因素。与此相反，Marshall 关注强调的是：一种货币的信誉是如何影响对公众是否愿意持有大量资源的，公众所持资源可以是直接持有大量现金或银行储蓄，也可以是间接持有信用债券以及其他形式的能进行交易的证券。这个想法最终导致了凯恩斯的流动性偏好理论的诞生。应该注意的是：Marshall 也认为，所谓的 Marshall 的 k 值会随着货币供应的增加而减小，即它们之间成反比关系，那么如果货币供应量增加，每单位货币的价值将会不成比例地大大降低。Marshall 提出以上理论的前提是，认为货币的一般信用保持正常不变。

在《产业经济学》（*Economics of Industry*）中，Marshall 首次详细地阐述了他的经济周期理论。该理论中，Marshall 分析了在信用体系的总体结构动摇情况下的经济周期情况。经济周期理论尤以三点著称，每一点都有各自的强调重点。第一，公众的心理状态，尤其是充满自信和缺乏自信时的心理状态在经济活动层面上造成的波动。在经济活跃时期，充满自信能够带动更大自信的产生；而在经济低迷时期，缺乏自信却能造成自信的逐渐丧失。第二，借助“收益增值过程”（multiplier process）来解释经济活动。不论是在经济低迷时期还是经济活跃时期，发生变化的首先都是在投资商品部门，随后便是对消费品需求的变化，这一变化主要是由于投资商品部门新雇佣员工工资上涨而引起的。第三，经济预言家的预言也会对经济活动造成很大的波动。

要强调的是，Marshall 认为，经济衰退的最主要原因是自信心的缺失，因为自信心的缺失会降低信用。结果就是，经济不能调整其活动的方式从而不能实现最终目的。Marshall 提出的解决方案是，在越来越狭窄的范围内，确保信用的存在。与他在《经济学原理》（*Principles of Economics*）一书中提出的交换论相比，Marshall 的经济周期论相对来说相当没有系统性。其继承和发展的重任便落在了他的追随者 Pigou 和 Lavington 身上。

Pigou 在《产业波动论》（*Industrial Fluctuations*）一书中提出了自己的观点，他的观点也是对本书第六部分的延伸，本书的第六部分主要介绍了《福利经济学》（*Economics of Welfare*）中的“国民总收入的易变性”。Pigou 将就业层面上的波动情况作为工业波动的主要数据指示器，就业情况是由劳动力供给表和劳动力需求表的交叉决定的。从这个最基本的论点出发，Pigou 认为，工业波动的直接原因在于需求表偏离一般趋势而出现了偏差。Pigou 接着说道，反过来，企业家对投资真正可获得收益的预期值的变化或者真实收入发生变化都会导致劳动力需求的改变。他总结到，起主导性作用的影响因素应该是前者而不是后者，即企业家对投资真正可获得收益预期值的变化。因此，在 Pigou 看来，商业人士不断改变的预期值是导致工业波动的最重要的因素（参见 Pigou 1927，p. 34）。

Pigou 的理论主要是基于两点分析：一是对影响工业波动波幅因素的分析，二是对影响工业波动节奏性因素的分析。

关于对影响工业波动波幅因素的分析，Pigou 指出，工业波动波幅的大小不仅取决于造成波动的根本原因，而且也取决于这个根本原因发生作用时的环境状况。对工业投资所能产生的收益期望值发生变化的根本原因不仅包括一些真正的原因，也包括心理原因和一些自发的金融原因。真正的原因比如有投资收益的变化、新发明的出现、工业冲突的发生、战争的爆发以及时尚的瞬息万变；心理原因主要是指乐观和悲观情绪下所犯的错误。

上述提到影响工业波动波幅的环境状况是指货币和银行安排状况，工业家为破坏市场而采取的政策以及工人为保证严格的工资率而追求实施的政策。

由于上述的环境状况，引发工业波动的根本原因也就决定了波幅的大小。在这个论述中，Pigou 尤其强调了收益增值过程以及企业家心理上过度的犹豫动摇而对经济造成的影响。

关于对影响工业波动节奏性因素的分析，Pigou 指出了两类主要因素。

第一类原因，虽然在本质上具有突发性，只是间或出现，但是这类原因一旦开始产生作用，就会引起工业波动。这类原因主要有：在一定的时间间隔之后，人类的建筑物开始破旧毁坏的趋势；企业家间乐观与悲观情绪所导致错误的变更；以及与金钱相关的各种处理程序。另外一些原因是具有周期性经常发生的，它们与实际工业运动周期紧密相连。

Pigou 的工业波动理论深深地根植于心理力量因素。他强调：乐观和悲观所造成错误的变更是影响工业波动波幅和波动节奏的主要原因。然而，我们要注意到的是，为了发展自己的观点，Pigou 不仅关注了真正的原因，也关注了货币类原因以及收益增值过程。

Lavington 是一名剑桥经济学家，他因著名的《英国资本市场》（*English Capital Market*）一书而尤为出名。Lavington 是第一个提出货币市场所能提供的服务包括两种主要活动的经济学家，这两种活动就是：货币的生产和资本的运输。实现资本运输的服务就是促进“此笔货币的流通，实现对资本的掌控，借此将对社会的一部分可用于资本用途的生产资源的控制权转移到那些能最有效地利用这批资源的人手中。”（Lavington 1921. p. 12）这项服务因此而与强迫性储蓄相关。Lavington 接着继续分析了货币市场，既分析了正常状况下（即市场的信用正常）的货币市场，同样也分析了非正常状况下（即发放信贷的信心产生了动摇）的货币市场。而 Lavington 的经济周期理论是对非正常状况下的货币市场的分析。

因为《英国资本市场》（*English Capital Market*）一书中的解释说明在一定程度上来说是比较分散的，因此最好还是参考 Lavington 1922 年的著作《商业周期》（*Trade Cycle*）中详细而又直白易懂的叙述。书里的重要观点都源自于 Marshall、Pigou 和 Robertson 的思想。

Lavington 的基本主张包括两个方面。一方面，他在商业活动的层面上，阐述了易于导致波动节奏变化的条件。现代的工业系统都具有易于催生节奏模式的特点，或者都具有累积变化特征——独立企业家的生产组织、企业家根据预测而非事实采取的决策过程以及企业家们之间的相互依赖。

另一方面，他揭示了在这些条件下，那些实际导致节奏模式的原因。他指出，主要的原因应该从企业信心的变化中寻找。Lavington 对这一基本主张的发展如下：

第一，他作出如下的假设，企业信心的增加或降低总会导致企业活动的增加或减少。

第二，他既强调重视收益增值过程，也强调企业信心方面发生的变化，将社会的实际有效购买力纳入考虑。

第三，他认为，金融并不是影响工业波动的重要因素。他指出导致工业波动的主要因素既和商品的价格水平不直接相关，也与经济的金融性质或非金融性质没有直接关系。也就是说，他承认我们确实是生活在一个货币经济体中。在这个经济体中，企业信心的增加就会造成购买力的上升，从而导致商品价格的上涨，价格的上涨反过来会导致企业信心的进一步增加。而这个过程是以一种累积的方式发展的。

第四，这是最重要的一点，Lavington 指出，主要是由于企业信心的变化，决定着工业波动的波幅和商业周期的长短。

Pigou 和 Lavington 关于工业波动的理论都代表了 Marshall 传统理论，在 Marshall 传统理论中，作为心理因素的企业信心和收益增值过程都占据着重要的位置，而通过收益增值过程，企业的信心能够得到传播。

Wicksell 效应原理

在 20 世纪二三十年代，新古典主义经济学（即由相对价格理论和货币数量理论构成的经济学）陷于一片批判声中，这种铺天盖地的批判最终导致了一系列货币经济学理论的出现，而这些货币经济学都深受 Wicksell 的影响。从 Walras 的一般均衡理论和 Bawerk 的关于资本利息的理论来说，

Wicksell 本人是赞同相对价格理论的。同时，Wicksell 提出了资本形成的累积过程理论，用它来代替货币数量理论。

处于战争期间的经济学家们都接受了 Wicksell 的关键性观点，这些经济学家包括斯德哥尔摩学派的 Lindahl、Myrdal；奥地利学派的 Mises、Hayek 以及《货币论》（*Treatise*）的作者凯恩斯。他们都提出了各具特色的货币经济学理论，并且他们的理论都胜过了 Wicksell 的理论（见 Hirai 2008，chap. 2）。我们称以上提到的战争期间的经济学家为“Wicksell 关联”，他们都追随于 Leijonhufvud（1979）。虽然通常 Wicksell 关联中并不包括 Robertson 和 Hawtrey，但是他们也可以被称做是剑桥的“Wicksell 效应理论家”。

在 Aftalion 和 Cassel 的强烈影响下，剑桥的 Robertson（1926）开始了与 Marshall 传统论不同的新经济学思考，开始背离 Marshall 传统论。在他的著作中，Robertson 将储蓄、信用的创造与资本积累之间的关系吸收进了他（1915）所发展的非货币经济理论中。虽然 Robertson 并没有直接受到 Wicksell 的影响，但是他的理论中包含一些重要观点成分，是与 Wicksell 理论相同的。因此 Myrdal 和 Hayek 也高度评价了 Robertson，这是确确实实的，原因是 Robertson 也正在使用与 Wicksell 相似的方法解决着相似的经济问题。因此，将 Robertson 的理论视为 Wicksell 效应理论中的一种也不会显得不合适。

Robertson 对凯恩斯产生了很大的影响，可以说多亏了来自于 Robertson 的影响，凯恩斯的观点才能从《货币改革论》（*A Tract on Monetary Reform*）中得以演化，提出《货币论》（*Treatise*）中的新观点。然而，就凯恩斯自己来说，他非常清楚自己的理论在 Wicksell 关联中地位的轻重。

在这个背景中来分析考察 Hawtrey 也是比较合适的。在《商业的盛衰》（*Good and Bad Trade*）（1913）一书中，Hawtrey 提出并发展了他的经济周期理论。可以说，他的这个理论是和 Marshall 传统以及 Wicksell 关联相互独立的，但是相比较与 Marshall 传统论的联系来说，经济周期理论还是和 Wicksell 关联更为接近。

Robertson

“银行政策和价格水平”这一标题概述了 Robertson 著作的主要思想：

银行系统实施的创造信用政策能够使企业家去购买促进生产所必需的实际资本，而这种购买行为反过来又会导致货币供应的增加，从而造成消费品价格水平的抬高，在接下来的一段时间，消费品的生产就会增加。虽然在他的观点论证中，Robertson 引入了货币数量论的一个变体，但是在本质上，Robertson 对古典学派的二分法论持否定态度。

既和 Hawtrey（1913）及凯恩斯（1923）等人的货币理论不同，又和 Pigou（1927）所主张的心理学理论不同，Robertson 的理论非常重视实际因素和金融货币因素间的相互作用。他将产出波动划分为“适当性波动”和“不适当性波动”两大类。适当性波动和现代经济的技术及法定结构紧密联系，它遵循的是一种有待于验证的节奏性模式。不适当性波动是由在产出量方面，实际波动超出适当性波动的部分组成，它是由于使用大型昂贵的设备而造成的。

货币因素是和银行系统的活动相关的。为了增加产出量，就需要提前准备相应的真实流通的资本。为了能够购买成功，获取相应的短期储蓄（原文为 short lacking，lacking 是 Robertson 对储蓄的一种比较笨拙的叫法）的需要就会增加。当公司不能满足所需要的所有的短期储蓄时，就会由银行系统来补充不足的差额。经济中所生产的消费品要么被民众消费，要么就被公司用做流通资本。当公司对流通资本的需求很大时，那么民众对消费品的消费就必须被剥夺，即将消费品用于公司的流通资本。向公司提供信用的银行系统更是促进了这一现象的发展。

Robertson 从两种情况出发阐述发展了他的理论：短期储蓄和短长期储蓄（短长期储蓄中投资商品起着很重要的作用）。但是为了讲解的简洁，我们将集中研究第二种情况。

在这种短长期储蓄中，“短期储蓄的需求和供应”这一概念起着核心的作用。对经济周期的各个时期来说，短期储蓄的需求和供应的变化是遵循不同的原则路线的。经济活动如何来应对这些不同取决于银行系统的行为。这里我们来讨论经济乐观时候的情况。

为了增加产出量，就需要购买流动资本。而要能购买流动资本，就必须获得短期储蓄，也就是说，获得短期储蓄是必不可少的一步。然而，短期储蓄的供应是由“积攒”来完成的。积攒也是一种储蓄，这种储蓄是攒下卖出当前的产出所获得的钱款，而这些钱款是没有任何保证用于创造资本的。短期储蓄供应的增加并不能灵活到能够满足对它的需求，这种需求的增加不仅数量大而且是不连续的。

短期储蓄大笔而过量的需求只有在银行系统提供信贷的时候才能得到满足，而这对整个经济体来说造成的后果就是强制型储蓄。

当采取强制储蓄，满足了短期储蓄的要求时，公司所需要的流动资本也将得到满足，公司生产的产出量增加。然后市场中的货币量增加，从而造成价格水平的上涨。一旦价格水平上涨，由于消费或公司投资的增加、生产期的延长、消费者不再积攒储蓄以及公司直接的短期储蓄等原因，对短期储蓄的过度需求就会持续增加。如果银行系统继续提供货币，以此来满足对货币的过度需求，那么价格水平就会继续逐渐上升。

如果银行系统不提供信贷，公司就不能获得所需的短期储蓄，因此也就不能获得充足的流动资本，生产的产出量也不会得到充分的足够的提高。在这种情况下，货币的数量不会增加，物价水平也会保持稳定。

因此，生产产出量的稳定和物价水平保持稳定之间被认为存在一种折中的关系，这也就是 Robertson 的理论中所揭示的现代资本主义经济的特征。

Hawtrey

Hawtrey 的经济周期理论认为导致经济周期的主要原因在于银行的行为，从这一点来说，他的理论独具一格，具有货币性。银行会试图调整信用货币，使信用货币数额与银行的现金持有数额达到相一致的水平。当他们认为贷款额与现金持有数额的比率不适当时，银行就会提高（或降低）利息率，以此来减少（或增加）信用货币的数量。这种行为被认为能够导致工业波动，因为它所能够造成的现金数额的波动（主要是指工资数额的波动）总是滞后于对信用货币造成的波动，信用货币可以弥补购买力的下降。

现在，我们来讨论一下这种情况，即当银行认为贷款额与现金持有数额的比率过高时，银行会将短期利率提高，以降低这个比率。Hawtrey 继续指出了降低这个比率而引起的波动的两个主要方面。一方面，由于商品成本的增加，商人因此会减少对厂家的订单，而厂家反过来会削减商品的生产量。商人和厂家都会减少从银行的借款数额，也就是减少信用货币的数量。另一方面，由于信用货币数额的减少，对商品的直接购买力就会降低。

由于这两个方面之间的相互影响、相互作用，经济就会开始走下坡路。在这个过程中，商品的批发价格、零售价格以及工资水平都会不断地降低。在利息率、工资、价格中，价格的降低最为明显，从而使得利润率与利息率的背离程度越来越远。虽然随着失业情况的加剧，工资也在不断地继续降低，但是工资的波动情况远不如价格的波动大。因此，银行的现金持有数额对于信用货币的数额来说，就会相对过量。这时候，银行会通过降低利息率（短期）来增加信用货币的数额，信贷货币数额因此开始扩大，对商品的直接购买力开始提高，从而开始下一轮的波动，只不过波动的过程会与上述所解释的情况相反。

凯恩斯经济学理论的发展

在以上的叙述中，我们讨论了剑桥经济学派关于经济周期的两个理论流派。那么，在这些理论中，凯恩斯的立场到底是什么呢？他支持的是哪一个观点呢？为了得到准确的答案，我们需要仔细地研究并揭示从《货币论》（*Treatise*）到《通论》凯恩斯思想是如何演化发展的。

1923 年，凯恩斯出版了《货币改革论》（*A Tack on Monetary Reform*），随后，经过 7 年智力上的挣扎与斗争，1930 年，凯恩斯出版了《货币论》。[③]受到 Wicksell 的影响，《货币论》的思想带有 Wicksell 理论的痕迹。为了使《货币论》不受到来自圈内和圈外的种种批判，凯恩斯做出了巨大的努力，然而到了 1932 年底，种种努力已经徒劳，凯恩斯开始改变他在《货币论》中的论点，从另一个方向开始论证，这个方向最终导致了《通论》的诞生。可以说整个过程是极其曲折复杂的。最后，我将会详细地描述《通论》一书包含的思想的主要特征，并对《货币论》和《通论》二者进行比较。这样，我们就能看到这两大著作对凯恩斯自己关于经济周期理论的影响的最终结果。

《货币论》（*Treatise*）理论

在《货币论》（*Treatise*）理论中，Wicksell 理论和“凯恩斯自己的理论”共存，可以说这是本书最明显最重要的特征。

一方面，《货币论》（*Treatise*）受到了 Wicksell 理论的影响，因为凯恩斯努力构造他自己的关于货币经济的理论，来批判 Marshall 的货币数量论和经济周期理论，但他的理论又注重强调投机商的行为，同时也拥护 Wicksell 的理论观点。

在《货币论》（*Treatise*）中，可以从以下几个方面来观察 Wicksell 的思想流派：从自然利率和货币利率之间的亲缘关系出发，在价格水平层面上来解释波动的发生，以及以这种关系为基础，来解释经济的运转情况；强调用银行利率政策来稳定价格水平；接受 Wicksell 的货币均衡论的三大条件之间的对等。④

然而，凯恩斯认为他的经济理论之所以属于 Wicksell 流派的主要原因在于，他采纳了银行利率会对投资和储蓄造成影响这一思想。这一思想被用来提供了这样一种机制，大概意思为经济的稳定（即价格水平的稳定和生产产量的稳定）可以通过实行利率政策来实现。

另一方面，值得注意的是，《货币论》中同样也包含“凯恩斯自己的理论”，这个理论包括两个部分。第一部分强调了在“每一个时期”与消费品和投资商品相关的变量确定：

（机制 1）生产成本和生产产量在生产期的初期就会得到确定。一旦在以收入为基础的情况下，消费品的支出费用得到确定，这个时期就会自动被视为消费品的销售环节，而消费品的价格水平以及销售利润额都会同时得到确定。

（机制 2）生产成本和生产产量在生产期的初期就会得到确定。投资商品的价格水平或者在股票市场得到确定，或者就是资本货物的需求价格，由此确定最终的利润。

第二部分主要是关于一个时期和下一个时期之间的变量的确定：

（机制 3）企业家所作的决定往往是这样的：如果他们在当前时期获利了，他们就会在下一个时期扩大生产产出；但是如果在当前时期遭遇了亏损，那么他们就会缩减下一个时期的生产产出量。

我将机制 3 中所讲的关系称为“跨期供应函数（TM supply function）”。受到两个部门的盈利或亏损的刺激，公司就会在下一个时期采取措施，相应地扩大或消减生产产量。假设生产产量已经确定，机制 1 和机制 2 就会相应地发生作用。因此，“凯恩斯自己的理论”可以说是一个动态的过程，既包括机制 1 也包括机制 2，而机制 1 和机制 2 都是通过机制 3 来运作的。

这个动态过程（可以将其叫做短时期的振动）的结果就是，经济可能会，也可能不会达到长期的平衡状态。凯恩斯认为，金融监管当局的职责就是通过采取银行利率政策，实现经济的长期平衡状态。

如果是在长期的平衡状态中，利润就会最终变为零，投资和储蓄就会最终相等，价格水平就会最终保持稳定不变。凯恩斯评论说“一个新的均衡价格水平所发生的任何变化都是由于利润偏离零利润而造成的。”

这种解释认为《货币论》（*Treatise*）是在讲解阐述一个动态的变化过程，这个过程包括对价格水平和生产产出量的确定。

应该注意的是，这种解释下的《货币论》理论涉及了三种“二重性”，提供一些可以相互代替但不能总是并立存在的分析。这些“二重性”是指：考虑消费品价格水平理论的二重性，一个既依赖于收入又依赖于利率理论；考虑投资商品价格理论的二重性，或者是卖空函数理论或者是预期收益率会因为利率而打折扣的思想；最后是 Wicksell 理论和凯恩斯理论的二重性。

第三个二重性是依赖于前两个二重性的，根据《货币论》的第二卷中所讲，Wicksell 的理论主要是论证如何通过银行利率来实施相应的经济政策。总之，Wicksell 理论采用了利率的概念以及预期收益率会因为利率而打折扣的思想，而凯恩斯自己的理论则采用的是收入概念以及卖空函数理论。

《货币论》（*Treatise*）之后凯恩斯理论的发展

对于凯恩斯来说，1932 年 6 月以前的这段时间最主要的特征就是：凯恩斯不理会 Wicksell 的理论，坚持并努力改进“凯恩斯自己的理论”。[⑤]能够充分理解凯恩斯是如何处理利润和生产产出量之间的关系对我们来说是极其重要的。在《货币论》中，当阐述动态机制时，凯恩斯强调了“跨期供应函数”的重要性。即使是面对巨大的批评指责，凯恩斯仍然坚持“跨期供应函数”。他的这种立场从他 1932 年中期起草的名为《生产的货币理论》（*The Monetary Theory of Production*）的手稿中就可以明显地看出来。

到 1932 年底，虽然当时犹豫再三，但是凯恩斯最终还是摒弃了他所坚持的“跨期供应函数”，并且在他的手稿《货币经济参数》（*The Parameters of a Monetary Economy*）中提出了适用于商品市场体系中的一个新公式。

也就是说，跨期供应函数实际上是从对商品市场的分析中消失了，而它的消失所造成的结果是，出现了以下这样一个模型，这个模型包括一个联立方程系统，方程系统的基础就是投资和储蓄相等，利润的大小与价格和生产产出量的确定无关，因此说这个模型和“凯恩斯自己的理论”相差甚远，这就是凯恩斯理论向《通论》的一个转折点。

在1933年起草的三份手稿中，凯恩斯着重强调了两个函数，即“仿跨期供应函数”和“仿跨期供应函数 mk2”（见 Hirai 2008，chap. 8）。我之所以在这两个术语前面加上前缀 pseudo（中文意思为“伪、冒充的”），是因为这两个函数和原来的跨期供应函数在实质上是不同的，虽然凯恩斯倾向于认为将这两个函数是原跨期供应函数的延续。

这三份手稿正是《通论》第三章的来源。三份手稿在能想象的范围内讨论了就业水平上的一个均衡条件以及使就业状况保持稳定的条件，虽然如此，但是在这三份手稿中并没有出现与《通论》中所提到的各种供应函数相对应的概念。在他的“第一份手稿”（CWK13，pp. 62 –66）中，凯恩斯第一次提出了一个可以用来确定就业水平的系统。这确确实实是一个重大的突破。

然而，凯恩斯构想这个系统的方式遭遇了一定的模糊性。在对这三份手稿进行考察的过程中，遇到的核心问题就是如何才能前后保持一致地对“手稿二”（CWK 29，pp. 63，66 –73，87 –92，95 –102）进行解释，因为手稿二接受了古典经济学中的第一个假设，古典经济学引用了会计期的概念，而又继承了“仿跨期供应函数 mk2”。我将“仿跨期供应函数 mk2”理解为描述就业均衡水平的稳定条件，但是就函数而进行的论证都一直不甚清晰明白。而且，“手稿三”（CWK 29，pp. 76 – 101；CWK 13，pp. 421 –422）中强调“有效需求”，[6]这样的论证是比较令人费解的，因为这个论证本来也是从销售过程和可变成本发展而来的。这样的话，其后的手稿二和手稿三中相关的论证也就会消失了。这其实与以下事实是有很大的关系的，这个事实就是利润所起的作用是会发生巨大变化的。这些模糊性显示，为了能够提出一个新的就业理论，凯恩斯是多么地努力，过程是如何地艰难。

在“第一篇未注明日期的手稿”中（CWK 29，pp. 102 –111），凯恩斯似乎是第一次建立并提出了基本心理规律理论和收益增值过程理论，而在“第二篇未注明日期的手稿”中（CWK 29，pp.112－120），他第一次提出了一个投资理论，这个理论和《通论》中关于投资的理论很接近（该理论和《通论》都是在1933年底或者是在1934年前半年写作的）。

因此我们说，1933年底见证了凯恩斯在成就《通论》的过程中所迈出的巨大的一步。如果将相关的碎片中所提到的论证都收集起来，我们可以确定的是，凯恩斯在那时已经创立了以下的观点：确定就业水平的体系、消费函数、基本心理规律论、流动性偏好理论、⑦资本的边际效率理论⑧（虽然这还不是《通论》中所表达的理论）以及收益增值过程理论。

在1934年春季所作的“通论”的手稿以及同一年所作的“夏季手稿”中，凯恩斯提出的理论体系框架几乎和《通论》中关于消费和投资方面的理论是相同的。他的“夏季手稿”包含了《通论》中第八章和第九章的修订版本。然而，需要注意的是，在“有效需求”的概念和“确定就业水平原理”上仍然存在着理论的模糊性。因此，我们可以将这一时期称为“《通论》的前夕”。

《通论》一书的校对过程一直从1934年的夏季持续到著作的出版前夕。这里我给自己制定了两个目标，即（a）确定凯恩斯是如何经历整个校对过程的；（b）确定《通论》的主要特征是什么。

关于目标（a）的实现，就会出现以下几点：修订本1（I）（chaps. 1－19，校对期为1934年12月到1935年1月中旬）包含了3个修订版本所共有的目录中包含的主题最多的修订著作，而修订本2（chaps. 1－15，1935年1月到4月）和修订本3（chaps. 2－6，1935年6月）则是对修订本1（I）的文本修订。所有的章节，除了第4、第5、第12和第13章之外，不论是从内容上还是文本水平上，都是修订本1（I）完成的。（同样也有修订本1（II），chaps. 20－25，从1935年3月开始的。）修订本1（III）（chaps. 26－28，1935年6月到7月）之后发生的最大的变化是在“大修订”（chaps. 3 and 6－9，1935年8月到10月）中。由于“使用者成本”（user cost）的定义的变化以及对其的处理方式的变化，一些基本概念的定义也因此发生了变化。在Michaelmas（11月18日）的演讲中，有人认为预防动机是依赖于利率的变化的。

而为了实现目标（b），我主要致力于研究在凯恩斯理论的发展后期，有什么变化或者遇到了什么困难。这里我们发现了两大值得注意的变化，一个是与“就业函数”有关，另一个涉及的是一些基本的概念。

在“通论”、夏季手稿和校对文本初稿中，就业函数既被用做供应函数，又被用做均衡函数。这种双重性在修订本 1（I）到修订本 3（也包括其在内）都无影无踪。然而，在《通论》中，这种双重性又一次出现，并且其光芒使得《通论》的理论结构显得大为失色。

修订本 1（I）中的一些基本概念是和《通论》中的概念相关的，如下：

有效需求、投资以及直接成本在定义上的区别取决于它们是否包括使用者成本，而事实是修订本 1（I）中包括了使用者成本，而《通论》中并不包括。例如，从修订本 1（I）到修订本 III，凯恩斯都认为，作为变现价值的收入始终是和使用者成本下的作为期望价值的有效需求是不同的，强调包括使用者成本的有效需求会对确定就业水平造成影响。而在《通论》中，这种思想已经不存在了。

对于收入、利润和储蓄的概念，两处都是相同的。

在理解并掌握这些概念关系的时候，方程式 $U_2 = U_1 - B$ 是非常重要的，U_2 指的是《通论》中的使用者成本，U_1 则指的是修订本 1（I）中的成本，B 指的是对最初资本设备的维修和改进所用的成本。

主要的思路如下：在《货币论》（*Treatise*）中，“跨期供应函数”被强调为描述动态机制的函数，在《货币论》完成之后，虽然面临巨大的谴责，凯恩斯仍然认同坚持了这一函数。到 1932 年底的时候，虽然犹豫再三，但是他最终抛弃了这一函数的观点，从 1933 年的第一份手稿开始，他提出了关于就业的一个新理论，而正是这个理论的发展，最终导致了《通论》的诞生。

《通论》

正如我们所见，经过上述的曲折过程之后，凯恩斯终于在 1936 年 2 月发表了《通论》。《通论》的发表注定从此开始了所谓的凯恩斯革命。从凯恩斯革命的意义上来说，我们必须要来看看并了解《通论》中的基本观点。

大概浏览一遍《通论》，我们就会发现三大中心思想：对比潜力、货币经济以及非充分就业的均衡状态。

《通论》认为市场经济拥有两大类对比潜力：一方面是稳定性、确定性和简单性，另一方面是不稳定性、不确定性以及复杂性。

凯恩斯认为市场经济具有几个内置的稳定器，因此本身就具有趋于平衡的倾向。然而，市场经济的发展不会达到最佳水平，即充分就业的状态，而是会停留在一种非充分就业的水平。基于这种比较“乐观”的视角，凯恩斯构建了一个理论模型，在这个模型中，就业水平高低的确定点是在总需求函数和总供给函数的交点处。凯恩斯在这个模型中借用了诸如消费函数、资本边际效率以及流动性偏好理论等。模型的构建简单而又易于理解，为凯恩斯提出实现充分就业的经济政策建议提供了基础。

然而，同时凯恩斯一遍又一遍地强调市场经济所趋向的稳定性是不可能实现的，除非一些条件能够得到满足，如果这些条件不能得到满足，那么市场经济就注定是不稳定的。从这方面来说，我们所面对的是一个建立在脆弱的基础之上的经济结构，反映出了市场经济中的不确定性和复杂性，这还有待于我们的研究。

凯恩斯认为，市场经济的运行是取决于各种各样的心理因素的，例如短期期望、长期期望（资本的边际效益以及股票市场的本质）、流动性偏好以及使用者成本。

另一个使得市场经济不稳定的因素是，在一些外生变量中，市场经济在面对巨大改变时所表现出的脆弱性。在这里凯恩斯担心的问题首先就是货币数量或货币工资会发生任何实质性的变化。

凯恩斯看似相当自信地认为，通过上述条件的逐渐减弱来损害市场经济的发展的可能性是微乎其微的；此外，凯恩斯还自信地认为，对于陷入非充分就业的均衡状态的经济，是能够通过诸如公共事业项目和降低利率的政策来治愈修复的。

凯恩斯提出，他的非充分就业均衡理论可以被视做一种货币经济学，与古典经济学所属的真实经济学截然不同。凯恩斯认为，我们生活中所处的货币经济只有在货币经济学的框架下才能进行分析。

凯恩斯的思想要点详见于第二十一章，在第二十一章中，凯恩斯提出了两种划分经济学的方式。第一种划分是“在关于个体工业或个体公司的理论和回报理论之间划分，以及一方面对于给定数量的资源的不同使用间的分布，和另一方面产出和就业作为整体的理论的划分。”（1936a，

p. 293）第二种划分是，“静止均衡理论和移动均衡理论间的划分，着重于强调移动均衡理论，在这个系统理论中，关于未来的不断变化的观点是能够影响当前状况的。”（同上）

在以上所述的这两种情况中，划分的标准取决于货币。事实确实是这样的，当现实世界中将产出产量水平和就业水平作为一个整体来确定时，我们就必须考虑货币在这个过程中所起的作用。这就是凯恩斯的货币经济学所要表达的观点。凯恩斯认为，他所说的货币经济学一直都是“一个关于价值和分配的理论，而不是一个独立的‘货币理论’”（1936a，p. 294）。

以上的种种考虑表明，凯恩斯的货币经济学旨在分析由货币起着至关重要作用的经济体，那么这么说，凯恩斯花了大量的篇幅（chaps. 13，14，15，17，23，and 24）来讨论利率变化及其作用也就不足为奇了。除了他的流动性偏好理论之外，凯恩斯在第十七章中提出了“自生利率”（own－rates of interest）理论，解释了货币的行为如何会成为充分就业道路上的阻力。

《通论》中所传达的核心信息就是它所强调的市场经济将会保持非充分就业的均衡状态（1936a，pp. 249－250），而这种非充分就业的均衡状态有4个特征，即非自愿性失业、均衡状态、稳定性以及波动。

确实，我们甚至可以说，《通论》的理论结构是可以被定性为非充分就业均衡状态下的货币经济。

《货币论》（*Treatise*）与《通论》对比

如果没有《货币论》（*Treatise*）的面世，也就不会有《通论》的诞生，但是《通论》又是独立于《货币论》而存在的一部伟大的著作，是凯恩斯的巨大成就。那么现在我们就将二者进行对比。

第一，在《货币论》中，跨期供应函数在整个系统的动态运动中起着至关重要的作用；而《通论》强调研究的是如何确定就业水平的问题。[⑨]

第二，《货币论》中并没有对投资和消费进行理论性的叙述；《通论》中既提出了关于投资也提出了关于消费的理论，并且这些理论在确定就业量的过程中扮演着非常重要的角色。

第三，虽然我们在卖空和流动性偏好的概念中可以发现一些连续性，但是货币所分配到的角色却大不相同。流动性偏好具体指的是，由于心理偏好的原因，银行系统和公众的行为会相互作用、相互影响；以及对持有货币的动机的分类。

第四，在《货币论》中，利息率是可变政策，通过利息率的变化，银行系统应该可以调节货币的供应来适应公众的卖空行为。《通论》中，利息率的调节应该是以这样的方式进行的，即货币的供应（在该著作中它是一个可变政策）要符合流动性偏好。

第五，然而，《货币论》和《通论》也具有以下的共同点：二者都属于货币经济学的范畴，都和新古典主义经济学的正统学说相对垒；二者都将价格和产出产量看做是内生的变量；二者都强调了货币政策和财政政策的重要性。

结语

从 19 世纪后期开始，经济学家们逐渐将他们的注意力投向市场上的交换现象。他们关注的问题：假定在充分就业的前提下，如果接受萨伊定律，那么资源是如何通过价格机制进行交换的。

在 19 世纪末 20 世纪初，Wicksell 提出了研究经济学的一种新的方法。Wicksell 提出了累积过程理论，将其作为货币数量理论的代替理论。在战争期间，一大批拥有各种各样不同知识背景的经济学家们出现了，他们以 Wicksell 为榜样，期望能够构建一种新的货币经济学，正是这一共同目标使他们团结起来，走到一起。他们指责货币数量理论，古典主义的二分法以及萨伊定律。凯恩斯正是这些经济学家中的一员。

然而，在《货币论》面世不久之后，凯恩斯就摒弃了来自 Wicksell 的影响，并最终完成了《通论》这一巨著。为了能够做到这些，他首先是回到了自己的理论根源，剑桥学派的经济周期理论。这里就有一个货币经济学的观点，宣扬非充分就业的均衡状态。《通论》是一部独立存在的巨著，正是它开启了凯恩斯主义革命。

前文已经提到，我认为凯恩斯的方法论以及它的经济学，对现今社会是极其重要的。《通论》要走到哪里，它本身是永远没有终点的，虽然说凯恩斯是构建了他自己的理论模型，但是他的目的一直都是对现实经济所面临的问题进行分析和诊断，并提出相应的应对政策和办法。在观察现实经济运作的同时，凯恩斯也寻找了有用的分析工具或者分析概念，或者在需要的时候，依靠自己的直觉和反省，研究谋划出新的工具和概念。然后他就会开始分析，根据他强大的预测能力，详细地描述分析的过程。

这里提及的“理论模型”并不只是指数学模型。凯恩斯知道经济的复杂性，也明白这种复杂是不能单单依靠数学模型就能解决的。因此，如上所述，凯恩斯的理论模型是以这样的一种方式构造的，即市场经济拥有两大对比潜力。为了能够实现，凯恩斯在构建理论模型时不辞劳苦，一方面要展示出就业水平是如何确定的，同时另一方面又适当地对不确定性给予了一定的关注。

20 世纪的最后 30 年，见证了“新古典主义学派”的诞生，并成为宏观经济学的主导性正统学说（见 Lucas 1975，Kydland 和 Prescott 1982）。该学派的拥护者明确且完全地否定凯恩斯的经济学、思考方式以及他的社会哲学，认为他们的模型由于严格且精确地构造于宏观经济学基础之上，因而具有优越性。但是他们以“代表性经济代理人”为基础，假设其最大化效用并能够形成“理性预期”，这也确实受到凯恩斯的批判。通过此类经济人假设，新古典经济学家利用“伪数学模型”（凯恩斯 1936a，p. 297）构造的模型对分析真实经济所起的作用并不大。我想，从这个意义上讲，我们应该欢迎凯恩斯的回归，而不是盲目地追随新古典学派。

注释

① 凯恩斯论文集，剑桥国王学院档案中心。

② 该部分来源于 Hirai（2003，sec. 2 of chap. 2）。

③ Hirai（2007a；2008，chap. 4）对 Marshall 的经济学体系进行了检验。

④ Wicksell 的货币均衡三条件是：自然（增长）率等于货币利率，投资等于储蓄，以及价格水平稳定。

⑤ 见 Hirai（2008，chaps. 6 – 12）。对于针对同样主题的研究，见 Asano 1987；Diamond 1987；Amadeo 1989。Rymes（1989）同样也是信息的重要来源。

⑥ 值得注意的是，“有效需求”的概念在延伸至《通论》之前，必将经历若干改变。

⑦ 《生产的货币理论（*The Monetary Theory of Production*）首先详细阐述了凯恩斯的流动性偏好理论。

⑧ 凯恩斯在“the second undated manuscript”中首先详细阐述了资本的边际效益理论。

⑨ 我也以“异质预期方法”重新构造了《通论》理论；并指出原文的一些缺陷。见 Hirai（2008，pp. 184 – 191）。

第十章　凯恩斯，Sarra，和 Sraffa 的“秘密怀疑论”

Heinz D. Kurz

序言

凯恩斯和 Sraffa，在某些方面非常接近，在另一些方面则正相反。凯恩斯深感于 Sraffa 知识的渊博、尖锐和睿智，而且他发现这位年幼的意大利同僚是个非常讨人喜欢的家伙。有无数文献记载着他们深厚的友谊（Ranchetti，2005）。如果不是凯恩斯生前的大力支持，我们难以想象 Sraffa，一个个性突出，工作一丝不苟满身学究气的人如何在剑桥这样的环境中受到公平的对待。Sraffa 之所以能够在没有干扰的情况下进行他的工作，一切都应归功于凯恩斯，至少看起来凯恩斯十分相信 Sraffa 的才智，并不干涉他的研究。他允许 Sraffa 按照自己的想法建立起他自己的理论，但是这些理论一直没有被公众所接受。Sraffa 一直是剑桥经济学派中的孤独者。他被他的同僚们高度尊重，甚至是畏惧着，但是几乎没有人了解他（Marcuzzo，2002；Ranchetti，2005）。Sraffa 知道他批判建设性的工作和剑桥学派主流观点是相矛盾的。早期他曾尝试着与人交流，但是后来他并不乐意让他的同僚知道他工作的确切内容，他遇到了哪些难题，他在什么时间得到了什么结论。Sraffa 把他的牌都紧握在自己手里，并且只有在他对自己的结论十分满意时，才选择性地揭示具有代表性的一部分。与凯恩斯不同，他非常不愿意将尚未成熟的理论公之于众并交给别人推导。据说除了 Maurice Dobb，Sraffa 只与数学家讨论他的工作：他的伙伴在 20 世纪 20 年代晚期是 Frank Ramsey，而到了 20 世纪 40 年代及 20 世纪 50 年代则是 Abram. S. Besicovitch 和 Alister Watson。[①]

Sraffa 很感激凯恩斯对他坚定不移的支持，在他的一生中他都对这个带他来到剑桥并悉心照顾他的人保持着忠诚。尽管如此，我们也有理由相信在经济理论方面，两人的思想并不完全一致（Ranchetti，2005）。这两位学者都有着极强的自信心并尊重彼此，但有着不同的思路。他们同时参与了一个旨在提供与当时主流经济学不同观点的计划，但是并不是协同工作。他们从不同角度涉入问题，得出不同的结论，挑战那些他们认为完全错误或者是部分有问题的教条主义。

Sraffa 从没有全面地写下他对《通论》以及凯恩斯作为经济学家取得的成就的看法，我们只能间接地从 Sraffa 的著作中，无论是已发行还是未发行的，看到这些。尽管凯恩斯对马歇尔的一些观点持批评态度，但总体来说他的思想在很大程度上仍然属于马歇尔主义，并且一直如此。同时，他认为萨伊定律是经济学理论中的经典，也是理解经济中持续失业和萧条倾向的障碍之一。Sraffa 自己证明了非持续价值和马歇尔的分配对称理论存在着缺陷，而古典主义的方法是理解价值论中生产和分配定律很好的切入点。尽管他们对于传统经济学的评价是一致的，但这两位学者从接触和合作的一开始就处于对立的位置。我们也许可以说相对于 Sraffa 的观点，凯恩斯没有从边际经济学的束缚中挣脱出来：凯恩斯的有效需求包含了一些新元素，但是也有一部分旧思想（Garegnani 1978，1979），即认为就业是由多个市场——而不单单是劳动力市场上的需求和供给共同决定的。这些旧思想，阻碍了凯恩斯进一步的思考，凯恩斯慢慢地把它们和新思想融合到了一起，表面上看起来形成了一些所谓的与新古典主义不一致而且具有新想法的理论。

Sraffa 总结了在 1930 年对 D. H. Robertson 在《经济学期刊》（*Economic Journal*）中关于“增加收益和代表性企业”的一些看法的反驳，“我们暂且同意‘马歇尔主义理论在解释问题的时候逻辑并不一致，而且在解释现实时也不尽如人意’这种观点。Robertson 先生提出的修改方法是抛弃数学，而且他建议我的方法是抛弃事实；也许我早应该解释，在某些情况下，应该抛弃的是马歇尔的理论”（Sraffa 1930，p. 93；有改动）。

Sraffa 的愿望并没有实现。凯恩斯和剑桥的大部分经济学家紧抱马歇尔主义的概念，尤其是马歇尔主义中供给和需求的部分。在 Sraffa 看来，这意味着他们的分析有缺陷。对于凯恩斯的贡献，Sraffa 的评价主要集中在如下几个方面：

1. 《货币论》（*Treatise*）中叙述的物品消费和投资商品价格水平的确

定可以认为是相互独立的，后者的价格水平单纯由公众“囤积”金钱的倾向所投资确定。

2.《通论》中列出的“资本的边际效用”，认为不同品质土地的生产率的排序是由投资计划的顺序所决定的。

3. 银行系统可以控制货币供给，货币供应量具有外生性。

4. 凯恩斯为论证观点提出的讨论：公众的流动性偏好会阻止利率跌破与充分就业时的投资量相应的利率水平。

Sraffa 的观点一部分直接来自于他参与的“圈子”的讨论，一部分借鉴了价值和分配的边际理论，以及他竭力提出的其他观点。

在这一章中，我讨论四个之前提到过的问题。为了能够更好地理解 Sraffa 的理论，我们需要反复总结他所作过的研究，直到我们找到想要找的东西为止。正如之前所说的那样，虽然 Sraffa 对凯恩斯的部分观点并不赞同，但是这并不意味着他从根本上不赞同凯恩斯。所以我们要有选择地选取一些材料，防止我们的分析中出现漏洞。

这章的主要构成如下：第二部分讨论 Sraffa 对于凯恩斯《货币论》中的基础方程的一些不同观点。尽管这一主题本身并不重要，但是凯恩斯自己在之后重申他个人的观点，从这其中我们可以发现 Sraffa 早期的一些理论，在此基础上我们可以发现一些他与凯恩斯的不同观点。第三部分转向凯恩斯的观点：投资项目可以根据资本的边际效用和利率水平独立排序，Sraffa 称之为“单调偏见”，这种偏见影响了大部分的边际分析而且只在非常特殊的情况下才是正确的。一个真正的“通论”，凯恩斯认为，必须抛弃这种“偏见”。在第四部分，我们回到 Sraffa 对 Friedrich August Hayek 的商业周期财政投资过剩理论的评价。在这其中，Sraffa 使用了凯恩斯在《通论》中的概念“货币利率”，这是为了反驳 Hayek 认为《货币论》中缺乏资本理论基础的观点。接下来的部分是 Sraffa 对于凯恩斯流动性偏好理论的评价，这部分评论部分来自于他自己那本《通论》上的注解，另一部分来自于，在《通论》完成之后不久，两份从未公开展示的手稿。最后部分是一些总结。

《货币论》（*Treatise*）中价格水平的定义

从凯恩斯的一个著名方程我们可以看出，在 20 世纪 20 年代晚期和 20

世纪 30 年代早期，凯恩斯和 Sraffa 都尝试着从习惯性思维模式和表述中逃离出来（CWK 7，p. xxiii）。凯恩斯专注于整体上的货币和产出，Sraffa 则集中于价值和分配问题。Sraffa 在 20 世纪 20 年代中期发表的两篇论文中对于马歇尔的局部均衡理论的批评（1925，1926）引起了一些科学团体的反感。[②]

尽管这两篇文章的结构被认为是打破传统的，但文中却只包含少量研究方向的线索。在 1927—1928 年的冬天，Sraffa 在他的“方程系统”理论中取得了突破性的进展，这在他以后的工作中有所体现（Sraffa，1960，chaps. 1－2）。与此同时，凯恩斯致力于“一种解决财政理论基础问题崭新的方法”，正如他在《货币论》的第三、第四本中内容所涉及的那样（CWK 5，p. xvii）。他对结果并不满意，并称之为：“一个数学的集合而不是已完成的工作”（CWK 5，p. xviii）。原因是“我完成的这些思想并不是我一开始想研究的——我虽然努力修改，但仍感觉文章中有欠缺——这种感觉就像在丛林里被人逼着走一样”（CWK 5，p. xvii）。

《货币论》中提出的新概念是第三本中的货币价值的“基础方程”。设计它们是为了抓住财政理论的真正目标，动态地对待问题，分析相关元素，了解价格水平是如何确定的以及不同均衡点之间如何变换（CWK 5，p. 120）。凯恩斯认为不同形式的货币数量理论都为了达到这个目的而被错误地运用了。他建议突破常规方法，固定货币的总供应量，而采用总利润或者货币收入作为分析起点。“利润可以分为独立的两部分，（1）由消费物品的生产和投资的生产所挣得的；（2）由物品消费而扩张的部分及储蓄产生的”（CWK 5，p. 121，这是凯恩斯强调的）。他认为如果（1）和（2）比例相同，消费价格水平将等于相应的生产成本。如果不同，价格水平和成本会不同，引起消费部门中利润或损失的增加。

消费的价格水平是“单纯由公众的储蓄倾向决定”并“完全独立于投资的价格水平”（CWK 5，pp. 123，129）的。投资的价格水平由公众在“银行存款”和“证券”之间的选择所决定。在观察后发现，持有一种或者另一种决定“不仅增加当前的个人财富，也增加他们所拥有资本的总量”（CWK 5，p. 127）。在这一页的注脚中，凯恩斯告诉读者这一页中的“投资”一词，不是指“购买证券”而是代表“企业家增加资本的行为”，他随之以证券的价格水平定义了新投资品的价格水平。他认为“真实的投资价格水平是公众情绪的产物（换句话说，‘熊市’或者‘牛市’）以及银行系统的行为”或者“由公众囤积货币的倾向”所决定的（CWK 5，pp. 128－130）。

在1930年1月至1932年期间，Sraffa与凯恩斯交换了笔记，在其中他提出了几个反对意见而凯恩斯对其一一进行了回应。[③]除了上述提到的内容，Sraffa还提出了其他的反对声音。[④]Sraffa认为凯恩斯将证券和固定资产项目放在了“‘新投资产品’这一充满野心的名字下”（D1/71）[⑤]是错误的：在短期，新机器的（市场）价格由意欲扩张（或者缩减）生产能力的工厂的需求所决定，证券的价格是由金融市场的投资者的需求所决定；而在长期中，机器的价格由生产成本（包含名义利润）决定，证券价格由利率决定。这在分辨新生产的资本商品的价格水平和证券的价格水平上存在误导。如果在短期储蓄超过投资，这对消费商品只会有小的影响，但对证券的价格却会造成很大影响：“在现实中消费商品的价格是黏性的，而证券价格是易变的。凯恩斯假设消费需求下降会导致商品价格立即同比例下降的观点是错误的，因为对证券需求的增加并不会明显提高它们的价格。[⑥]凯恩斯也高估了由消费价格下降所导致的证券价格上升所能补偿的工厂利润损失（相等于溢价）。”

相对于凯恩斯的观点，Sraffa认为与工业生产投资和商品消费相关的价格水平并不相互独立。Sraffa的反对观点是基于对生产系统方程的分析，这些方程是他在1927年11月至1930年间为皇家经济学会准备编辑David Ricardo的著作过程中提出的。[⑦]在以商品循环流动为特点的系统内，凯恩斯的区分缺少精确性，这是因为有些商品可能同时被用做投资品或消费品。这种类型的商品价格如何能以两种根本不同并相互独立的方法决定？

更重要的是，这两种行业往往是互利共赢的亲密关系。在20世纪20年代的论文中，Sraffa没有考虑在现代工业系统中商品也是用商品生产出来的这个事实。他指出“众多行业同时处于均衡状态的条件”过于复杂，并且“目前的知识水平还不允许我们的理论应用于即使更简单的实际条件”（Sraffa 1926，p. 541），以此为这个疏忽辩护。“利润的扩散过程贯穿于生产的各个阶段，正常利润水平的形成过程也贯穿于一个国家的所有行业，”他猜测，“会超出本文讨论的范围”（Sraffa 1926，p. 550）。可以确定的是，这个问题是Sraffa在1927年前往剑桥后开始解决的（Kurz和Salvadori 2005，Kurz 2006）。当凯恩斯为了解决这些问题提出“基本方程”时，他已经取得了许多重要成果。

在1928年的一个简单的数量化例子中，Sraffa假设存在两个行业，一个生产投资品，另一个生产消费品。他的生产方程式如下：

$$17v = (6v + 10)r$$

$$23 = (5v + 4)r$$

在此，17（23）单位的第一种（第二种）商品是通过使用6（5）单位的第一种商品和10（4）单位的第二种商品生产出来的；v是一单位资本的价值，r是利率因素（=1+利率）。Sraffa计算出r（≈1.582）和v（≈2.108），在图上代表了通过给定两个方程得出的v与r的关系，也找到了两条曲线的交点即系统的解（参见图10.1）。

之后Sraffa转向了自经济学出现一开始便困扰经济学家同样也困扰着凯恩斯的一个问题：给定货币工资和生产能力，消费品价格的变动如何通过资本回报率的改变引起实际工资的变化？考虑到替代品的分布和价格，回答这个问题也就意味着揭开给定生产系统的数学性质。

Sraffa强调说，很明显，当收入分配发生改变的时候，消费品的上一环即中间产品的价格也会跟着变动，这将导致实际工资的降低，这样资本收益率就会上升（Sraffa，D3/12/7，p.95）。通过图10.1我们可以看出，两条曲线的交点就是实际工资，曲线的变化将会导致交点的改变，也就是实际工资的变动。

知道了这些，我们就不难理解为什么Straffa会反对凯恩斯的观点了。凯恩斯认为“投资品的价格决定机制和消费品是一样的，需求的变动将导致获利或者损失”（Straffa，D1/72/3）。凯恩斯知道他描述的这种状况不能持续，就抛弃了这个想法。

在继续讨论之前，我们应当知道Sraffa公式里的利率收益和相对价格依赖于这样两组资料：（a）产品生产系统，也就是为了达到既定产出目标而采用的生产方法和物理成本；（b）工资份额。

我们现在转向凯恩斯在《通论》中指出的人们的投资意愿。这里凯恩斯提出了他自己创造的概念“资本的边际效用”。这个概念能否和Sraffa的理论相抗衡呢？

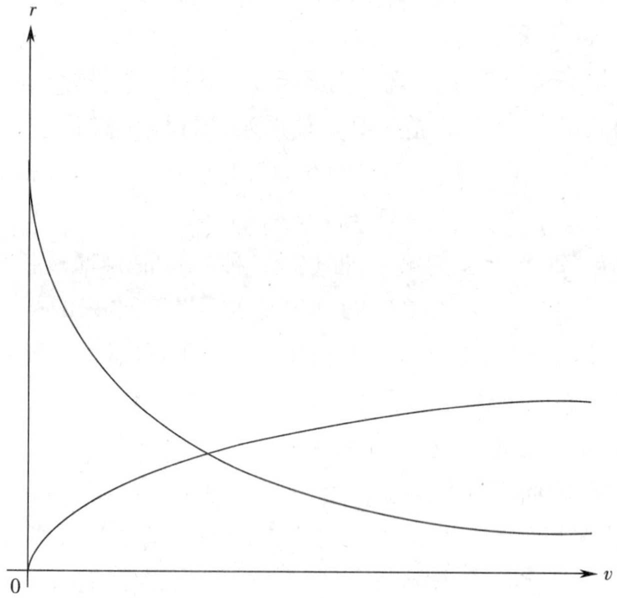

图 10.1　利率和相对价格同时达到均衡

“资本的边际效用”理论的发展历程

凯恩斯在处理投资项目的时候实际上是采取了内部收益率法：“我把资本的边际收益率定义为让资本的市场价格和未来现金流现值相等的贴现率”（CWK7，p. 135）。（这个方法有个很严重的缺陷，由于篇幅的原因，在这里我们就不解释了）。凯恩斯接下来把不同的项目按照它们的边际效用来排序并加总，“这样就能列出一个总投资收益率和总资本的列表，我们也就得到了投资的收益率”（CWK 7，p. 136）。凯恩斯把这个叫做投资需求表，是用当前利率来制作的。他总结道：“投资收益率将会被资本的边际效用和市场利率共同推动，直到两者相等为止”（CWK 7，pp. 136－137）。

凯恩斯在局部均衡理论上没有花费太多的精力：他认为时间和利率是相互独立的。但是，如果他们之间是相互决定的或者是相互依存的，那么之前的论证就是错误的。有评论员，包括 Pasinetti（1974），认为凯恩斯理论是对古典主义学说中投资理论规模报酬的一种妥协。这种理论认为土地根据肥沃程度可以分为不同的等级，第一等的土地生产消耗最小的单位成本，比如说，玉米；第二等的土地消耗次小的单位成本，以此类推。在竞争的条件下，有效需求（亚当·斯密提出的概念）上升，不同的土地就按照这种次序被耕作。土地的不同还可以根据每英亩租金的不同来划分，这种排序方法被称为级差租金。这两种排序方法是一致的，都和最后收入的分配无关。

在20世纪20年代后期，Sraffa 指出这种理论只在极端的情况下存在。总的来说，所有的排序都依赖于利率水平而且并不一致（Kurz 和 Salvadori 1995，chap. 10）。Sraffa 是在对利润最小化方法选择进行分析的时候发现这一问题的。他首先研究了为了满足有效需求，人们会选择什么样的土地来耕种。大约在1929年中期，他证明了土地的肥沃程度是和利率有关的。这样不同质量的土地就不能简单地根据利率来区分：利率变化了，顺序也会跟着变化。[8]对于不同等级的土地，相对于劳动力而言，人们采用不同的技术，使用不同的资本商品，或者是使用品种相同但比例不同的资本商品进行生产。既然资本商品的相对价格会随着利率的变化而变化，产品的相对成本和方式的价格也将随之改变。与纯资本商品模型类似的是，Sraffa 也将注意力同时放在了流动资本和固定资本上。[9]

Sraffa 的发现对凯恩斯的投资需求理论和在劳动—资本比率与资本回报率的长期关系的观点产生了直接的威胁。无论是考虑到短期还是长期，凯恩斯的这种看法都被指责为存在偏见（Gehrke 和 Kurz 2006）。短期而言，由于预期收入和成本都会受到利率的影响，那么凯恩斯的投资项目排序不会变化的说法就不成立了。从长期来看，就像凯恩斯所说的那样，我们没有理由假设资本—劳动比率的上升和总资本边际效用下降是一致的（CWK 7，p. 136）。[10]

Sraffa 的发现的重要性是不容置疑的。就像 Msa - Colell（1989）强调的那样，资本—劳动比率和资本收益率的关系不是很稳定。这就意味着，向下倾斜的资本有效需求曲线和资本供给曲线相切时得到的唯一均衡点上的资本收益率不是稳定的。我们也许会问马歇尔，这样的均衡到底有什么用呢？

我们现在转向 Sraffa 对凯恩斯流动性偏好的评价。为了能更好地认识这个问题，我们首先应该大致了解下 Sraffa 对 Hayek 的“奥地利经济循环理论”的一些看法。

Sraffa 对 Hayek 的批评

20 世纪 30 年代，在伦敦经济学院 Lionel Robbins 的要求下，Friedrich August Hayek 担当起了《货币论》（*Treatise*）中凯恩斯给出的失业解释和经济危机理论推广者的角色（Hayek，1931b，1932b）。Hayek 积极推广而不是解释 Ludwig von Mises，Eugen von Böhm – Bawerk 和 Vilfredo Pareto 著作中提到的一些现象。Sraffa 面对 Hayek 的言论的时候，他已经知道了这些理论的中心思想——Böhm – Bawerk 关于资本和利率的理论——是不稳定的（Kurz 和 Gehrke 2006）。凯恩斯曾对 Sraffa 在《经济学》（*Economica*）中的一些批评进行了反驳，而 Hayek 对这些反驳持有不同的意见，这是 Straffa 愿意见到的。Hayek 认为凯恩斯论证的弱点在于缺少一个合理的资本理论基础，凯恩斯接受了批评，并认为应该采用 Böhm – Bawerk 的理论。

凯恩斯表面上接受了批评，但是实际上并没有接受修改建议，大概是因为 Sraffa 告诉了他 Böhm – Bawerk 资本理论的不足。难道就没有一个更好的理论填补这方面的空白吗？凯恩斯尝试着自己建立一个体系，这个体系是围绕着商品利率这个概念展开的。我没有证据证明 Sraffa 也参与了这个过程。如果他在凯恩斯之前就有这样的想法的话，他应该早就行动了。这个概念对凯恩斯来说并不陌生，从他关于外汇市场和组合投资的著作以及他对利率等价定理的发展中可以看出。[11]这个概念在《货币改革论》（*Tract on Monetary Reform*）一书中起了很大的作用，这本书 1923 年出版，并在 1925 年由 Sraffa 翻译成了意大利文并出版发行（CWK 4）。最后，这个概念还是凯恩斯、Kahn 以及 Sraffa 研究的股票交易理论中不可缺少的工具。[12]然而，在《通论》中，商品利率的概念被提升到一个全新的高度，成为了凯恩斯投资行为理论的基础，不论是实体经济还是金融投资。鉴于它在《通论》第十七章的极端重要性，以及凯恩斯明确表示希望他的分析能与 Sraffa 的理论存在联系，所以我们有必要仔细分析 Sraffa 对这个概念的定义，看看他是如何通过这个概念对 Hayek 进行批判的。

面对 Hayek 的攻击，凯恩斯发现自己在一条绝路上，因为他对 Hayek 的主要论据不是很熟悉。学过 Böhm – Bawerk 和 Pareto 理论的 Sraffa 帮凯恩斯辩护。首先，Sraffa 对 Hayek 的以下论点表示异议：Hayek 认为利率本身存在差异的可能以及相对于“均衡”或“自然”利率的偏离，是货币经济的特征，并且这一特征在物物交换的经济中并不存在。通过参考 Wicksell“利息是实质上相同的物品在不同时点交换产生的实际盈余”的定义（Wicksell 1898，pp. 93ff.），Sraffa 强调，如果货币不存在，并且借贷将以商品形式进行，那么就会存在唯一一个满足均衡条件的利率，但是在任何时刻存在多少商品就会有多少个“自然”利率，即使它们不是“均衡”利率。银行的套利行为并不是这种偏离的必要条件；如果农民之间发生关于小麦的借贷，套利行为就会改变小麦的产量，小麦借贷的实际利率可能会与其他商品的利率相偏离，因此可能不存在唯一的均衡利率。

接着，Sraffa 分别在两种经济中解释了他的理论，一种是存在货币的经济，另一种是不存在货币的经济。在两种经济中，任何商品都可以进行借贷，因此存在各种商品的远期市场。假设棉纺织工在时间 t 借入总额为 M 期限为 θ 的货币，从而在现货市场上以价格 p^t 买入一定数量的棉花，并同时在远期市场上约定在 θ 时间后以价格 $p^{t+\theta}$ 卖出同样的棉花。Sraffa 解释说：“他所付出的利率，以每 100 捆棉花为单位，是用以下金额的货币可以买到的棉花捆数：买入 100 捆棉花现货所需货币的利息，加上 100 捆棉花现货交换期货的价差”（Sraffa 1932，p. 50）。

如果我们令 $i_{t,\theta}$ 表示 θ 时期内货币的利率，则我们可以得到：

$$M = (1 + i_{t,\theta})p^t - p^{t+\theta}$$

t 和 $t+\theta$ 时点之间棉花的利率 $\rho_{t,\theta}$，是数量 M 的货币在给定远期价格上可以买到的棉花的数量：

$$\rho_{t\theta} = \frac{M}{p^{t+\theta}} = \frac{(1 + i_{t,\theta})p^t - p^{t+\theta}}{p^{t+\theta}} = \frac{(1 + i_{t,\theta})p^t}{p^{t+\theta}} - 1$$

Sraffa 解释说：“均衡时，现货和远期价格是相一致的，这对于棉花和任何其他商品都是成立的，并且所有的‘自然’或商品利率都相等，等于货币利率。但是，如果某种原因造成了一种商品供给和需求不能达到均衡（如它的市场价格高于或低于它的生产成本），那么现货和远期价格将会出现偏离，从而这种商品的‘自然’利率就会与其他商品的‘自然’利率相偏离。”

因此，在偏离均衡时，并不存在 Hayek 认为的唯一的“自然利率”，而是有许多自然利率。Sraffa 还认为，在自由竞争条件下，利率的这种偏离同价格和生产成本之间的偏离一样，在新均衡的形成中起着至关重要的作用；事实上，它们是同一事物的不同方面。

用经典术语来表述，我们所讨论的正是一个著名的问题，即所谓的市场价格会趋向于它们的正常或者“自然”水平的引力定理，而后者由 Sraffa 所研究的系统方程所决定（见上面的第二部分）。Sraffa 这样解释这种引力过程的基本概念：“一些商品的价格会上升，而另一些商品的价格会下降；市场会预期经过一段时间之后，前者的供给会增加，后者的供给会减少，因此重新达到均衡时的远期价格对于前者会低于现货价格，而后者会高于现货价格；也就是说，前者的利率会高于后者的利率。”

在长期的经济中，不论风险水平如何，所有的利率都会相等，且它们的正常水平取决于，正如我们所看到的，实际生产成本和给定的利率。[13]

凯恩斯对 Sraffa 的表现非常满意，不仅仅因为他有力地回应了 Lionel Robbins 对他理论的攻击，更因为这使得凯恩斯可以毫无顾虑地专注于他的全新理论大厦的构建。或许最重要的是，这令他把《通论》的主要内容，即作为一切麻烦根源的利率是向下刚性的这一论断阐述得透彻明白。

正如我们从 Sraffa 到目前为止的著作和未公开发表的手稿中所看到的，Sraffa 并没有完全认同凯恩斯的观点。我分两步证明这一点。首先，我概括 Sraffa 在他那本批注本《通论》第 17 章中所作的批注。然后，我大体整理总结直到 1983 年他去世后才在批注本《通论》中发现的两个手稿残篇（Kurz 1996；Ranchetti 2002）。

Sraffa 对凯恩斯流动性偏好理论的批评

Sraffa 在第 17 章的注释

Sraffa 用之前审视 Hayek 著作时使用的方法对凯恩斯《通论》的各个章节作了必要的推敲，这种方法就是质疑其中使用的概念是否定义明确，论点的支撑和展开是否毫无矛盾，以及理论是否符合它所要分析的现实的根本特点。根据 Sraffa 所说，流动性偏好理论“表面上涉及了经济系统中的所有能考虑到的功能：而事实上这正是凯恩斯自己创立的经济系统!”

凯恩斯在本章的开篇指出“货币利率在就业水平受到限制的前提下扮演着十分特殊的角色。”关于“货币区别于其他方面的特殊性”在何处?（CWK 7，p. 222 最先提出）凯恩斯定义了和 Wicksell 一致的货币利率，并考虑到所有耐用品都具有类似货币利率的同类概念："因此对于所有的耐用品我们都有与它们相对应的利率，像小麦利率、铜利率和住房利率"（pp. 222 – 223）。在脚注中他说："这种关系是 Sraffa 先生在 1932 年 3 月发表于《经济学》杂志的文章第 50 页中首先提出的"（p. 223n）。

在任意给定的时间点，这些利率一般不会相等：不同商品的现货与远期价格的偏离率"天差地别"："我们应当发现，这会引导我们找到一直寻觅的线索。因为这或许说明统治经济根源的我们所拥有资产的利率是重中之重，也证明了我们有理由认为货币利率往往是首要的（因为正如我们应当发现的，那些能够降低我们拥有的其他资产的利率的确定性影响对货币并不起作用）。"⑭

为何会这样？令人惊讶的是，凯恩斯解决这个问题是通过改变不同商品的利率，但是商品利率参考的不是期望价格的改变，而是三个可以代替利率的商品的基本特征，这三个特征是：

1. "通过为消费者改善的生产过程或供给服务所得的收益或产出 q"；

2. 持有对象的成本或者"账面成本 c"；

3. 数量化的"流动性溢价" l，考虑到"潜在的便利性或安全性""以及伴随而来的一段时间内资不抵债的压力"（p. 226），公司所有者希望将其与公司分离。⑮

凯恩斯得出结论是："一定时间内资产所有权带来的总回报等于该资产的收益减去其账面成本和流动性溢价，即 $q - c + l$。也就是说，根据不同资产的 q、c、l 的测度，$q - c + l$ 就可以表示任意资产的利率"（p. 226）。Sraffa 在此处页边批注："这里与第 222 页至 223 页的定义相矛盾。"

到此时凯恩斯才开始明确地转向考虑不同资产的期望收益。我们应当了解，他写道："在一年里改变资产相对价值的是期望"（p. 227）。Sraffa 进行了无情的评论，认为在一开始就应该这样正确定义自有资产的利率。

接下来，凯恩斯假设在货币化前提下，当期住房和小麦期望价格变动率分别为 a_1 和 a_2，那么"称从价值标准判断代表同等货币减少的 $a_1 + q_1$，$a_2 + q_2$ 和 l_3 分别为货币的住房利率、货币的小麦利率和货币的货币利率是有效的。遵照这一概念容易看出，既然 $a_1 + q_1$，$a_2 + q_2$ 和 l_3 是最重要的影响因素，财富所有者的要求收益就受到住房、小麦或者货币的影响"

(p. 227)。

在这一段的页边，Sraffa 提出了一个重要问题。的确，正如他对 Hayek 著作中的批评一样，在市场接受的不同资产的“收益”中，期望价格的变动有完全不同的表达。凯恩斯怎么能在加总 a 和 q 的过程中避免重复计算呢?

Sraffa 直接指出，平常选择货币作为价值标准有一个重要的隐含条件：“这就是被选为标准的物品的利率，其期望的贬值效应被隐瞒了”。这是至关重要的一点，显然被凯恩斯忽视了并对他造成了严重的误导。例如，如果货币数量的增加偶然导致了货币价值的下降，就意味“小麦的货币利率”的增加，而不幸的是凯恩斯并没有考虑到这些。同样的问题以不同的形式反复出现了多次。

凯恩斯接下来引入了资本的边际效用并与利率作了比较。Sraffa 评论道：“‘边际效用’和原文中的利率含义混淆不清：前者没有在上下文中予以定义，后者则在第 227 页有两个定义。”这至少让凯恩斯的话容易误导读者，因为根据第 222 页至 223 页给出的定义，实际价格超过生产成本的商品的利率都（相对）高而不是低。

凯恩斯接着用三资产的例子详细阐述了他的观点。既然以账面货币衡量的各种自有资产的利率应保持均衡，因而可以得到以下结论：货币的利率不变时，“a_1 和 a_2 必然会上升。也就是说，除货币外每种商品的当期货币价格相对于它的未来期望价格下跌”(p. 228)。Sraffa 则得到正好相反的结论：“这会降低而非提高它们的利率。”在这点上凯恩斯显然是错的。

在下一页，凯恩斯坚持认为“当股票资产普遍上涨时资产利率下降最慢的产品将最终战胜其他的盈利性产品”(p. 229)。在页边，Sraffa 问道，这里凯恩斯是否应该说明资本边际效用的概念。

在本章的第三部分，凯恩斯认为货币的供给弹性为零，而货币替代物的弹性近似或等于零。Sraffa 认为这一观点显然不能使人信服，并指出了若干矛盾之处。凯恩斯认为如果工资没有相对刚性，“情况只会更糟而非更好”(p. 232)，对此 Sraffa 作了讽刺性的批注：“通常都是我赢头，你输尾。”

但是，Sraffa 在“‘流动性’构成因素的概念有些模糊不清”这一句加了下划线，旁边加了感叹号，表示明确赞同凯恩斯的这一观点。

纵观 Sraffa 的批注，我们很难摆脱这样的印象，即凯恩斯这一章写得矛盾混乱，令人费解。这一印象还将被接下来我们要接触的另两个手稿残篇所证实（Sraffa p. 100）。

两个手稿的残篇

Sraffa 的批判主要涉及以下部分：

1. 凯恩斯所用的流动性的概念是模糊和模棱两可的。

2. 没有理由假设流动性对于任何人都是好的。

3. 凯恩斯主张商品利率有不同的概念，且它们之间是不相容的。

4. 凯恩斯错误地承认费雪效应对于除了货币以外的任何商品都适用。

对于其中的第二部分，Sraffa 观察到持有现金的数量和利率之间有反向的关系，也就是说，流动性偏好曲线会让我联想到通常所说的边际效用曲线："流动性总是有利的，虽然这种有利是递减的"。然而，Sraffa 认为这一观点并不总是正确的。对于一些人来说在一定的条件下这也许是对的，但在另一些条件下可能恰恰相反。比如银行要保证偿付能力和流动性，但是它们也必须要盈利。由于它们的收入几乎完全与利率挂钩，因此在低利率下，它们必须降低流动性来保证它们的收入。因此，Sraffa 得出的结论是货币持有量和利率之间基本上不可能存在固定的关系，从而也就不存在流动性偏好曲线。

Sraffa 坚持认为，持有资产的优势与其商品利率无关。人们借钱或者其他资产通常不是为了持有它们到期，而是为了去买其他东西。被借的东西并不是人们想要的，但却是债务确定的标的物。因此，人们是用货币偿付还是用小麦来偿付，是借入耐用品还是易腐品，这些都是无关紧要的。Sraffa 总结道："凯恩斯的思维中有两个错误的概念，并且完全误导了他"，这两个概念是：(a) 人们借入商品是为了持有它们到期；(b) 借出的都是耐用品。

然而，现实中高的货币持有量（现金）与低的利率经常同时存在，这也使得流动性偏好曲线具有一定的可信性。但是，Sraffa 坚持认为"其中的因果关系是相反的"：应该是高的货币持有量导致了低的利率，而不是低的利率导致了高的货币持有量。注意力应该集中在那些需要借款的人（投资者）身上，而不是那些提供流动性资金的人上面。Sraffa 得出结论，凯恩斯的流动性偏好理论强调借款方，这类似于可贷资金中的长期理论。

Sraffa 坚持认为，商品利率完全取决于价格的预期变动，也就是说利率由商品的远期价格决定。有两种方式会使商品利率重新趋于一致：通过价格的变动，或者通过产出的变动。奇怪的是，凯恩斯在除了货币的所有商品上接受了这两种可能性。中介机构倾向于囤积货币的例子就很好地说明了这个问题。由于经济中出现了衰退的倾向，商品价格会趋于下降。这意味着货币的价值会上升。然而，用凯恩斯的特殊概念来说，预期货币价值上升意味着“持有货币利率”的下降。Sraffa 强调“因此货币利率会低于而不是高于其他利率”。[16]Sraffa 还认为这就是“费雪效应，凯恩斯承认除了货币以外的任何商品都存在的这种效应”。这参考的正是第一位阐述持有利率概念的欧文·费雪。[17]Sraffa 总结道：“所以，在凯恩斯描述的例子里，利率产生的结果与他自己的结论正好是相反的。”

在第 17 章中，凯恩斯的推理并不正确，而且纠缠于很多的矛盾当中。流动性偏好理论，或者说“凯恩斯的系统”在逻辑上是不连贯的。它的基本概念只不过是储藏的边际效用理论的另一种表述方式，因此它不过是边际理论的一个方面而已。凯恩斯一只脚试图逃脱既有的思维模式，而另一只脚却仍然牢牢地与其捆绑在一起。

结语

Sraffa 赞扬凯恩斯批判性的意图，但是并不同意他的实行方式。这不仅是因为 Sraffa 发现凯恩斯偶尔的草率很难对付。更重要的是，他觉得凯恩斯受到既有的经济学理论太大的影响。凯恩斯的新理论得出了一些并不牢固的结论，存在着自相矛盾的地方，并以新的方式提出边际主义的观念，Sraffa 认为这些都是站不住脚的。

具有讽刺意味的是，我们今天所熟悉的新凯恩斯主义理论的最突出特点就是价格黏性的假设：凯恩斯认为这是市场不完全的一种表现。但是在他的代表作中也有不完全主义的痕迹，即他也曾假设价格是完全弹性的。因此，并不能因为所谓的价格刚性假设就认为凯恩斯的研究缺乏一般性。问题是他对与弹性价格相联系的货币利率（结合反向的投资利率关系）边界的解释是否能经得起检验。在 Sraffa 看来，答案是否定的。由于使用“自有资产利率”水平的货币价值而忽略了弹性价格，使凯恩斯的观点备受争议。但是，凯恩斯的失败并不意味着传统理论的胜利。在 Sraffa 看来，凯恩斯失败的原因在于相比于创新元素，他的分析中更多使用的还是传统的元素。

Sraffa 也将（长期）价格视为完全弹性，在此基础上开展了对凯恩斯的批评。然而，这并不意味着使用传统的“供求力量”就能够达到期望的充分就业均衡状态。具有讽刺意味的是，Sraffa 通过在价值和分配理论上精心使用古典方法来构建他的成果。这种一脉相承的方法实际上有效地遵循了萨伊定律——而这个定律正是凯恩斯认为可以抛弃古典分析的原因。热切希望能从“惯性的思考模式和表述”中获得自由的凯恩斯只获得了部分成功。

注释

本章是基于 2007 年 3 月 14 日至 15 日于东京索菲亚大学举行的“凯恩斯的经济学及其对现代经济学的影响”研讨会的论文成果写成。我有幸参加了这次研讨会，尤其要衷心感谢 Richard Arena，Bob Dimand，Cristina Marcuzzo，Nerio Naldi，Yosh Ono 给我的极富参考价值的意见和建议。Joan Robinson 首次表述了 Sraffa 是凯恩斯新观点的“秘密怀疑者”这一观点（1978，p. 12）。

① 他向凯恩斯和 Pigou 展示了他的部分早期发现。

② Sraffa 1925 年的论文被经济界的主流权威誉为杰作，例如 Oskar Morgenstern 就对其称赞不已（Morgenstern，1931）。正如哈罗德的报告（1951，p. 324）所说，Sraffa 对马歇尔分析方法的评价与凯恩斯不同，他认为无论谁立志要当一名优秀的经济学家都必须具备完整的马歇尔分析的知识和每天仔细阅读 *Times* 的习惯。

③ 凯恩斯与 Sraffa 通信往来的详细情况请参见 Ranchetti（2005，pp. 126 – 130）。

④ 他并不是对凯恩斯关于两个价格水平相互独立的假定感到理解困难的唯一个人。Richard Kahn 和 Joan Robinson 也有相同的困惑，请参见 Marcuzzo（2002，pp. 427 – 429）。

⑤ 利用案卷保管人 Jonathan Smith 整理的目录，可以参考保存于剑桥 Trinity 大学 Wren 图书馆的 Sraffa 的手稿。

⑥ 有趣的是我们可以发现这正是凯恩斯在《货币论》（*Treatise*）中“香蕉寓言”所用的方法，这种思维上实验的初步结果已经使他走向《通论》的道路。

⑦ 在李嘉图版本中，凯恩斯与 Sraffa 之间有紧密的合作，请参见 Gehrke 和 Kurz（2002）。

⑧ 在1942年Sraffa重新开始写作他的著作，他重述了十多年前的发现。在11月13日写成的标题为“Order of fertility”的笔记中，他问道：“是否可能安排按肥沃质量递减的一系列土地的计划，并且这个计划对所有的利率水平r和工资率w都有效？不，这不可能”。他用一个简单的例子解释了肥沃次序和与其相反次序的决定性。

⑨ 这包括对固定资产商品以及其广义和狭义效用维度的研究。在这一背景下，Sraffa仔细地研究了凯恩斯在《货币论》（*Treatise*）中关于生产中“劳动”和固定资产所扮演的角色。Sraffa至今未发表的论文显示，他信服地认为耐用工具在生产中越来越大的重要性使得现代经济系统有非常大的弹性，使得人们在应对不同水平有效需求时会大幅度地增加或者减少产出。比如，我们在资本效用的单一或双面转换系统中的转变就可能产生这种情况。凯恩斯在《通论》中关于就业和真实工资与“工资函数”应该是负相关的观点很难与他的观察相一致，至少从低水平的就业和资本效用开始时是这样的。众所周知，凯恩斯部分地放弃了他早期与Dunlop和Tarshis的讨论中的观点。

⑩ 在20世纪60年代，资本劳动比随着利润率的上升（下降）而上升（下降）的可能性被认为是资本倒退或资本深化反转。对该现象的讨论请参见Kurz和Salvadori（1995，chap. 14）。该讨论没有将比如随着时间推移新的生产理论不断出现的事实等“创新”问题纳入考虑。这次讨论指出，加入考察创新因素无益于提高凯恩斯观点的可信度。

⑪ 请参考Marcello de Cecco和Jan Kregel关于这部分内容所作的贡献。关于对凯恩斯使用自创的自有资产利率概念的批评，也可以参见Barens和Caspari（1997）。

⑫ 有件事值得一提。在1937年底，凯恩斯和Sraffa对于猪产品之一的猪油价格和用于生猪饲养的棉籽油价格的走势存有分歧。凯恩斯确信猪油价格预期会上涨，并在写给Kahn的信中表达了对Sraffa所持相反意见的轻视：“要是皮耶罗（即Sraffa）曾经见过猪，他就应该知道牲畜们不会在寒风中等着它的食物降价了再进食”（CWK12，pp. 22－23）。因此凯恩斯决定卖出棉籽油并买入猪油。Sraffa在1937年10月写给Kahn的一封信中解释了他的观点，他主要考虑到生猪的出膘率：“库存的猪油越少，猪皮下的肥膘就越多”（CWK12，p. 24）。因此Sraffa预期猪油价格会下跌。Kahn把Sraffa的想法告诉了凯恩斯，然而没有用。Moggridge在他对该事件的评论中写道：“凯恩斯固执己见。亏损一直持续，到1937年底他在猪油投资上已总计亏损27 210英镑。同时他还在棉籽油上亏掉超过17 000英镑”（CWK12，p. 24）。

⑬ 根据Sraffa的观点，银行系统只能控制货币利率，不能涉及决定货币数量和对公众

的系统信用。货币数量是纯粹的内生变量。

⑭ Hayek 曾认为危机源于过低的货币利率，而凯恩斯的看法正相反。

⑮ 值得提到的是，正如 de Cecco（2005）指出的那样，Sraffa 在 1929 年和 1930 年春天对剑桥大三学生所作的关于大陆系银行的演讲中介绍了不同资产和商品可以用流动性标准进行排序的思想。根据 de Cecco 的研究，凯恩斯的流动性偏好理论极可能是受到 Sraffa 思想的影响，这可以上溯到 Sraffa 的研究“1919 年前后的远期汇率，并提供给凯恩斯关于里拉远期汇率的数据”；请参见 de Cecco 在 Kurz，Pasinetti 和 Salvadori（2008，p. 190）。

⑯ 在使用货币作为价值衡量标准的前提下，凯恩斯曾使用“自有资产的货币利率”这一概念。对此，Sraffa 认为这是一个“确实只能把混乱粘在一起”的“混血”概念，但事实上它只会“使矛盾之处更加令人迷惑不解。”

⑰ Sraffa 亲手批注的欧文·费雪的著作现存于 Sraffa 的藏书室。

第十一章　凯恩斯和文字战争

Gilles Dostaler

尽管约翰·梅纳德·凯恩斯创造了一个为政府干预经济提供理论基础并以他名字命名的经济分析方法，但是他一直没有将自己视为一个经济学家，而是一个为公众提供意见的人。1939 年 11 月 24 日，在剑桥大学的议会选举上，A. B. Ramsay 很支持凯恩斯，但是他却委婉地拒绝了："频繁的政治活动并不适合我，实际上我只是一个公共活动家……我只关心那些即使远离政治生活，也能具有影响力和价值的东西"（CWK22，p. 38）。他一直在向其追随者强调改革的紧迫性和必要性，认为如果不进行改革，文明就要被毁掉。现在的文明"是在一小部分人的意愿下建立起来的，脆弱而且危险，人民生活在规则里，而文明的便利则被人巧妙地放在一边藏了起来（1938，CWK10，p. 447）。他的贡献不仅仅限于经济理论和政治层面，而且还包括他在大量活动中体现出来的一些哲学概念。他是一个勇于行动的人，积极参加应对他那个时代出现的各种问题。当时整个世界都被战争、革命和各种形式的危险元素威胁着，政治和社会改革迫在眉睫，而他所倡导的经济改革是当时唯一的方法。

凯恩斯留下了巨大的知识财富。这些财富不仅数量惊人，其涉及的领域也颇为广泛，从经济学到哲学，从历史到政治，包罗万象。他擅长各种类型的写作文体：抽象的论文或者是通俗的小手册，学术文章或者是报纸周刊，政府报告或者是个人信笺，还有数据分析和传记写作。他不仅是一个伟大的作家，还是一个伟大的演讲者。他是重要会议的发言人，是董事会的主席和成员，是政治家，是多个委员会的成员，而且积极投身于私人与公众的谈判，尤其是在国际事务谈判中，他无人能及。

凯恩斯的一生都在不停地战斗。他二十岁的时候在剑桥学习，发表了一篇 15 页的关于中世纪哲学家和神学家 Pierre Abelard 的论文。论文着重强调了 Abelard 对他那个时代的政治和信仰强权的反抗，赞扬了他的辩证技巧和辩论能力（凯恩斯论文集 UA/16，p. 1）。[①] Abelard 对宗教语言的逻辑结构很有研究，而且还谱写了大量的宗教歌曲，但让凯恩斯更加推崇 Abelard 的还是他倾向于“用语言的战争来代替肢体的战争”（同上，p. 16）。凯恩斯从这位智者身上找到自己的影子。虽然后来他也研究了很多人，比如马歇尔、达尔文、牛顿等，但是每当他提到 Abelard 的时候我们就能感觉他像是在描述自己。凯恩斯早期擅长短篇自传和心理描写，并且直到晚年还在练习这方面的写作。[②]在他的作品里随处都体现着他的个性和观点。

和 Abelard 一样，凯恩斯也反对用暴力对抗不公正，他一生都在用文字同当时的道德、政治、经济、艺术和其他领域的不合理的主流观点作斗争。就像他曾经说过的，我们不应该因为我们敌人的过错而对他们定罪，相反地，我们应当宽恕他们。1931 年凯恩斯将他的一些文章和书籍的摘要整合成了一本书，他给书起名为《劝导文集》(*Essays in Persuasion*)。在前言里他写道：“这些是我十二年来搜集到一些建议——就像从来不能及时预知未来的 Cassandra 的预言。这本书其实应该命名为《预言和劝导文集》(*Essays in Prophecy and Persuasion*)，不过预言得都不准确。这些文章的写作初衷都是为了劝说，为了影响人们的一些观念”（凯恩斯 1931，p. xvii）。

在这里，凯恩斯又过于谦虚了。事实上，他对自己对公众的影响力从来没有怀疑过。在凯恩斯的自传里，Hayek 写道“凯恩斯是一个伟大的作家，他对自己作品对公众的影响力充满了自信”（Hayek 1952，p. 223）。凯恩斯去世之前的几个星期，那是 Hayek 与他最后一次会面，Hayek 问他是否关心他的一些追随者的理论其实是由他的理论改造而来的。Hayek 说凯恩斯当时保证到“如果这些人变得很危险了，我将再次依靠（凯恩斯）迅速地改变公众的看法，说这些话的时候，凯恩斯的手迅速地挥动了一下，来表明他的决心。”（同上）

我会研究凯恩斯在他的演讲和写作当中都是用了什么技巧来改变公众的看法。在证明凯恩斯是一个演说家的时候，我会参考当代的证据。我研究凯恩斯和他在布鲁斯伯利的朋友写给追随他们的公民的信件，通过研究这些信件和语言的联系来作出结论。[③]

文字

从小开始，凯恩斯就注意到了他的语言天赋，善于劝说别人，经常能在辩论中获得胜利。他在这方面的杰出才能是天生的，但多少也受到了家庭环境的影响。他的父亲，John Neville Keynes，是一个维多利亚时代的异教徒，富有智慧而且很喜欢语言和修辞。他很早就发现了他的儿子在语言上的天分并且花了大量的时间教育他，在这个过程中父亲付出了很多。在一定程度上，凯恩斯完成了 Neville 自己都没有达到的高度。这让我们联想起了一些历史上相似的关系，比如 James Mill 和他的儿子 John Stuart，Leopold Mozart 和他的儿子 Wolfgang Amadeus。渐渐地，年轻的凯恩斯已经能够加入他父亲和社会名流的对话中，其中包括 Henry Sidgwick，William Johnson，James Ward，Herbert Foxwell 和 Alfred Marshall。他被禁止在大人们谈论事情的时候发言，但有的时候他还是会忍不住，他的妈妈回忆道：

我们的孩子都有着许多要遵守的规矩而且我们允许他们参加我们与客人的会面。凯恩斯尤其喜欢聆听大人们的对话。有时候我们必须提醒他不要插嘴，他很不情愿地接受了。当他的父亲指出在前几天的聚会中，他表现得并不是很好的时候，他总是辩解道他其实为那次谈话认真准备了好几天，他总是能为自己找到理由（F. A. Keynes，1950，p. 64）。

凯恩斯在十岁的时候已经能够阅读拉丁文原著了。1896 年 2 月 16 日，他在日记中写道："以后我要为我阅读过的书列一个清单。"在同年的 4 月 5 日，他写道："我已经阅读了 133 本书了"（p. 10）。他不仅喜欢书的包装封皮，更喜欢书的内容。在他 16 岁的时候，他开始收集一些罕有的书籍和原稿，到他去世的时候，这些书的规模和质量都达到了令人惊奇的地步。在这些珍宝中，包括了凯恩斯在 1936 年购买的牛顿关于炼金术的 150 份原稿。在 1936 年一个名为"关于读书"的无线广播节目中，他说道："作为一个读书人，应当用所有的感觉来品位书籍，应当用触觉，用嗅觉……他拥有的书籍应当比读过的书籍要多，这样他就能感觉到那些没有读过的篇章在包围着他，吸引着他。"

当他在 1897 年到达伊顿中学的时候，他已经是一个杰出的演说家和出色的作家了。他用他早期的文章证明了这些，当然不得不提的还有他在当时为了支持自由党而发表的政治演说。他迅速地掌握了选举演说的技巧，在 1911 年的选举前，他已经在 1 200 多人面前演讲过了。在伊顿，他表明了自己反对大英帝国对南非布尔人展开战争，也反对 Joseph Chamberlain 和他的政党的保守政策，同时他还反对放任主义。在 20 世纪 20 年代的时候他提倡政府对经济进行干预，由于与当时主流观点不一致，在他职业生涯的初期，凯恩斯并没有得到一个正式的职位，那些职位更偏好放任主义者。他早期的朋友 Harrod，John Sheppard 说一开始凯恩斯是“极力反对放任主义的”。在他还在读本科的时候，在一次自由主义者的集会中凯恩斯发表了这样的言论：“如果有一个村庄，里面居民的生活都十分拮据和悲惨。那么当保守党人看见的时候，他就会说：‘这很不幸，但是我们没有办法’；而自由党的人则会说‘你们自己应该做点什么’这就是为什么说他是一个自由主义者的原因”（Harrod 1951，p. 192）。

尽管他非常自信，但他还是会对人表现出自己的优越感，甚至是对自己的老师。Mitchell，他其中的一个老师在 1900 年凯恩斯的年终评价中写道：“他拥有非凡的智力，出色的记忆力和一等的素质。但是在校园里，他确实是一个很让人恼火的学生。他会在应当听课的时候去看笔记，会跟对他的同桌讲话而不是举手发言。他认为自己是一个很特别的学生，这多多少少体现了他在智力方面的虚荣”（Neville Keynes，《假期日记》*Holiday Dairy*，1900. 8. 6，p. 43）。

演说

凯恩斯有一点点口吃，但是他却把这变成了他的一个优势。当时的人已经证明了凯恩斯对听众的独特影响力：“他是一个杰出的演说家。他的声音十分奇特，他的演说有音乐一般的节奏。我能看到听众在听他演说的时候就像被施了魔法一样”（Hayek 1994，p. 92）。Lionel Robbins，Hayek 大学的同学，同时也是凯恩斯的反对者，写道：“我们应当如何形容他令人惊奇的才能呢？……他能力与众不同，而且远远超出了他同时代的人，是因为他的综合素质实在是太惊人了：他思维和反应十分敏捷；他的演说词像散文一样，声音富有韵律；他拥有的理想主义和道德热情；最重要是一出现就能让人精神为之一振的能力……总之，我认为凯恩斯是我见过最令人难忘的人”（Robbins 1971，p. 193）。

加拿大诗人和官员 Douglas Le Pan 是加拿大代表团成员，在 1944 年和凯恩斯带领的英国代表团见面后，他坦言自己被凯恩斯迷倒了，因为凯恩斯在会面期间数次即兴演讲好几个小时。他说道“他演讲使用的方法多种多样，有权威、分析、轻视、蔑视、暗示。当我们第一次在夜晚的走廊边坐着的时候，他轻轻抬起头，朗诵‘公平甜蜜的呼吸’的时候我感到自己变年轻了，当他笑起来的时候，我感觉他像天使一样纯洁无瑕”（Le Pan 1979, pp. 91 -92）。这样的听众还有很多，他们其中包括学生、商人、股东、政府官员、英国皇室、候选人、大学生和他的朋友。他在 Macmillan 委员会上的表现尤其令人难忘。在 1930 年的 2 月和 3 月里，在没有讲稿的情况下，他连续演讲了五天，回答了许多有关英国的经济和金融方面的问题，并提出了解决办法，列举了他在 10 月份出版的《货币论》(*Treatise on Money*) 里的一些观点（CWK 20，pp. 38 - 270）。在 1921—1938 年他担任全国互助人寿保险公司董事长，他的大量演讲被媒体转载，对股东的年度报告也一直为金融界人士必读的内容。④

能证明凯恩斯演说技巧的例子比比皆是。Leonard Woof 在回忆录里写道：“他在实践和理论上有一种很少见的杰出天赋，所以他能在很短的时间内欺骗银行家、商人甚至是总理，他可以很轻易地在辩论中击败任何一个哲学家或是经济学家……有时候他也许有点无理，有些倒霉的人会被他的粗鲁无情伤害到”（L. Woof 1960，pp. 144 - 145）。Bertrand Russell 是一个很有自信的人，而他却写道：“凯恩斯是我见过最聪慧的人。当我和他辩论的时候，我感觉自己把生命捧在手中任人处置，我感到世界上没有比我更愚蠢的人了”（Russell 1967，p. 72）。Clive Bell，凯恩斯的另一个少年时的伙伴说道：“他非常的聪颖而且善于辩论，在争论过程中，他让人捉摸不透而且思路和常人不一样”（Bell 1956，pp. 66 - 61）。和其他人一样，Bell 对凯恩斯印象最为深刻的是，即使有些事情凯恩斯知道的很少或者根本不知道，他仍然会十分肯定地回答你，就像手里没有枪却摆出一副攻击人的架势（pp. 49 - 50）。后来搬到布鲁斯伯利区定居的 Bunny Garnett 写道：“他是我见过最为优秀的演讲者之一，他对他感兴趣的话题一一评论、延伸、发展”（Garnett 1979，p. 147）。这些特质并没有随着凯恩斯的成长而改变。Mary Glasgow，是凯恩斯第二次世界大战期间在音乐艺术推广委员会（Encouragement of Music and the Arts）任职时候的助理，他写道“他十分聪明，不能忍受一切没有经过慎重思考和准确定义的东西。他知道他想什么，为什么想要，并会通过自己的方式去获得想要的答案。有时候他会变得很粗鲁，也确实因此得罪了不少人。面对着许多他认真思考的问题，他不惧怕任何挑战”（Glasgow 1975，p. 267）。Harry Johnson 是凯恩斯去世之前的学生，他认为：“凯恩斯与众不同，他有时候非常友善迷人，和他相处你会觉得生活很美好。有的时候，他会对人极端粗鲁，让人无法靠近”（H. Johnson 1974，pp. 133 – 134）。

凯恩斯钟情于文字游戏，喜欢挑起争论并享受辩论的过程。对同一问题，他在不同时间会持有不同的观点。匈牙利医生 Janos Plesch 从 1939 年开始负责凯恩斯的病情，他同时也是爱因斯坦的医生，凯恩斯很喜欢他，因为他可以很自信地作出一个诊断并在一星期后很自信地推翻之前的诊断。⑤而且，这个医生不喜欢用深奥专业的语言来描述病情，这和凯恩斯一样，虽然经济学也是一门在精确要求方面不逊于医学的学科。

凯恩斯一生在各种谈判上花费了很大的经历。在第二次世界大战期间，他是英国财政部的主要代表，六次出访美国，其中有一些出访会花费数月的时间。过度的劳累使他在 1937 年第一次遭到了心脏病的打击，这也解释了为什么他在 62 岁就早早过世的原因。在他给父母写的大量信件中，他描述了他身体上的劳累和大量谈判、会议、演讲造成的心理压力。同美国人的谈判并不是最困难的。1943 年 11 月 4 日，在同美国谈论一个借款项目的偿还条件的时候，他对他的母亲写道：“我争取英国政府妥协所遇到的困难并不比争取美国妥协遇到的困难小。从整体来看，我们的谈判太复杂了。”

人们对凯恩斯作为一个谈判者的评价是很复杂的，尤其是在他的反对者中。凯恩斯对自己这方面的评价是：“当你快取得重大胜利的时候，你总会面对对方作出让步的情况，这时候你可以稍稍隐藏起你的反对意见，也可以改变自己的要求让对方获得一定的好处但不能损害自己的利益”（凯恩斯 1919，p. 27）。与凯恩斯辩论过的人都十分害怕他，尤其是 Harry White，他向罗斯福这样形容道：“他对摆在我们面前的问题非常了解，有才华而且很难对付”（Skidelsky 引自 Harry White 的文章，2000，p. 324）。White 被凯恩斯折磨得筋疲力尽，有时候甚至需要别人来替他和凯恩斯谈判。

凯恩斯的朋友，经济学家 James Meade 也是代表团的成员，在 1943 年

9月15日到10月9日期间，总共参与了七次在美国召开的会议，商讨国际货币体系的改革问题。他对凯恩斯在9月21日第一次全体成员会议上的演讲作了这样的评价："凯恩斯的演讲绝对是一流的。我从来没有听过比他更好的演讲，精彩、有说服力，能真正地打动人"（Howson 和 Moggridge 1990，p. 110）。但是伴随着一场场会议的进行，凯恩斯越来越疲劳，也越来越急躁，不愿意妥协，几乎到了想要停止谈判的临界点。这次会议是凯恩斯和 White 语言上的决斗，一个英格兰与会者这样描述道："这些辩论绝对是疯狂的！凯恩斯和 White 面对面坐着，各自身后都有着一排下属。因为没有安排，双方也没有提前准备，所以会议期间耳边全是双方毫无头绪的嘈杂的声音，最后场面完全混乱了，只能约定在 Willard 再举行一次代表会议"（CWK 25，p. 364）。Meade 在他的日记中写道："如果这场辩论不让这两个自负的家伙——凯恩斯和 White——离开的话，我们的未来将会变得很悲惨"（Howson 和 Moggridge 1990，p. 133）。很明显，美国代表在这场谈判中拥有最终的话语权。尽管他们在协议的文法上作出了一些让步，但是他们的利益在本质上没有受到损害。作为这场谈判的主宰者，他们也没有理由那样做。而凯恩斯似乎没有注意到这个事实，仍然坚信自己能够通过辩论改变局势。

Lionel Robbins 是当时代表团的成员之一，参加了布雷顿森林的谈判，他这样评价凯恩斯的演讲："凯恩斯思维极其清晰，表达十分有说服力，效果是不容抗拒的。那时候，我常常想凯恩斯也许是历史上最杰出的人物了——思维迅捷、直觉敏锐、想象力丰富、思维广阔，最重要的是无与伦比的语言表达能力，这些综合起来，他就能达到一个普通人无法企及的高度"（Howson 和 Moggridge 1990，p. 158）。

在布雷顿森林会议期间，人们很少召开全体会议，大部分核心工作都是在小型会议中解决的。会议有许多秘密决定，工作持续了很多天，而且经常要加班到凌晨。1944 年 7 月 25 日，凯恩斯在给他母亲的信里写道："我一生中从来没有这么辛苦地工作过"。凯恩斯经常会感到自己很虚弱，出于健康原因，他拒绝参加深夜的讨论，而且把生活起居都交给他妻子管理。7 月 19 日，在和美国财政部长 Morgenthau 吃完饭后，凯恩斯的心脏病发作，还好并不严重。纵观整个会议，凯恩斯和 White、Morgenthau 的私交都很好，但是讨论还是难有突破。凯恩斯被指责在没有对代表团解释清楚的情况下，大量地动用佣金，负责此事的 Morgenthau 从中周旋帮助凯恩斯化解了这一难题。

7 月 22 日，凯恩斯就最后的决议发表了一份声明，赞扬了 White 和 Morgenthau，甚至称赞了他一直觉得很烦人的律师和法学家们。Robbins 的日记这样写道："最后，凯恩斯用一个完美的演说结束了这次谈判，赢得了阵阵掌声。他严格按计划行事，战胜了疲劳和虚弱，主导了整个会议"（Howson 和 Moggridge 1990，p. 193）。在华盛顿的英国财政部官员，R. H. Brand，对财政部长 Richard Hopkins 写道："我希望你认为这次会议是一个成功的会议。我必须得说，凯恩斯毫无疑问是关键人物。他确实令人吃惊"（CWK 26，p. 113）。最后，大家唱着歌欢送凯恩斯的离开，"因为他是一个伟大的同伴"。

凯恩斯也是一个老师。他的很多授课笔记被保存了下来，其中有一些在《文集》（*Collected Writings*）中重新出版了（CWK12，pp. 689 – 783；Rymes 1989）。这些资料表明，凯恩斯在他职业生涯的前半段，花费了大量的时间来准备授课以跟得上自己思想的发展。战争结束后，他减少了自己的授课时间，开始用写书来表达自己的思想，最初是《货币论》（*A Treatise on Money*），而后是《通论》。他的演讲和他的文字联系十分紧密。凯恩斯的学生们，同时也是 Circus⑥ 的成员，为《货币论》（*A Treatise on Money*）作了很多修整，在《通论》的写作过程中起了很大的作用，Joan Robinson 把这本书形容为集体智慧的结晶（J. Robinson 1948）。凯恩斯在对 Harrod 的理论框架进行修改的时候，完全没有一般修改者那种嫉妒的心态。"他完全没有那种自己身为学术权威的傲气"（Harrod 1951，p. 551）。其他人发现凯恩斯能比他们更加清楚地表达自己的意思，也和他成为了盟友。

Austin Robinson 描述道：教师们经常从国外带回讲义，或者从伦敦经济学院或其他地方"盗取"讲义。这种情况经常发生："每年凯恩斯都会向他的学生介绍他理论的发展。而这些后来就变成了剑桥的讲义。渐渐地，《通论》就有了雏形"（A. Robinson 1947，p. 40）。凯恩斯还在他的政治经济俱乐部里作了演讲，这是他生命最后的几个演讲之一，这个俱乐部也是讨论他思想的一个重要地方。这里年轻的 Harry Johnson 对凯恩斯的态度有这样一段精彩的描述：

凯恩斯迷人魅力的秘密之一就是他会抛弃自己固有的思路来引导学生说出自己的想法。如果学生说得很糟糕，他仍然会从中找到发光点，并把他们变成一个好的观点。也许这个观点和学生表达的完全相反，但是学生仍然会发现：凯恩斯没有推翻他们的观点，而是用另一种方式把他们表达出来。另一方面，不管学生说得多么精彩，凯恩斯都会否定他们。与此同时，他会引导这些学生，增强他们的自信心，告诉他们他们是多么聪明，任何人在他们面前都是不值一提的。

写作

如果说凯恩斯是通过演讲对当代人产生了巨大的影响，那么对后人最具持久影响力的自然就是他的著作了。凯恩斯作品的数量和种类之多令人惊讶。总计三十卷的《凯恩斯文集》（*Collected Writings of John Maynard Keynes*）仅仅是其经济著作的一小部分。除了《概率论》（*A Treatise on Probability*），几乎所有重要的凯恩斯哲学著作都没有收录其中。其他带有政治色彩的论文以及备忘录和一些政府公务文件也没有被收录其中。他的一小部分通信已经被发表，但几乎没有带有凯恩斯个人色彩的作品。凯恩斯的主要成就已经被180卷微缩胶卷记录下来了。这一汇编资料最大的特色便是种类的多样性以及凯恩斯在不同种类作品中所表现出来的游刃有余的态度。信件并不是最不具有说服力的方式。凯恩斯和他的父母、妻子、众多朋友以及背景不同的人们之间有丰富的书信往来。凯恩斯和他的父母、Lydia Lopokova以及Lytton Strachey之间有着上千封的信件，其中的大多数是精致的长信。他会及时回复所有给他写信的人，耐心详细地回答他们的问题，特别是那些写信批评他的人。

凯恩斯对报告的备忘录的写作也抱有浓厚的兴趣。1902年2月9日，他在伊顿给父亲的信件中写道："我发现我和您一样，当被指派任务之后就不得不做所有的工作。"这种状况一直持续到他生命的结束。每次会议结束，他总是会写一些关于会议讨论记录的报告，并表明自己的立场。因此，他能够通过确定讨论的框架来控制辩论的过程。例如，在第二次世界大战期间，没有人批准他去起草关于国际清算组织的计划，但是他所起草的计划却在经过不同的版本之后最终成为英国政府的计划，并为后来的布雷顿森林体系的确立作出了贡献。同样地，后来的麦克米伦委员会 Royal

Committee on Indian Currency and Finance 的一些报告以及自由主义的“黄皮书”《英国的工业未来》（*Britain's Industrial Future*）的绝大部分都是凯恩斯一手起草的，尽管凯恩斯最后并没有署名。

凯恩斯也非常喜欢记日记，他的秘书 Mrs. Stephens 会经常把他的个人日记打印多份。例如，在两次世界大战期间，他会将他的日记分发给财政部的同事阅读。这也是他的许多同事最为头痛的事情，早上凯恩斯在日记中所提出的问题已经让他们绞尽脑汁，而在晚上凯恩斯却又突然改变了自己的想法。

在报纸上发表文章是凯恩斯和外界进行交流的另一重要方式。在他教书之前和搞投机之后这算得上是一种职业，第二收入来源。包括那些最抽象和技术性在内的大多数凯恩斯的思想，不论是已经实施的还是正要实施的，都会通过报纸期刊传达给公众。他会在尽可能多的媒体上控制他论文的再版和翻译版本。自从 1923 年控制了政治文学周刊 *Nation and Athaeneum* 杂志之后，凯恩斯便将自己以及他布鲁斯伯利的朋友们的许多论文发表于该杂志。1930 年，凯恩斯负责了 Nation 杂志和费宾主义杂志 New Statesman 的合并，后者是 1913 年由韦伯夫妇资助成立的。作为杂志社的董事长，凯恩斯密切关注着杂志的内容。在这一时期，他和杂志的主编 Kingsley Martin 就西班牙内战、纳粹主义的抬头、慕尼黑协定等问题交换了大量意见（见 CKW 28，pp. 1 – 222）。

学术论文是传播思想的另一种方式，尽管当时人们并不像今天一样把学术论文当成传播经济学知识的独有方式。当今对一位学者的评价是以其发表学术论文的数量以及有待商榷的论文发表刊物的质量来衡量的。如果凯恩斯是在今天的一个经济领域卓有建树的话，那么他所做的努力将会被看成是在浪费精力，因为他发表了太多的报纸杂志文章、小册子以及书本而不是学术论文。同样，他也会被指责同时扮演了法官和被告的角色，因为从 28 岁开始直到死亡，凯恩斯便担任杂志的编辑，而他在经济学杂志上发表的众多论文便是在这期间发表的。当时期刊的管理和现在还不太一样。在当时，编辑一人便可以决定一篇文章是否发表。凯恩斯当时很少咨询其他人的意见，他将更多的时间花在仔细地阅读和评价那些要发表的文章上面。这样做不仅能够把握理论界的发展方向，还能够对经济思想的创新产生影响。⑦

当然，凯恩斯为后世所熟知的还是他的书籍著作。《通论》是凯恩斯最出名的书，但是在凯恩斯时代，这本书却不是最流行、影响力最大、最容易理解的书。关于这本书，凯恩斯对出版社作过详尽的安排，以确保其具有最大的影响力。他写这本书就是为了让同时代的人去阅读，去相信书中的思想。他使用了包括融资在内的所有的方法来达到上述目的。因此，在他的第二本书《和平的经济后果》（*The Economic Consequences of the Peace*）（是凯恩斯享誉世界的最成功的书之一）出版之际，凯恩斯和他主要著作的出版商 Macmillan 进行协商，并制定了一个可以获利的出版安排。[8]他改变了传统意义上的作者与出版商之间的关系，即出版社承担书的印刷和营销费用，并在出版之后付给作者版税。凯恩斯的做法是，他自己为其书的出版融得资金，并获得其所有的收益，之后再付给出版商一部分版税。这样，他便可以固定书的价格，并能够获得足够多的书用来赠送。他便是他自己作品的形象大使。例如，他赠送了 380 册《如何为战争买单（*How to Pay for the War*）给他的朋友和同事，更重要的是他把这些书送给了社会各界的政策制定者和记者。

形式与内容

所有凯恩斯的书和他的其他作品一样，无论是什么类型的，也不论写作速度的快慢，都具有很高的质量；“凯恩斯具有的语言天赋让他可以使用简单的语言就能令我们耳目一新，就像子弹发射迸发出尘土那样迅速地刺激着我们的感官；他的短评也是‘令人难忘，也不会被遗忘的’，就像他那篇关于埃奇沃思的文章的最后节奏所写的那样。他绝对是伟大的英语作家”（Phelps Brown 1951, pp. 200 –201）。和凯恩斯一样伟大的是布鲁斯伯利的其他作家，E. M. Forster and Virginia Woolf 所写的小说，Lytton Strachey 的传记著作，Clive Bell 和 Roger Fry 所写的艺术历和史评判以及 Leonard Woolf 所撰写的公约都是非常杰出的作品。Bloomsbury Memoir Club 的档案显示，这些作家也都擅长自传的写作。他们的作品具有共同的家庭风格。我们发现他们具有相同的世界观、类似的人生观和精神意识状态。这些布鲁斯伯利的朋友们习惯去大声阅读彼此的作品，并在创作的过程中提出批评建议。凯恩斯的著作《和平的经济后果》（*The Economic Consequences of the Peace*）和 Lytton Strachey 的著作《维多利亚名人传》（*Eminent*

Victorians）就是在同一时期以这种方式完成的。有人将凯恩斯的作品比做 Virginia Woolf 的小说。这位最伟大的小说家赞扬了凯恩斯的文学天赋，在 1937 年 12 月 23 日和凯恩斯的信件中，她对凯恩斯带来了她的侄子 Julian Bell 在西班牙内战中死去的消息作了这样的评论："我非常感激你给我带来 Julian 的消息……你的描述非常形象具体。请您思考一下，叙述描写是一件比经济学写作更难的事情么？"（V. Woolf 1980，pp. 192 – 193）。[9]

对大多数经济学家来说，特别是今天的经济学家，凯恩斯的作品有些晦涩难懂。《通论》被认为是凌乱的、无组织的、罗嗦的、晦涩的、难以理解的，特别是难以通过书面文字表达的一本书。有些人认为他的书中充满了模糊的假设和过多含糊的叙述性论证。在此书出版后不久，凯恩斯被指责放弃了数学证明。但是，事实上这正是他的本来意图。凯恩斯谴责"使用象征性的虚伪的数学分析方法来构造现代的经济体系"（凯恩斯，1936a，p. 297）："过多地使用当前的'数理'经济学仅仅只是一种调和产物，就像它所依赖的初始假设一样不精确，这些往往使作者在自命不凡和无用的符号中迷失自己，失去对现实世界复杂性和相互依赖性的充分认识"（p. 298）。在这本书出版之后的第二年，凯恩斯写道他不想"我的理论中构建在相对简单的思想基础之上……在讨论的初期就使其具体化了"（凯恩斯 1937，p. 111）。此时，这种具体化正在得到应用，特别是在 IS/LM 模型出现之后这种趋势就更加明显了。

凯恩斯还因他随意使用术语和定义的态度而备受指责，有些时候他甚至会根据文章的不同来改变它们的意思。Hayek 就针对凯恩斯的《货币论》（*A Treatise on Money*）作出过这方面的批评。凯恩斯对此的回应体现了他在语言上的风格。对于他来说，任何一个表达及其出处都不是一成不变的。经济学和其他的伦理科学一样，其使用的技术术语不会像数学、物理等学科那样缜密："在适度宽松的条件下，一个定义是模糊的，被解释成为许多有细微差别的版本之后还可以适用"（凯恩斯 1925b，p. 36）。经济学总是在不停地更新着定义。凯恩斯还发现对同一种情景进行不同方式的描述在审美学上的优点就是，读者不容易因阅读疲劳而昏昏欲睡。有些概念并不是拘泥于严格逻辑推理的定义就一定能够使读者理解和相信；因此必须放弃对使用修辞特别是隐喻的偏见。在此观点上，《通论》和凯恩斯的其他著作一样，是一部文学作品。作者为了描述经济原理放弃了使用数学和物理的形式化文字，转而使用更加日常化和口语化的语言。传记作家和精神学家接触过的文学艺术世界是一个不稳定、随时变化中的世界，在这个世界中所有的决定都是在不确定之中作出的。在这个世界中，个人的主观经验是混淆和破碎的，并且在这个世界之中个人不是有理性的。这种看待事物的方法可以被应用于日常生活和艺术创造之中，也可以被应用于社会交往和经济现象之中。出于这个原因，当人们试图去描述他们所遇到的经济和社会问题的时候，传统的科学语言就不再适合了。

而且，语言和现实就像形式和内容，并不是完全独立的两种存在。哲学家 Ludwig Wittgenstein 是凯恩斯的朋友和剑桥学派的支持者，他对这一问题所作的深入而富有影响力的分析或许影响了凯恩斯的想法。[10]语言只是现实的一个基本面，现实却要通过语言来被感知。在这种认识下才有了世界、社会和人类的概念。在新旧世纪交替之际，这种思潮在英国和维也纳等地得到了发展，并被称之为“现代主义”。艺术和文学阐述了它们所描述的世界。1910 年 11 月由 Roger Fry 在伦敦组织的后印象学派画展是 Bloomsbury 集体第一次向公众展示他们的信仰，这是一个极具象征性的运动。Virginia Woolf 写道：“大约在 1910 年 11 月，人类的本质发生了改变”（参见 Stansky 1996）。后印象派是适应新世界发展而出现的形式，这就像是由 Proust、Musil 或者 Virginia Woolf 所创立的叙事性风格一样。在这种背景下，凯恩斯用心推敲着自己的语言。不论是形式还是内容，凯恩斯始终在努力用语言来阐述社会和经济现实情况。[11]

即使是艺术和科学的关系也并不简单。凯恩斯的著作《概率论》（*A Treatise on Probability*）既不是逻辑演绎的结论也不是数据推理的结果，而是像达尔文得到所有的物种都是由最基本的几种生命形式进化而来的命题一样，是由直觉引起的思考。凯恩斯赞扬科学想象使弗洛伊德提出了许多创新思想，这些创新思想是以直觉和经验为基础的，而不是归纳验证的结果（凯恩斯 1925a，p. 393）。在他最后的作品之中，凯恩斯强调了在牛顿著作中直觉所起的基础作用，并认为牛顿关于炼金术调查和他严谨的科学作品之间的缺口并不存在（凯恩斯 1947）。

1909 年在为 Apostles Society 准备的一篇文章中，[12]凯恩斯写道（Keynes Papers UA/32），如果他真的具有天赋，那么他更想成为一名艺术家而不是科学家。其实，艺术和科学领悟现实的方式之间，相同之处多于不同之处。回忆起凯恩斯用简单的语言解释复杂问题的能力时，他的朋友艺术评论家 Clive Bell 写道："在这一刻，我十分确信梅纳德是我遇到过的最聪明的人；有时，我甚至荒唐地认为他就是一名艺术家"（Bell 1956, p. 61）。凯恩斯不仅传播了他思想，也传播了他思想的本质，这使得他不论在生前还是死后都拥有巨大的影响力。但是，在所有伟大的科学家和智者之中，除了凯恩斯，还有谁能像艺术家一样去说服并使人相信自己的观点呢？

注释

尚未出版的《凯恩斯文集》由 The Provost and Scholars of King's College, Cambridge, 2010 版权所有。我非常荣幸能被授权引用这些文章。非常感谢来自加拿大的社会科学和人文学科研究会议的帮助。Elie Spiegelman 对我的英语进行了修改。这一章部分来自 Dostaler（2002, 2007）。

① 参考文献来自剑桥大学，国王学院社会学中心，凯恩斯文集。

② 他在《和平的经济后果》（*The Economic Consequences of the Peace*）中对威尔逊总统的描述甚至激发了 Freud 和 Bullitt 对美国总统进行描述的灵感。关于这些可参见 Dostaler 和 Maris（2009）。

③ 关于 Bloomsbury group，参见 Dostaler（2007），First Interlude。

④ 它们被记录在 CWK12, pp. 114 – 239。

⑤ 凯恩斯给他的医生写过很多有趣的信件，他在这些信件中作了很多自信的自我诊断。

⑥ The Circus 指的是凯恩斯在 1931 年讨论《货币论》（*Treatise on Money*）所遇到的一群年轻的朋友。参见 CWK 12, pp. 337 – 343。

⑦ 关于凯恩斯作为编辑的历史，参见 CWK 12, pp. 784 – 868。

⑧ Leonard and Virginia Woolf's Hogarth Press 出版社出版了凯恩斯绝大部分的小册子。

⑨ 关于凯恩斯和 Virginia Woolf 之间的关系，参见 Bonadei（1994），Wicke（1994），Goodwin（2007）。

⑩ 关于凯恩斯和 Wittgenstein 之间的关系，参见 Favereau（1985），Davis（1994）和 Lavialle（2001）。

⑪ 凯恩斯和语言，参见 E. Johnson（1978），O'Donnell（2004）和由 Marzola 和 Silva（1994）所搜集的文章。关于语言和经济，参见 Henderson，Dudley – Evans 和 Backhouse（1993）。

⑫ 关于这个神秘的 Cambridge Society，参见 Dostaler（2007, pp. 27 – 29）。

第四部分　全球危机：来自凯恩斯的启示

本篇的各章宣称凯恩斯对金融市场的深邃洞察仍然可以给现在的我们很多启示。我们应该向他拜读的内容也恰恰是本书最后一部分的标题。

首先，凯恩斯作为一名商品和外汇期货的投资者，同时又作为在不确定情况行为分析领域的专家，他清醒地认识到了处在无监管状态下的金融交易支付系统是多么危险，因此，他经常呼吁在国内和国际范围内对金融系统进行干预和协调。

例如，他在第二次世界大战期间便勾画出了一个金融风险的剧本，当投资的资金面趋于紧张的时候，依赖这些资金并可以起到稳定作用的套利和投机活动就会被迫停止，这就会导致大规模的破产行为在国际金融体系之中蔓延。金融体系在缺少稳定机制的情况下，凯恩斯的这种设想将会导致资产价格的下跌并引发恐慌性抛售，此时只有及时的干预措施才能阻止上述情况的发生。

非常遗憾的是，凯恩斯设想的这种结果和本书出版之际世界经济所发生的情况竟是如此吻合。凯恩斯认为这种情况是市场遇到困难时人们的不理性行为以及在经纪代理人无法对套利利润进行平仓时市场缺乏恢复均衡能力的一种表现。先不谈一价定律，现代的行为金融学已经“重新发现”了误差定价的确会在某些市场中发生，而经济代理人由于需要承担巨大的成本和风险而无法对其进行纠正。

Marcello De Cecco 在他的文章中指出凯恩斯在很早之前就已经发表了这一观点，尽管当代理论界并没有认可凯恩斯在这一领域的成就。

为了说明金融系统是如何影响产出和就业的，凯恩斯在其《通论》中就阐述了市场金融在就业和收入方面的脆弱性可能会造成严重的后果的思想，他以他对金融市场的洞察力为我们提供了一个完整的思想体系。凯恩斯还曾试图将经济理论中的货币分析和实际经济分析进行整合。

在他的著作《货币论》（*Treatise on Money*）中，凯恩斯便阐述了市场应如何处理过多的存货，以及生产商应该生产多少的问题。他认为通过缓冲存货机制或者通过政府支出等措施来减少过多的存货（存货过多在市场经济中发生的频率惊人）可以防止价格进一步下跌，从而使生产重新变得有利可图。

因此，Jan Kregel 在他的文章中认为，凯恩斯理论的核心并不是实际经济变量和支出政策措施之间所存在稳定的反应方程，而是由凯恩斯理论所阐释的实际变量和货币变量对于不断变动的“正常”价格和利率预期的调整过程。特别地，这个过程解释了为什么货币经济投资会扩张不足，为什么不能产生充分就业等问题。因为，货币资产由于其自身的特性会存在大量的套利机会。货币资产与其他资产相比在面临需求量上升的时候它的收益率下降较慢，并且它的收益率是所有投资收益率的平均水平。

效用最大化的经济代理人绝对不是刻画（和理解）经济行为最好的模型，由自私的个人进行的市场调节行为也理所当然是不可靠的。因此，我们可以理性地看到，凯恩斯在处理国际和国内市场机制失灵问题所使用的不同的方式是值得我们借鉴和学习的。

Anna Carabelli 和 Mario Cedrini 回顾了凯恩斯在第二次世界大战期间与同盟国进行债务谈判的历史，在谈判中凯恩斯所使用的方法是由他在第一次世界大战之后的一系列思想构成的。Carabelli 和 Cedrini 认为凯恩斯的观点在今天特别是处理国际不平衡问题上仍然适用。

凯恩斯的理论和国际金融的现代微观经济模型之间的差异非常大：这种差异主要表现在凯恩斯始终坚信持续的货币市场非均衡状态不是简单地由理性选择理论解决的。而这所导致的更深层次差异便是，凯恩斯认为经济上的相互依赖需要各国基于“共同的责任”态度所实施的政策来支持，而不需要各自为政的单边主义。

当今国际金融出现的问题起源于美国的双赤字（联邦财政和贸易平衡赤字）和世界其他国家的盈余状况，这和时为财政部代表的凯恩斯在20世纪40年代中期处理的英镑地区国家所面临的问题时的情况极为类似。Carabelli和Cedrini认为凯恩斯在第二次世界大战期间完成的战后规划清晰地展示了各种不同调整路径的本质：采取单边主义、双边主义或者多边主义行动路线产生的后果。这些路径早在布雷顿森林举行的美国对英国战后贷款的协商时期凯恩斯便把它们勾画出来了。

意识到全球不平衡的多边主义特性，也就意味着我们需要一个协调统一的集体行动来应对：例如，美国用于提高储蓄率的财政政策，将会扩大世界其他地区国内的有效需求。所以，本着凯恩斯主义的精神来管理全球的有效需求和流动性，而不是去沿着华盛顿共识的道路进行长期的结构性改革是我们现在应该做的，希望这样做可以解决全球不平衡和由之引发的经济衰退问题。

第十二章 凯恩斯和现代国际金融理论

Marcello De Cecco

有三个时间，过去、现在和将来；然而，换成下面的说法将会不合适：有三个时间，过去的现在、现在的现在和将来的现在。事实上，这三个时间无论如何只存在于我们的感知之中，我们不能在现实中看到它们：过去的现在是记忆，现在的现在是直接的映像，将来的现在是期望。

—St. Augustine, Confessions, XI, 20, 26

序言

凯恩斯最核心的理论见解之一便是自生利率理论，但是这一点却往往被分析凯恩斯思想的学者们所忽略、忽视，甚至是轻视。非常可惜的是，凯恩斯这一方面理论所揭示的大部分内容往往是出现在对他作品的一些早期评论之中，而通常情况下这些评论的作者对这一理论的漠视态度使得他们没有抓住凯恩斯思想的精髓。此外，人们也没有意识到凯恩斯的理论推理是建立在他对外币市场和资产调整理论的充分理解的基础上的。

我开始关心这一方面的内容还是在我研究凯恩斯主义经济学的早些时候。20 世纪 60 年代中期，在我离开剑桥大学来到芝加哥大学的一年里，我对芝加哥大学的大多数老师（尽管知道凯恩斯的作品非常有价值）灌输给学生的那种认为凯恩斯著作是不重要的思想而感到十分惊讶。这也就解释了芝加哥大学年轻学者们的一些反对凯恩斯主义的努力往往都是建立在他们对凯恩斯著作一知半解的基础上的。

在布雷顿森林体系崩溃之后，整个世界经济再一次紧密地联系在一起。因此，我们可以清晰地看到凯恩斯早期关于货币市场的著作和后来关于不确定性的著作又都重新成为当今前沿经济理论研究的热点。

1966 年，始于芝加哥

1965 年的秋天，我还在剑桥大学忙于一篇关于意大利货币政策的论文，Richard Kahn 是我当时的指导教授。在一次对意大利的访问中，我有幸被介绍给意大利重要的经济学家 Federico Caffè。就在这次访问后的几天，Federico Caffè 教授便有意给我提供一份奖学金，资助我去芝加哥大学进行为期一年的访问研究学习，这使我可以和弗里德曼货币主义的发源地保持一种特殊的联系。对我本人来说，Federico Caffè 教授给了我一次去"月亮的另一面"看一看的机会。我立即答应这件事，并在 1966 年 1 月 1 日搭上了飞往芝加哥的飞机。

我所来到的地方正是自由经济学的核心地带。这里有 George Stigler、Milton Friedman、Harry Johnson、Robert Mundell 和 Al Harberger。Friedrich Von Hayek 也从这里刚刚返回德国。当时还没有 Robert Lucas，但是当时我有幸和 Rudi Dornbusch 和 Miguel Sidrausky 成为同学。

到达后的第二天，我便访问了这所大学非常著名的图书馆。我当时正在找 Sraffa 的著作《商品的生产》（*Production of Commodities*）。在图书馆的书架上我一共找到了这本书的两个不同的版本，但是奇怪的是六年内竟然没有人借阅过它们。

这个坏兆头仅仅只是个开始，在接下来的日子里我逐渐意识到，在这所学校同样没有人去借阅凯恩斯的作品。当然，我相信这里的老师都已深入阅读过凯恩斯的著作，但是他们当时所做的就是培养美国的下一代学者去完全忽略英国学校的东西，特别是凯恩斯的著作。在这里，每当年轻学者希望引用凯恩斯著作的时候，他们往往需要慎重考虑，不然他们就会被指责为不经思考就任意复制和吸收别人的思想。后来 Robert Lucas 的几篇论文便发生了这样的事情。

我对这种态度感到十分愤怒，因此我在花了大量时间阅读凯恩斯关于货币本质和远期汇率理论的文章之后，决定写一篇关于这方面的论文。我立即展开了行动，但是那篇论文成文之后却一直在我的抽屉里静静地保存着，直到 1979 年在意大利举行的一场以凯恩斯和马歇尔为主题的会议中我才有机会将这篇论文公布于众，这篇论文也在同年发表于那次会议的记录文件中。尽管那篇论文是用英语写的，但是我怀疑那篇论文除了几个意大利人还会把它拿出来看几眼之外，将不会有人再关心它。而且，那场会议的举办地实在是太没有影响力了，并且会议记录也仅仅是被当地一家不出名的出版社发行出来。

我决定以这篇论文为框架来编写本书的这一章节。虽然这篇文章非常短，但是以现在出版商的观点来看它将会十分有意思，就像 Ono 教授在论述《通论》第 17 章的文章中使用了 Miguel Sidrausky 著名的“效用函数中的货币”模型一样，最终得到了非常有意思的理论结果。Miguel 公布他的论文时间，正是我在芝加哥的那年。Miguel 是 Uzawa Hirofumi 的得意门生，他的老师 Uzawa 在当时是芝加哥最重要的理论家之一，并拥有最优秀的学生和他一块工作。我是 Miguel Sidrausky 的好朋友并且十分钦佩 Miguel 的天赋，但是我认为他的“效用函数中的货币”模型尽管非常伟大，但却不能够成为凯恩斯《通论》第 17 章中提出的理论的必然性补充。读者自己将会验证我这种观点的正确性。

关于《通论》第 17 章：注释

Harry Johnson 教授在他的文章“*The General Theory after* 25 *Years*”中十分恰当地指出，凯恩斯的著作“很早之前就已经处于一种非常尴尬的状况，即每个人都听说过他的著作却没有人会去阅读它”（H. G. Johnson 1962, p. 1）。

如果仔细研读一下那些曾经参考过这本书的著作，特别是那些参考过这本书中关于批评货币理论的内容却又坚称是自我创新成果的著作，你将会很容易接受 Johnson 的观点：任何人都会怀疑那些自我宣称是其理论创新的学者们肯定仔细研读过凯恩斯的著作。因为，这些创新学者出名的原因绝对不是因为发现了什么新东西，因为他们知道他们那些所谓的自我理论创新很容易就可以在《通论》中找到。

意识到这一事实之后，人们就会确信这些学者确凿无疑地阅读过《通论》中第 17 章的内容。Johnson 教授认为，凯恩斯在这一章节之中低调地详细讲述了“关于利率和货币的基本属性的问题”（Johnson 1962, p. 3）。依本人愚见，这些对利率和货币的研究成果的确值得拿来炫耀，因为它们不仅仅传递了《通论》的核心思想，也恰当地形成了所谓的新货币理论的教条。

我们可以简单而正确地把第 17 章看做是前面章节的重新组合，把它当做是普遍的资产持有理论。诚然，凯恩斯自己并没有给它这个标签，但是任何一位有才能的经济学家都应该有能力辨别那些没有标签的瓶子里装的是什么葡萄酒。

“人们会很自然地去问”凯恩斯在一开始写道，“货币区别于其他资产的特性是什么，是不是只有货币才会有利率，在一个非货币经济中又会是什么样的情形呢。我想只有在全部回答完所有这些问题之后，我的理论的全部意义才能够显现得更加清晰。”他之后继续解释“货币的利率不是别的，而是远期交割的货币价格超出该数量货币即期价格所占的比重的百分比。”他接着说道：“因此，你将会看到每一种资本资产都会拥有和货币利率一样的类似利率”（CWK 7，p. 222）。

这便是自生利率的概念，它存在于任何一种实物资产之中：凯恩斯借用了 Piero Sraffa 所创造的这一概念，Sraffa 在他著名的评论文章“Dr. Hayek's《价格与生产》（*Prices and Production*）”详细地阐述了这一理论（Sraffa 1932，p. 50）。然而，这一思想的最初版本却可以最早追溯到凯恩斯和 Sraffa 两人对即期和远期汇率的共同研究之中，并由凯恩斯在 1922 年为 Manchester Guardian Commercial 杂志的增刊 Reconstruction in Europe 写的一篇文章中提出了这一理论（凯恩斯 1922a）。

然而，这一概念已经被扩展到自生货币利率的概念之中，即每一种资产都会拥有的以货币形式表现的利率。

用凯恩斯自己的话说：

> 我们假设小麦的即期交割价格是 100 英镑每 100 夸特，小麦 1 年期的远期交割价格是 107 英镑每 100 夸特，货币利率是 5%，那么小麦利率是多少呢？即期 100 英镑也可购买远期 105 英镑，远期 105 英镑可以购买远期交割的 105/107 × 100（ =98）夸特小麦。同时，即期 100 英镑可以购买即期交割的 100 夸特小麦。因此，即期交割的 100 夸特小麦可以购买远期交割的 98 夸特小麦。由此得出结论，1 年期小麦利率是负的 2%。

由此得出的结论是“没有理由认为不同商品的利率应该是相同的。”在意识到这一点之后，凯恩斯可以很从容地认为“最大的自生利率（或许我们会这样称呼它）起了支配作用（因为，最大自生利率是新生资本资产的边际效率必须要达到的）；而且有许多理由可以支持自生货币利率通常情况下是最大自生利率的观点（因为，我们将会发现，可以降低其他资产自生利率的驱动力量在货币资产上并不起作用）”（同上）。

凯恩斯在随后解释了这一理论成立的原因。从一个普遍的立场来说，凯恩斯断言任何一种资产都可以被看做是一种价值标准，如果希望去改变它的价值，那么所有资产的资本效率（即以所选资产的远期价格减去即期价格来作为一种价值的测量标准）将会按照统一比例变动，最终的结果就是初始资本效率的顺序将会一直保持不变。按照凯恩斯的想法，如果我们可以构造一种可以被看做是典型代表的组合商品，那么这种商品的自生利率和边际效率可以支配整个经济。

然而，为了获得这种解决方案，首先需要解决的是单一价值标准的李嘉图问题，正如我们所知道的，这些将会是 Piero Sraffa 的主要研究工作。

为了解释为什么选择货币作为价值标准，凯恩斯回顾了所有资产的特性。他指出，那些可以支持生产过程或者可以为消费者提供服务的资产，用所产生收益或者产出来衡量它们自身的价值。有些资产，随着时间的推移持有它们将会产生损耗或者类似的成本，我们可以将其称之为持有成本。有些资产拥有流动性，即它们可以和原价相比以很小的损失被出售掉。通过对资产收益、持有成本和流动性溢价进行简单的代数相加，我们便可以算出拥有某项资产的总收益。然而，这种运算只能是一种逻辑上的抽象，在试图将各种因素进行定量分析的时候，识别问题就将是一个难以克服的问题。“为了确定不同类型资产和它们期望收益率之间的关系，而且大多数情况下也就是二者的均衡状态，我们必须知道在一年内资产相对价值的期望变动是多少”（CWK 7，p. 227）。

如果我们把货币当做衡量的价值尺度，那么包括货币在内的所有的资产都将会拥有自生货币利率。自然地，我们进行资产选择的时候将会青睐那些自生利率较高的资产，所有资产进行再生产的数量也将会和它们自身的收益率相等。但是，现实中资产选择的形式肯定不会如此简单，也不会是像饱受批评的凯恩斯认为的那样是由投机需求决定的。事实上，组成任何一种资产的收益率的因素是对资产需求各个方面的一种综合反映。但是，假定资产存在足够高的可替代性使得我们有机会去“选择”，那么所有的动机将会直接导致任何一项资产只会有唯一的自生利率，并能够和其他资产严格地区分开来。我们正在面临着同质化的问题，与此同时我们也面临着去计量异质化的机器或者劳动的问题，这使得所有同质化的方法都会掺杂在一起。

以上的分析使得我们清晰地看到，凯恩斯的资产选择方法是具有一般性属性的。因此，我们可以完全不屑于 Patinkin 的指责："凯恩斯不断地强调持有货币的替代方式便是持有债券，任何货币的过多供给将会转化为对债券的购买。但是，没有任何迹象表明这将会转化为对商品的购买"（Patinkin 1965，p. 634）。我们也应该对弗里德曼热情洋溢的关于资产选择应该考虑所有的资产而不是仅仅考虑货币和债券两种资产的声明表示质疑。

在我们还没有读完凯恩斯对该问题的观点的时候，我们就会问 Patinkin 和 Tobin 关于资产选择的一般均衡方法的创新之处在哪里。他们只不过扩展了凯恩斯已经阐述得非常清晰的一个命题，并遵循凯恩斯书中所指出的路径逐一地进行了分析。

或许，让我们以凯恩斯的原话来继续之前的分析："让我们假定……有一些资产（例如货币）的利率是固定不变的（或者，随着产出的增加它的利率相对于其他商品的利率下降得更加缓慢）。"均衡将会如何维持？当"除货币以外，任何商品的即期货币价格相对于该商品的未来预期价格下跌了"的时候到底发生了什么（CWK 7，p. 228）。因此，除非可以预期到未来生产成本上升的幅度大到可以覆盖在该时期内持有该资产股票的成本，这些商品的生产才有可能减少。

在任何情况下总会存在一种资产，当产出上升时该资产的自生利率却不会和其他资产的自生利率一起下降。我们所面对的是在资产选择理论基础上的资本积累理论。每一种资产的生产条件是已知的，产出增长率和资本积累将会依赖于生产缺乏弹性的资产的回报率。凯恩斯认为（CWK 7，p. 231）货币只是一种"租金要素"，也就是说，货币是一种不可替代的生产要素和持有资产，它是不能够被生产和替代的。因此，资产选择和资产生产之间会保持固定的关系。凯恩斯随之解释了为什么他有理由相信这种资产就是货币。他假定货币供给增长率很小，这使得货币和其他资产之间的比率将会逐渐下降，也就是资产价格将会下跌，从而资本积累率将会处在一个较低的水平上。这种经验的选择是基于凯恩斯对他所生活的时代和他对当时的经济趋势进行研究的基础上的。但是，凯恩斯的这一理论却是一种普遍适用的理论。在一个长期的分析之中，如果货币供给数量缓慢上升，我不认为会有财富效应发生作用，因为它必须要超过在价格下跌过程中发生的分配效应。凯恩斯自己也验证了工资单位减少的可能性。就像他假定的那样，如果货币和其他资产的替代率是零，那么因工资单位减少而释放出来的货币将会被资产持有人吸收，因此不会产生任何其他效应。但是，他说道（CWK 7，p. 232）："仅仅从纯理论角度去争论这一可能导致货币利率显著下降的反应是不切实际的"。因此，在考虑到正反两种情况之后该理论就可以被概述得更加清楚了。

然而，凯恩斯相信有许多原因可以解释为什么"在我们所熟知的经济中，货币利率下降一个较大的幅度几乎被人们看做是不可能的事情。"

下面是识别"流动性陷阱"的几个特征描述：

1. 预期货币工资的减少将会进一步地降低预期。
2. 货币工资黏性使得工资单位的下降几乎不可能。
3. 货币利率对货币供给量的增加缺乏弹性。

按照凯恩斯的意见，这是对他所处时代流动性陷阱可能发生的程式化描述。然而，从上面的描述中显然可以看出，他的理论是一种完全没有条件限制的普遍适用的理论。如果条件1、2和3同时发生，那么流动性陷阱也将必然发生。否则，货币工资的下降将会导致货币利率的下降和其他资产产出的适当上升，即资本存量增长率的上升。

如果经济情况是这样的：

> 这……在某种程度上，（货币）利率对货币持有量和以货币计算的其他财富形式之间比例的变化没有反应，货币（或许）对产出和替代效应拥有零（或者负的）弹性……除了改变资本的边际效率之外，唯一的办法（只要流动性偏好没有改变）就是增加货币供应量，或者换一种说法，可以增加货币的内在价值，这样便在给定货币供应量的前提下使得货币可以提供更多的服务（CWK 7，p. 234）。

如果不存在货币，"那就只能说服公众，让他们认为新鲜乳酪在本质上和货币是一样的，并建立一个新鲜乳酪工厂（即中央银行），除此之外别无他法"（CWK 7，p. 235）。

他认为如果有人假定消费倾向是恒定不变的，

> 当所有资产中以自身计量的最大自生利率和所有资产中以最大自生利率资产计量的最大边际效率相等的时候，投资率将不会再增加。当经济满足充分就业的情况下，该限制条件是必须满足的。但是，如果存在某些资产的产出弹性和替代弹性是零（或者相对较小），那么随着产出的增加它的利率相对于以其自身计量的边际资本效率就会慢得多，则该条件也有可能在经济达到充分就业之前就已经满足（CWK 7，p. 236）。

这便是《通论》中的理论核心。尽管这一部分内容就在这本书的中间位置，但是由于人们对这一著作中其他精彩但又缺乏深远理论意义内容的偏好，致使这一部分在很大程度上被人们忽视了。

此外，以我个人观点来看书中第 17 章所展示的内容要比后来作为凯恩斯“调和”产物的新古典主义思想要好得多。这一章阐述了一种关于资产持有理论和资本积累理论的一种普遍形式。事实上，如果假定劳动增长率是外生的，充分就业均衡的增长便可以由“中性利率，即整体就业弹性为零时均衡的产出和就业情况下所产生的利率”决定，因此该模型可以很容易被看做是一种增长模型（CWK 7，p. 243）。如果没有发生流动性陷阱情况，在给定储蓄倾向和流动性偏好之后，货币供给的增加将会影响货币相对于其他资产的价值，因此鲜乳酪工厂的产出增长率必须和劳动力增长率相同才可以保证充分就业均衡增长的“中性”增长率。

外汇市场投机活动的复兴和凯恩斯主义的回归

当我在编写那篇关于《通论》第 17 章的文章的时候，或许我应该复制凯恩斯文中所引用的马歇尔的思想，马歇尔将绝大多数商品价格之中正常的延期交割费用，即远期价格相对于即期价格所需要的折扣，归结为人们相对于远期商品而言对即期货物的偏好和人们的不耐心以及拒绝等待等原因。[①]凯恩斯将他导师的思想和他自己在第 17 章中所提出的建立在零产出弹性和较低的替代弹性的基础上的方案进行了比较。在凯恩斯理论体系中与马歇尔货币主义理论需求条件相对应的是他对货币特性的描述：“现代租金要素”的供给条件。这种描述和他对货币的定义十分相似。

然而，流动性偏好，即依附于货币需求条件的现象，是《通论》的理论支柱之一，也是凯恩斯对概率理论和第一次世界大战之后商业金融市场行为进行联合思考的产物。

我在写那篇短文的时候，恰好处在凯恩斯和怀特的联合产物，即布雷顿森林体系存在的最后十年之中，那时国际金融套利行为和投机活动逐渐恢复了元气。短期资本流动开始逐渐增加，这便突破了凯恩斯—怀特体系对这些短期热钱所设计的隔离体系。随着短期资本流动的加剧，套利活动和公开的投机活动也开始大行其道。这些行为的重新出现违反了建立布雷顿森林体系的初衷，并使得单独一国在维持充分就业方面变得更加困难。布雷顿森林体系是一个国家控制体系，该体系在鼓励有形贸易的同时打击短期的私人资本流动以保证长期自由的货物贸易，同时该体系还致力于防止在两次世界战争期间由于外国货币的约束而扰乱本国货币当局货币政策操作情形的再次发生。

早在20世纪20年代初，作为私人投机者和经济学家的凯恩斯便对首次出现远期合同的商品市场非常着迷。在这个市场里，来自欧洲大陆和美国的经营者及一些经济学家比当时的英国人更有经验。原因很简单，英国的国际贸易是在英镑体系下进行的。因此，如何对冲外汇风险并不是一个英国经营者所经常考虑的问题。与之相反的是，使用英镑作为外汇的其他国家的经营者就必须考虑使用对冲技术以使他的合同保值。这些人倾向于在商品市场上借入英镑，而英国的经营者却还在英镑体系下进行交易。然而，即使是英国的商品贸易商，如果他所签订的合同中包含货物远期交割的条款，那么他们也必须面对英镑的即期或者远期价格的问题。因此，即使是在英国，现货或者期货溢价也将成为商品贸易商所必须考虑的内容。

正式地将商品市场、货币市场和外汇市场联系在一起是凯恩斯对经济学的永久贡献之一。他在上述贡献之中所使用的抵补利率平价方程可以被看做是所有现代国际金融理论和实践的基石。1922年，凯恩斯在Manchester Guardian Commercial杂志的增刊Reconstruction in Europe（凯恩斯，1922b）中发表了一篇著名的文章，在该文中凯恩斯提出了抵补的利率平价方程。凯恩斯在和来剑桥看望他的当时还十分年轻的Piero Sraffa进行了一次非常有意义的谈话，在这次两人的讨论中Sraffa对错综复杂的商品市场的把握给凯恩斯留下了深刻的印象。在这次谈话后不久，Sraffa便给凯恩斯提供了一组关于意大利远期汇率的数据，就像我上面提到过的那样凯恩斯将这组数据运用到他之后的文章之中。

利率平价理论认为，以年利率表示的远期汇率差额倾向于和两国之间的利率差额相等。

凯恩斯将他在 Guardian 杂志增刊上发表的诸多文章改编成了他的著名著作《货币改革论》（*A Tract on Monetary Reform*）（1923；CWK 4），其中就包括一篇关于远期利率的文章。就像凯恩斯在 Guardian 杂志的增刊文章中所表达的观点那样，他在书中提出了对外汇市场进行官方干预的思想，并且认为官方行动不应该被实际的黄金和外汇储备所限制。在随后的 1925 年，凯恩斯所提出的类似策略被著名的金融家和投机者，时任意大利财政部长的 Giuseppe Volpi di Misurata 采纳和实施了。当时意大利政府（客观上处于弱势地位）正在和英国和美国政府进行关于意大利稳定贷款的谈判，Volpi 维护里拉平价的方式是通过最大的意大利银行 Banca Commerciale Italiana（之后他将 Bank of Italy 从其中剥离出来）和国际金融商行签订大规模的外汇远期合同来保持里拉汇率的稳定。当时，Volpi 还必须阻击来自国际的投机行为，这些投机行为在某种程度上甚至得到了英国和美国政府的暗中支持。但是，Volpi 最终还是成功地维护了里拉平价。通过非常时刻的汇率安排，意大利避免了在协议最终缔结之时陷入更加不利的地位。协议签订之后，意大利政府随即停止继续签订远期外汇合同，并放开了里拉的汇率。这使得所有人都觉得里拉价值被高估了，里拉开始下跌并一直持续到 1926—1927 年的官方稳定行动为止才停止了跌势。Volpi 成功的秘密就是他确信意大利政府不会允许里拉贬值。一旦他确信了这一点，他就可以接受任何投机者关于远期汇率的任何赌注，因为投机者是不确信政府是怎样看待当前里拉汇率的。一旦实际黄金和外汇储备不涉及远期汇率的赌博，那么政府稳定本国货币的行为就没有了障碍。

如上文所述，第二次世界大战之后的期货市场一直被布雷顿森林体系所限制，该体系的建立目的便是限制短期私人资本流动，并重新建立对德国马克的可兑换性，以及之后对欧洲其他重要货币的可兑换性。因此，随之而来的是美国不断恶化的国际收支平衡，因为只有从美国不断地输出资本才能够支持其他国家的建设以及美国跨国公司的国际扩张路径。

因此，在 20 世纪 60 年代远期合约又开始流行，套期保值的活动又重新有了动机。黄金输送点被布雷顿森林体系的波动幅度所替代。但是，当人们签订金额巨大的合同的时候，如果不进行抵补，即使是最微小的汇率波动都可能给他们造成巨大的损失或者收益。德国和意大利货币当局鼓励它们的银行和外国使用美元进行借贷，并为它们的银行设立了专门的远期美元市场，这也就培育了初期的欧洲美元市场。各国的中央银行在处理各国银行系统的时候均各自开展了封闭的远期交易市场。[②]

在布雷顿森林体系崩溃之后，所有的交易活动都重新回到了自由市场状态，凯恩斯的方程也因此成为了外汇交易商的谋生法宝。在20世纪50年代末和60年代初经济学家们重新开始对外汇产生了兴趣，而这种情况在70年代变得更加明显。当时的浮动汇率和盯住汇率的努力使得外汇交易市场规模不断扩大，同时也使得外汇市场变得更加动荡，特别是当时的一些国家出现了国际贸易增长速度远远超过国内GDP增长速度的现象。在浮动汇率制度下，即使是商品和制造品贸易商也因为不断变化的汇率而选择进行套期保值的活动。正如凯恩斯在20世纪早期所说的那样，人们这样做的目的绝不是为了投机。

因此，有人将会认为我们现在的国际金融理论都来源于凯恩斯。毕竟，远期市场是衍生品市场的雏形。然而，事实却远非人们想象的那样。在这个领域里，凯恩斯的名字已经被人们遗忘或者仅仅在人们的脑海中一闪而过，但是他的贡献却将科学的分析方法带入了这个领域，他的理论也成为绝大多数实践家的万灵药和经验法则。

在出现所谓的行为金融学之后，凯恩斯的理论便变得更加非同寻常了。凯恩斯的一些著作，特别是《通论》中的某些章节，可以很容易地被看做是现代行为金融学的基石。[③]一想到行为金融学，在我脑海中首先出现的便是《通论》第12章“The State of Long Term Expectation”。当代的一些学者经常引用他文章中那些华丽的文字，却很少有人对原文作者表达过敬意。然而，这些华丽的文字却仅仅是市场非理性行为的一个例子。另一个同样具有说服力的例子是凯恩斯对远期汇率的研究成果。他发现在两次世界大战期间，抵补的利率平价产生的偏差只有大到50个基点或者更多基点的时候才会产生套利活动。

在《货币改革论》（*Tract*）中凯恩斯写道：

首先我们假定货币市场的条件是，相对于购买即期美元出售远期美元需要每年1.5%的折扣，这种情况下既不会盈利也不会亏损。现在如果抛除套利者后远期美元的购买者数量大于出售者，那么对远期美元的过度需求就由在伦敦有现金资源的套利者以低于每年1.5%折扣一定数量（比如0.5%）的价格来满足，这使得套利者可以获得丰厚的利润来弥补自己的麻烦。然而，如果远期美元的卖方数量超过买方数量，与之相反的是卖方必须提供足够大的折扣来吸引投机者的参与，也就是说，需要给在纽约有现金资源的套利者提供超过1.5%折扣一定数量（例如0.5%）的折扣价格。因此，远期美元的折扣价格会根据供求的情况在每年1%到2%之间波动（CWK 4, p. 106）。

这是可以吸引投机者的最低的利润空间。但是凯恩斯在同一本书中也表示，这个利润空间可能会更大。

“然而，这种持续性的价格偏离正在变大，”在Paul Einzig关于外汇的著名著作中重申了凯恩斯的理论，他写道，“因为可供投机的流动性资产并不是没有条件限制的，所以需要足够大的幅度才能够引起投机行为的重新调整”（Einzig 1962, p. 275）。

不管怎样，凯恩斯写道，“即使只需要最基本的远期汇率知识，但还是没有人能够看出1920年存在于纽约和伦敦之间的套利机会，在当时如果卖出即期美元便可以获得6%的年收益率，这远高于伦敦的短期利率”（CWK 4, pp. 107 – 108）。

在最后的三十年里，随着浮动汇率的出现和通讯技术的进步，套利区间逐渐缩小到最多只有几个基点。然而，整个行为金融的现代理论就是对弗里德曼观点的一种驳斥。弗里德曼认为，由于起到平衡作用的投机活动消除了套利区间的存在，因此可以使一价定律在任何时候都适用于国际金融市场。当时很少有人关心凯恩斯在1922年和1923年关于这一方面所写的文章，以及他随后的一些关于这方面的著作。

就两次世界大战期间的外汇市场而言，由Peel和Taylor（2002）根据外汇汇率数据所建立的非常复杂的计量经济学分析，证明了凯恩斯关于50个基点便是套利者进入市场门槛的观点。凯恩斯的名言“市场可以一直保持非理性直到你失去偿付能力”只能适用于作者说这句话的那个特殊的时期背景，很有可能这句话是凯恩斯在自己糟糕的股市经历之后说出的，或者这句话本身就是后来人伪造的。

最近，Barberis和Thaler（2002）共同承担了一项“行为金融调查报告”的学术研究活动，该报告最终出版于 Handbook of the Economics of Finance。两位学者在该报告中批评了弗里德曼以下的观点，他认为套利者的套利行为可以消除任何两个市场、任何两种金融工具之间的套利区间，弗里德曼也因此得出了一价定律在任何时候任何地点均适用的结论。实际上，可以实现价格收敛的套利技术很容易产生不稳定因素，其中便包括1998 年 8 月随着美国著名的对冲基金 Long – Term Capital Management 倒闭而出现的国际金融市场的动荡。Barberis 和 Thaler 认为，因为套利活动包括在买入价格低于正常理性价格资产的同时，卖空和价值被低估资产在未来任何情况下都具有相同现金流的“替代”资产（Barberis 和 Thaler 2002，p. 4）。对价值低估资产的需求会导致它的价格回归到正常的价格上来。

Barberis 和 Thaler 证明当出现偏差定价的时候，纠正偏差定价的策略不仅风险大而且成本也会很高。因此，偏差定价一直没能得到市场的纠正，因为任何试图采用修正偏差定价的策略将会被证明是非理性的和有风险的。

经过片刻的思考之后，你会发现 Barberis 和 Thaler 在他们的文章中所阐释的观点和凯恩斯观点在本质上是相同的，凯恩斯曾指出偏差定价达到50 个基点或者更多基点的时候套利行为就会发生。

此外，和大多数行为金融学的处理方法一样，Barberis 和 Thaler 也强调在大多数的套利理论中隐藏着一个前提假设，即用于套利活动的资金供给是没有条件限制且具有稳定的现金流，而现实情况却恰恰与之相反。大多数金融市场的动荡都发生在套利商给出利空消息之后，套利商的投资合伙人由于感受到损失风险而主动地减少自己的风险敞口，这使得套利商的损失进一步扩大，这种恶性循环将会一直持续下去。投资者遇到市场挫折之后拒绝继续坚守而撤资出逃，由于没有资金可以继续赌博，套利商自然也就面临破产。自筹资金的套利商的资金实力要比从投资者那里融得资金的套利商更加薄弱，在非理性的市场之中他们会更早地破产。

有些时候，套利策略将会突然变得难以实施，特别是套利商无论付出多高的代价都无法借入构成其套利策略的组合资产的时候。在美国次贷危机的影响下，在其他资本市场中这种情况也发生过。套利商所遭遇的是资金供应量的限制而非供给价格的限制，因此他们必须使用自有资金或者从其他的个人或者机构处借入资金。

这也是凯恩斯的主要观点之一，套利活动中的每一方都扮演着不同的角色，在任何时候都会存在着套期保值的商人、纯粹的投机者以及纯粹的套利商，但是其中任何一种角色都可以在任何时间转换成为另外两种。

套利市场中参与角色的细化也是造成外汇市场不断波动的原因之一。只要对汇率和（或者）利率，或者商品价格的未来走势持有坚定的信心，那么一位贸易商或者纯粹的套利商就可以转换成为一位纯粹的投机商。作为投机者他们将会在市场中进行赌博，但是在一定的时候他们又会回归到他们原来的角色以覆盖他们各自的风险敞口。就像我在上文中提到的，更加危险的事情是贸易商、套利商和投机者用借来的资金参与市场投机活动。当市场出现恐慌的时候资金出借方随时都有可能收回资金，融资方就有可能由于不利的市场调整而存在破产的可能。即使融资方理性地知道市场在经过非理性之后肯定会重新回到理性的并会对自己有利的方向上来，但这还是于事无补，因为与他们的理性预期相对应的是资金出借方的信心匮乏。

因此，资金出借方对流动性偏好的突然改变，即使这种偏好的改变不会持续太长时间，但也足以毁灭融资方套利活动，因为融资方在缺少资金的情况下继续参与市场只能选择在亏损状态下平仓。

在行为金融学中另一个经常被讨论的话题便是所谓的噪声交易。这一概念最初是由 Delong et al.（1989）提出的，噪声交易描述的是金融市场中存在的信息不充分，会使得非理性的投资者阻碍那些信息充分的理性经营者的市场行为，市场也会因此朝着更加非理性和不稳定的方向发展。凯恩斯通过他华丽的文字以及他对市场非理性和代理人破产的比较，再一次准确地论证了这一命题。

然而，凯恩斯从坚信理性代理人的投机和套利活动会使得市场稳定，到意识到尽管理性代理人会利用非理性代理人信息不充分行为而获利的情况的确存在，但是市场还是不稳定的，他的这一改变是一个逐渐变化的思想过程。[④]在凯恩斯的第一篇关于远期汇率的文章中，也就是在该文中他提出了抵补的利率平价公式，他十分坚定地认为专业套利商和投机者所起到的稳定作用是显著的，因此，凯恩斯支持为他们发展一个高度流动的货币市场以使他们可以在应对国际交易商的信息不充分行为时发挥稳定作用。

在后来的《货币改革论》（*Tract*）一书中凯恩斯同样复述了这一观点，即如果专业的套利商和投机者的数量足够多，并且如果他们有充足的短期资金来实施他们的稳定策略，那么汇率和利率都将是稳定的。因此，在这一阶段凯恩斯所持有的观点和后来 Barberis 和 Thaler（2002）所认为的弗里德曼的观点在本质上是一样的。

在 20 世纪 20 年代和 30 年代两个动荡的十年过去之后，凯恩斯改变了他对现在我们称之为行为金融学的支持态度。他认为理性代理人是相对于"噪声交易者"的一种平衡力量，但他们的行为却很少在获利的同时能够起到稳定市场的作用。

此外，凯恩斯还预见了 Kahneman 和 Tversky 在 20 世纪七八十年代才发展起来的理论，虽然他的这种预见还只是一种推论没有形成理论体系。在凯恩斯主义者的文章中一直反复出现的是惯例、表述和构想，特别是在凯恩斯著名的作品中这种现象尤为明显，尽管他曾在其著作《概率论》（*Treatise on Probability*）中使用过类似于 Kahneman 和 Tversky 作品中普遍存在的实验心理学和概率论混合使用的方法。

事实上，就像我所说过的那样，通过阅读《通论》和《概率论》（*Treatise on Probability*），你将会得到这 40 年之后的 Kahneman 和 Tversky 通过一些非常巧妙的实验所证明的行为学命题，我相信凯恩斯也将会对这些实验非常感兴趣。

注释

本章第一次发表于 *Alfred Marshall e John M. Keynes: rottura o continuità*，由 Mauro Ridolfi 编辑（Perugia：Maggioli Editore，1980）。

① CWK 7，p. 242. 凯恩斯引用马歇尔的著作《经济学原理》（*Principles of Economics*）（1920，p. 581）。

② 1964—1965 年，我还在剑桥大学期间，我给 Political Economy Club 俱乐部提供了两份论文，一份是关于远期汇率干预的文章，另一份是关于欧洲美元市场和中央银行的货币政策，时至今日均未发表。

③ 2007 年 12 月，George Ackerlof 在他就任 American Economic Association 协会主席的演讲中也表达了这一观点。Bradley Bateman 也和我持有相同的观点。

④ Bradley Bateman 曾经提醒过我一个类似过程的例子，其中凯恩斯改编了他的理论

以适应不确定性的概念。大约从 1933 年《货币论》（*Treatise*）开始，凯恩斯拒不承认不确定性是商业周期的一个重要原因。直到多年后，他才把不确定性融入了他的经济学之中。

第十三章　凯恩斯对现代经济学的影响：凯恩斯那些被忽视的金融和经济政策理论的贡献

Jan A. Kregel

序言

通常情况下，人们会认为凯恩斯的《通论》所要研究的问题是在经济处于萧条状况下实体经济的宏观经济总量问题。因此，许多人认为该理论并不具有普遍适用性，一方面，需要对其在“正常状态”的经济条件下进行重新讨论，另一方面，还需要对名义价格水平的决定因素进行重新讨论。在战后时期，前者是通过讨论如下问题解决的，即个人的“微观经济”决策构成经济总量，也就是古典的个人最优化理论，也被称为宏观经济学的“微观”基础。后者的名义价格问题则是通过附加短期菲利普斯曲线来解决的。这样做的结果便是产生了“新古典综合”和“货币主义反革命”，同时也为理性预期革命以及前凯恩斯古典经济学的复苏奠定了基础。

凯恩斯的政策建议也以相同的方式被剔除了精华，只剩下后来被称为“Hydraulic”的凯恩斯主义，即通过使用政府税收和支出政策来保证足够的总需求和充分就业。20 世纪 50 年代出现的滞胀（即不断增加的失业率和不断攀升的物价同时存在的局面）和 70 年代出现的恶性通货膨胀局面，使得财政政策产生了政策悖论，因为不可能在使用扩张的财政政策来产生支持充分就业需求水平的同时使用紧缩的财政政策减少需求以抑制通货膨胀。这使得人们在重新拾起货币政策工具并把货币政策当成既可以抑制通货膨胀又可以稳定物价的最恰当工具的同时，又把供给税收刺激看做是维持就业刺激经济增长的最恰当工具。因此，凯恩斯通过影响长期利率预期的货币政策被控制货币总量增长率的政策所取代，凯恩斯主义财政政策也不再有宏观经济目标，取而代之的是通过减少政府对经济的干预和减少边际税率刺激投资等措施来直接增加私人刺激。这完全颠覆了凯恩斯的方法，使得整个财政和利率刺激变成了残余物。

货币主义货币增长目标政策的失败最终导致了人们对货币内生性的认识达成了共识，并使人们重新认识到利率及其预期政策的重要性。然而，这并不是对长期利率预期的关注，而是对以“通货膨胀目标”为表现形式的未来通货膨胀预期的关注。供给学派为了达到财政收支平衡而减少税收和减少政府干预政策的失败致使临时性的预算规则出现，即任何新的财政支出必须和新的筹资手段相匹配。

然而，在互联网泡沫破灭时期、“9·11”之后的经济低迷时期以及当今的次贷危机时期急速下降的经济活动和资产价格已经违反了原始版本的前凯恩斯主义政策，用直接的转移支付来增加私人支出，直接注入流动性以支持金融机构等措施几乎成为了定律。政策制定者似乎已经回归到凯恩斯主义政策上来，但是却丢失了支持这些政策的理论基础。原因来源于上面提到的初始信仰，因为凯恩斯理论是基于对实际经济总量对支出政策措施的反应的预测能力。然而，回顾凯恩斯著作，我们可以发现这种对实际经济总量行为的强调并不能代表凯恩斯对经济理论和政策的贡献。本章将会回顾凯恩斯主要著作的创造性贡献，并集中展示在《通论》（CWK 7）中是如何将它们统一于一项政策的，而这些政策完全不同于在通常情况下所表述和批评的凯恩斯主义理论，也不同于当前我们所采用的凯恩斯主义理论。[①]

《通论》中的金融基本要素

《货币改革论》(*Tract*) 和利率平价

凯恩斯《通论》中出现的理论涵盖了他早期作品对金融理论贡献的一些基本要素，这些早期作品开始于《货币改革论》（*Tract on Monetary Reform*）（CWK 4）。在该书中，凯恩斯解决了世界范围内放弃金本位之后应该采取什么样货币政策的实际问题。他遵循了 Cassel 的政策建议，即稳定国家货币单位的国际购买力平价应该取代稳定黄金购买力成为货币政策的首要目标。这是对金本位制基本特性的一种直接复制。在金本位之下，黄金的自由流动使得利益最大化代理人将会在黄金价值被高估的国家把黄金兑换成商品，而高估的黄金价值则是由较低的国内物价水平造成的。在物价水平低于平均水平的国家中，人们将会增加黄金的进口并将其兑换成商品（或者增加该国商品的出口）；而物价水平高于平均水平的国家（会增加商品的进口）的物价会降低。当所有国家中的黄金购买力相等的时候，黄金和商品就会停止流动，均衡也就达到了；在成本调整之后，国内黄金供给的变化将会使得以黄金表示的国际贸易商品价格趋于相等。

使用该思想建立的货币政策将会产生相同的结果。而通过国内货币制造与货币国际购买力进行联系便可以发挥上述作用。这种做法中货币供应量的联系是非常明显的，并可以简单地表示为从控制货币供给稳定国内物价转变到控制货币供给稳定国际购买力上来，即购买力平价。实际上，凯恩斯继承了马歇尔的思想，并相信数量论的普遍有效性。然而，他认为数量论的支持者并没有能够将其以合适的形式阐述出来，后来他便提出了一个可以很好区别于传统理论的新的数量论阐释版本。他同时提出的还有我们现在十分关注的购买力平价的普遍适用性问题。

更加重要的是，凯恩斯指出了新方法和传统的金本位制运作之间的主要不同。在金本位制下，尽管有较大的季节变动，

> 每日结算余额过去可以由银行家的资金活动来调整……但是现在这不仅仅是纯银行家的业务了，因为在市场中已经存在了套利的可能性。如果银行家将信贷资金从一国暂时转移到另一国，他是没有办法确信其后收回资金时所要面对的汇率的……他将会意识到汇率的不可预见性有可能会使他损失惨重……实际上，信贷需求的季节性调整已经不再是银行的套利活动，因此市场中产生了对投机性金融的需求。因此，在当前的情况下每日结算余额都会面临汇率的大幅波动，尽管整年的结算余额可能是平衡的（CWK 4，pp. 109 – 110）。

因为黄金输送点下有一种暗含的保护机制来抵消套利带来的汇率波动风险，私人短期套利资金所面对的汇率风险可以被准确地确定在黄金输送点之内，因为汇率波动的幅度已经被黄金物理输送的可能性确定下来。而这种汇率波动幅度的确定性将不会存在于有管理的货币标准下，因为一国中央银行在遵守维持购买力平价稳定的新准则之下的货币政策操作已经使得汇率波动幅度限制不存在了。

为了弥补这种缺憾，凯恩斯建议出口商使用远期外汇市场来对冲不断增加的汇率波动风险。为了解释远期外汇市场是怎样覆盖汇率风险的，凯

恩斯建立了利率平价理论，该理论认为相对于即期汇率而言，远期汇率的升水或者贴水是由不同货币之间的利差决定的。[②]

凯恩斯所使用的方法类似于资产组合复制的概念，这一概念是自从20世纪70年代引入浮动汇率以来金融工程发展的基础。凯恩斯认为，相对于本币在未来以今天固定的汇率提供外币的承诺完全可以确定下来，其确定方式是先借入一定数量的本币，再以即期汇率将其兑换成外币，并以外国利率进行投资并持有到期后的数额便是远期合同中需要支付的外币数量。因此，该操作的成本便可以由借入即期货币的成本和外国存款利息收入与本国贷款利息支出差额之和构成。凯恩斯认为远期升水"总的来说表明了市场对持有资金的偏好"在一个市场中不同于另一个市场（CWK 4, p. 123），"因此，期货和现货的价格差异便是对其中一个国际中心货币和外汇市场持有资金偏好的准确度量了"（同上，p. 124；着重强调）。

需要注意的是，这里提出了期货和现货价格代表着对持有其中一种资产而不是另一种资产的偏好的命题，以及利率的变动会使人们重新考虑这一偏好以再一次达到平衡的思想。因此，如果国内利率的变化引起了息差的变化，在期货市场上对两国期货市场和贷款市场的差异进行套利是有利可图的。如果国内利率下降，提供远期汇率保险的成本就会相应降低，所以远期利率的现有配额被高估了。而获得利润有以下多种途径：在期货市场上出售外币、借用本国货币并按即期汇率兑换成外币，然后按外国利率进行投资，在远期进行交付。这样做会增加远期外汇的供给，拉低远期汇率，同时增加即期外汇的需求，抬高即期汇率。同时，对国内借款的需求以及外国贷款的供给都增加，抬高了前者的利率，降低了后者的利率。这些行为综合在一起矫正了远期外汇的价格偏离。如果国内借款利率是固定的，那么将是外国利率以及即期远期价格进行调整。在凯恩斯著书的时代，英镑是全球货币，所以英镑的银行利率被假定是由英国中央银行固定的，调整因素是其他货币的利率以及即期汇率。

《货币论》与期货价格理论：正常现货升水

在《货币论》（*Treatise on Money*）中，凯恩斯继续研究了即期价格和远期价格间的联系（在对国际金融体系改革保持关注的同时）。然而，他拒绝用数量论作为货币对价格影响的基础，相反为可用的和不可用的产出制定了基本价格方程，并强烈反对回到金本位。特别是，他转移了分析的焦点，从货币需求对价格的影响转移到了经济中有效的经济决策上，尤其是“生产者的努力和消费者支出”（CWK 5，p. 120）。

然而，最令人感兴趣的是凯恩斯对货币与价格间关系的重视。尽管对于可用产出的基本方程看起来非常像一个成本加（意外之财）利润（正常利润包括在成本中）定价模型，价格由效率工资给出，投资与储蓄的利率差异则决定了超额利润。最感兴趣的是被忽视的短期价格理论，这在关于商品市场的价格行为的讨论中有所概述（CWK 6，pp. 140ff）。

在这里凯恩斯指出了如何消除过剩库存对价格行为以及从事新生产决定的重要影响。再一次地，从今天的现期价格以及一个远期价格出发，他注意到，有过剩商品库存的市场和流动商品供给市场的运转方式不同。在后者中，降低的价格使生产减少，需求增加，最终恢复平衡，而在前者中可能出现相反的情况。如果预期未来的价格低于当前现货价格，那么在限期卖出库存以避免未来损失是有利可图的；即使这些存货是生产所必需的，现在卖出也是更有利的，因为将来可以以更低的价格将它们买回。这会对当前市场价格产生额外的降价压力，进一步降低远期价格预期，并增加卖出现有库存的压力。问题是，市场如何扭转这种价格的螺旋下降，让其恢复到正常水平，并为新生产提供激励。

凯恩斯提出了所谓“忽略的”的短期价格理论作为对策，该理论的简化方程是 $pq = xy$。[③] 该等式的含义如下：x 是正常价格的一部分，称做持有成本，x 越高，y 越高，y 是恢复的时间。使价格回复到稳定要求的降价幅度越大。意思就是，如果你想更快回到正常运转，你需要尽可能降低持有成本——比如，降低利率。q 代表生产的降低或者消费的增加，q 越大，经济回复正常所要求的降价幅度就越小。这里的含义就是采取措施尽快减少过剩库存——通过制定库存缓冲计划措施来减少生产增加或其他政府支出，以此减少复苏的时间，增强消费对价格下降的反应性。

随后凯恩斯又重申了“期货市场”的论点（1930，第 2 卷，142 页）。凯恩斯注意到，在有组织的商品市场中总是存在两个价格，一个是现期结算价格，一个是未来某天的远期结算价格，而后者对生产者很重要。如果生产者可以在某个价格上赚取正常利润，“那么他就可以放心大胆地生产，卖掉产品，毫无风险”。然而，这种联系可能被现有存货对现期结算价格的影响所干扰。如果没有多余的库存，那么“现期价格可能会超过远期价格”（比如，用市场语言来说，存在一个现货升水）。这意味着对当前产出有过剩需求，只有通过增加产出才能满足。现期价格会上升，直到进行未来交货的购买更有利，而不是通过现有的日益不足的供应。在激励生产者增加生产以在未来销售的同时抬高了对未来产出的需求。

然而，凯恩斯指出，现货溢价的存在并不要求必须出现异常的现货短缺。他指出，在供求平衡时，现期和远期价格没有差别；然而，正常情况下，寻求在远期出售的生产者相对于规避价格上涨的生产者之间总会存在失衡。这会造成出现过剩的在远期交付商品的合同，拉低未来的价格使其低于现期价格，并且造成正常的现货升水。只要未来交付的价格停留在现有供给价格之上，生产就会继续进行。

正是在这种背景下，存在剩余库存会阻碍当前生产，因为它使现货升水成为可能。如果现货升水与超量库存并存，那么现在销售未来交付就总是有利可图的，而不是持有存货并导致产生仓储保险等成本。事实上，凯恩斯认为，存在剩余库存总会导致远期价格高于现价。比如，用市场语言来说，存在一个“价差”。而这个价差必须等于持有存货的仓储、贬值和利息成本。也就是说，卖出即期并买回以进行未来交付的成本必须与购买了库存并持有到远期交割日的投机者承担的费用相等。必然出现的结果是，教科书关于远期价格的解释是现价加上持有期的持有成本。

然而，重点是新生产带来的多余库存，以及凯恩斯观察到的“摆脱剩余库存的努力加剧了衰退，这些成功的努力延缓了经济复苏（CWK 6, p. 145），这是因为“库存带来的额外不确定因素以及额外供给带来的风险……换句话说，远期价格的报价，尽管高于目前现货价格，必然会跌落到预期的远期现货价格之下，价差至少是正常的现货升水之值；而目前现货价格，因为低于远期价格报价，必然低于预期的未来现货价格”（p. 144）。因此，不存在现期生产未来售出的激励，而且短期价格分析给出的回到正常生产要求的条件，以及由现有商品的基本价格方程给出的正常价格。④

货币产出理论

在《货币论》与《通论》期间（CWK7），凯恩斯前进了一大步，他用金融概念展现了投资决策如何决定经济行为。凯恩斯用“生产者努力”定义“是否预期支付一个拥有资本设备的公司来为发生变化成本支付货币，比如，花钱雇佣劳动力然后销售产品是否会比将该笔钱留存起来在会计周期末带来更多利润”（CWK 29，p. 66）。他还同意马克思关于资本主义经济由 M－C－M 关系式决定的论断，这意味着，在今天花钱生产产品，在未来卖出来获得更大一笔收入，忽略 C 的影响，无论其高或低。这种强调当前支出与未来收入的配比，与前面关于现期和使生产有利的必要远期价格的分析非常匹配。

凯恩斯向读者指出，《货币论》（*Treatise on Money*）与《通论》最主要的一个转变是，从一个有给定水平的产出，向一个产出水平有变化的理论的转变。前者有良好的通货膨胀预期，正常价格由基本价格方程式给出，后者关于远期价格是具有不确定性的。因此，在《货币论》中，偏离正常情况表现为不可预见的利润或损失，这造成了当前价格对基本方程式给出的价格的偏离。然而，不可预见的利润或损失应带来正常价值的变化，就像短期价格理论中 q 和 c 的变化会带来产出和消费的暂时变化一样。在《通论》中，凯恩斯放弃了对正常价值和自然利率有良好预期的正常价格，并调查了系统中对均衡的偏离如何决定了调整和不确定性。

他还告诉我们，细分利润决定并回归到投资是他思想中的重要一环。然而，这两个概念的形式都符合他前面关于即期和远期利率关系的分析。区别是从对流动性偏好和资本边际效率的解释这个角度来说的。对于前者，对供给方没有分析；对于后者，凯恩斯介绍了用户成本的概念。

《通论》中提到的优先金融基础

在《通论》中，凯恩斯直接地或者间接地提到了他之前金融分析方面的工作。这在第 16 和第 17 章中尤其明显，凯恩斯在那着手于现货市场和期货市场的分析。例如，第 17 章第一页的定义：货币利息率——我们可以提醒读者——只不过是超过远期交付合约约定数量金额的百分比，例如，一年内超过远期交付合同约定数量的我们称之为“现货”或者现金价格（CWK 7，p. 222）。凯恩斯还指出每一种商品都可以用这种方式表达和“对每一种资本资产而言都存在一个类似货币利息率的东西”（同上，pp. 222－223）。

凯恩斯然后在短文中利用他对不同的货币的分析作为分析个人投资者的努力方面不同拥有率的模板。事实上，他提醒读者他正在做这件事情，通过指出“这也许需要补充，正像任何时间都有不同的商品利息率一样，所以外汇交易商也熟悉两种不同货币的利率不一定相同这些事实，例如英镑和美元。因为用英镑计量的外国货币的“现货”价格和“期货”价格之间存在差异，作为一项规则，对不同的外国货币来说，一般是不同的（同上，p. 224）。

采用和他分析利率平价精确的相同方法，凯恩斯写道就像英镑的远期折价和溢价致使投资于不同国内利率的货币最终收益相同，当以标准进行评估时，标准账户将有一个预期的升值或者贬值使个人的收益率走向平等。这是凯恩斯在第 17 章引进 a 因素的原因。和外国货币市场不同，在那唯一的因素是利率差异，对整个经济的分析中，投资者将有一个很大的投资选择范围，并提供被不同的因素刻画其特征的不同回报率。

例如，凯恩斯对未来价格的分析很明显地指出了所有者成本在库存商品的现期价格远期价格之间关系的决定中扮演了重要的角色。因此，凯恩斯把这个因素介绍为 c，其决定该商品的回报率。凯恩斯还指出企业家的投资努力可以被代表为在生产产品和雇佣劳动力上的花费与收回的收益之间的差异，定义为 q，净收益。不管怎样，净收益和在比较货币中考虑的收益不同，其区别在于前者没有单一的远期或者未来价格，而是一系列的未来收益。这意味未来收入流必须被缩减成一个单一“价格”来保持和利率平价正式的关系。凯恩斯通过建议采用收入流的目前净价值来解决这个问题，通过未来每期的未来收入预期来代表未来对现在的影响。

不管怎样，他指出投资的现货价格也必须考虑未来对目前的影响进行修正。这个凯恩斯定义为“所有者成本”。理解所有者成本曾经对大部分凯恩斯解释人员来说很困难，这个概念几乎已经从宏观经济学中消失了。但是当考虑到上面描述的凯恩斯关于未来价格的成果，那么它就很容易被理解了。事实上，凯恩斯再一次把他的读者引到这个结果：“（所有者成本）的计算被展示出它最简单的、最明白易懂的形式……像铜这种原材料多余库存这个案例，这个案例在我的《货币论》（*Treatise on Money*）第二卷第 29 章的解释中我已经解答过”（1936a，p. 70）。然而，这存在着差别，凯恩斯指出：

> 在原材料这个案例中考虑到持有者成本的必要性是很显然的——如果一吨铜在今天用完，那么明天就无法使用了，明天准备使用的铜

的价值必须作为边际成本的一部分来被估计。但被忽略的事实是铜只是当资本设备被用来生产时发生的一个极端案例……这是他们应用于生产的持有者成本和补充成本以及相对于固定资产的流动资产这些概念的优势。原材料和固定资产的关键不同在于流动资产的收益只包含一个时期；而固定资产更加持久并在每期逐渐消耗，他的收益包含在接下来时期的一系列的持有者成本和利润收入中（同上，p. 73）。

因此，“持有者成本构成了现在和未来的一个联系。为了决定生产的规模，企业家不得不在现在完全使用设备和留着以后使用之间进行选择。未来收益的牺牲被预期包含在目前使用之中，目前使用决定持有者成本的数量，同时牺牲的边际数量和边际因素成本以及边际收益一起决定了他的生产规模（同上，pp. 68－70）。

因此，持有者成本可以这样得到：“如果它现在没有被使用，那么将会在这之后的时间内获得额外的未来收益，然后计算额外的未来收益的折现价值，这便是所求”（同上，pp. 69－70）。考虑到持有者费用是建立在未来价格的分析上，净收益 q 的计算或者投资决定的边际效率将会要求对包含未来预期的成本进行调整，就像销售收益的计算将会要求未来市场条件的预期一样。事实上，凯恩斯认为持有者成本的增加是他对投资理论的唯一原始贡献，并且它是作为资本供给价格方面来定义的，而不是从需求价格方面。

最后，凯恩斯以和一种资产相联系的“溢价”的形式介绍了流动性偏好，这种资产被一种偏好决定持有而不是持有其他相似的资产。如之前所指出，测度持有金钱溢价的利率已经被指定为以现货和远期价格的形式。注意到凯恩斯频繁指出流动性溢价作为货币的边际效率。这是因为第 17 章的分析是把他所有的资产收益变成相等，还由于货币的收益也可以以持有者成本的形式来分析。不同于未来价格的分析不在于质币有一个多期的收益，而在于它没有持有成本。不管怎样，如果货币被借出去，那么未来价格一定高于现货价格——虽然期货溢价不能被传统的未来价格的持有成本理论解释，凯恩斯假定其在货币方面为零，并且凯恩斯通过定义流动性来决定它。就像凯恩斯指出的那样，名义的交割延期费并不要求股票的短缺，市场中的期货溢价不需要被货币的多余供给来引起，但是它却可以被那些努力想变成流动性（借出——供给远期货币）相对于那些想变成非流动性（借入——需求远期货币）之间的不平衡引起。目前贷出货币和将来收到货币的不同产生了两种风险，分别是由收到证券的资本价格的可能变化导致的价格风险和无法按合同收回的风险。或者，持有者成本能被放弃的收入来衡量，这个放弃的收入是在今天借出货币而不是等到未来利率最高点时再借出去的结果。⑤

因此，凯恩斯提供了收益的全面规范，它某种程度上应用于所有投资者，只要以三种形式贡献 q、c 和 l 的现货和远期价格的差别被给定，所有的这些都是未来对现在的影响的表达式。向均衡的调整通过 a 因素运动的分析来获得。因此，凯恩斯提供了一个系统，在这个系统中，每一个投资可能性的收益率 r 通过 a（折扣或者溢价）进行调整，它将被 q、c 和 l 的相对重要性决定。凯恩斯描述这个过程如下：

> 为了决定和均衡保持一致的各种不同资产的预期收益之间的关系，我们也必须知道在这一年中相对价值预期将要发生的变化。拿货币（只需要根据这个目的进行货币折旧，我们可以同样采用小麦）作为我们测度的标准，房屋的预期升值（或者贬值）率为 a_1，小麦为 a_2……房屋和小麦以货币形式的均衡需求价格将会是在各个选项中没有任何一个选项占有优势以被选择；——即 a_1+q_1，a_2-c_2和 l_3 相等。标准价值的选择将不会对结果产生影响，因为从一个标准向另一个标准转变将会同等地改变所有其他的项目，即通过一个等同于以旧的形式的新标准的预期升值（或者）率的数量……
>
> ……现在这些名义供给价格（理解为“生产”价格）小于需求价格（理解为“远期”价格）的资产被新产生出来；并且这些将是那些边际效率（以它们的名义供给价格为基础）比利率（不管它是什么，两者都被相同的价值标准来衡量）高的资产。当开始于拥有边际效率至少等同于利率的存量资本增加时，边际效率……倾向于降低。因此，我们将得到一个结果，它不再为生产它们进行支付，除非利率也以相同的比例下跌。当没有资产的边际效率达到利率时，资本资产的进一步产生将会保持停滞。
>
> 让我们假设（当做这一阶段讨论的唯一假设）有一些资产（例如货币）的利率是固定的（或者当产出增加时，下降的比任何其他商品的利率更慢）；这个位置是怎么调整的？因为 a_1+q_1，a_2-c_2和 l_3 必须

相等，所以 a_1 和 a_2 也必须随着上涨。换句话说，目前每一种商品的货币价格除了货币都倾向于相对于它的预期未来价格下跌。因此如果 q_1 和 $-c_2$ 继续下跌，得到一个结论，生产任何商品都不是有利可图的，除非在未来某个时间的生产成本被预期增长高于现在成本一定数量，这一数量将会弥补现在而不是在预期更高价格时进行生产的成本（1936a，pp. 227 – 228）。

注意到凯恩斯只是描述了生产者能够“全速前进”这种情况，这是由于产品的现货价格低于远期价格，并且如果生产者这么做，他们将会对产品的远期价格产生影响，并将缩小生产价格和未来价格之间的差距，因此他们的收益从生产和投资转移到货币收益更高的部门。

凯恩斯指出，并非货币利率设定了“产出率的极限……而是资产的利息率在资产存量普遍增加时下降得最慢……当产出增加时，自有利率水平下降，使得各资产纷纷跌落到盈利的生产标准之下——直到最后，一项或更多资产的自有利率停留在同一个水平，这个水平高于任何资产的边际效率”（同上，p. 229）。

这使凯恩斯有了对货币经济的正式定义——在货币经济中，未来预期决定当前决策，当需求增加时，有一项资产的回报率比其他资产下降得都慢（换句话说，非货币经济中不存在流动性溢价大于持有成本的资产）。在这样一个经济中，不能保证所有的回报率都达到充分就业水平下的投资回报率。相反地，当这个条件不满足时，投资会继续直到所有资源都被投入使用——这要求雇佣更多劳动力才能创造利润。事实上，Hayek（1943）也论证了事实的确如此，设计综合商品货币就是为了确保一项货币需求会增加收入和就业。

什么是货币生产经济中的货币？

正如凯恩斯指出的，货币经济的定义未明确指出什么是货币——它可以是任何不可再生的耐用品，但他指出，现代经济中的货币与《货币论》（*Treatise on Money*）中描述的“代用货币”最为接近（1930，Vol. 1，pp. 9 – 11）。代用货币具有一些特殊的性质，使得对其需求增加时回报率下降更慢或者完全不下降。他把这个特性定义为生产和替代的低弹性或可忽略弹性。请注意，这不能理解为货币是外生的——凯恩斯明确表示货币是一种债务信用关系，因此是内生的。重要的是，对货币需求增加时，即使这会造成供给的增加，也不会带来流动性回报率的降低，或者提供更多的就业。

这与依赖货币商品内在价值或者为信托基金提供支持为基础的货币价值的传统分析大相径庭。有趣的是，凯恩斯宣布“货币生产理论”的那一年，也是黄金不再发挥资金的作用，从而不再执行对信托资金的实际支持作用的那年。如果货币被认为是一种债务信用关系，这就引发了一个问题，如果没有最终真正的外部资产，如何结算债务——或者说也是海曼·明斯基的问题，即为什么他不能在他的债务结算中让任何人都接受他的私人欠条。这个问题的答案可以通过以下认识得到，即最重要的不是存在一种可以结算所有债务关系的最终实际资产，而是需要有一些实体可以发行债务，而这些债务可以用来结算其自身的债务。

凯恩斯在关于货币的早期著作中解决了这个问题，答案在 Friedrich Knapp 和 Mitchell Innes 提出的著名的“国家货币理论”中解释得更加具体。在这种方法里，货币不是一种实际资产，而是源于一国单方面强加给公民一项责任的能力，比如征税，唯一的清算保证是政府保证偿付的承诺。这与 Innes 所观察到的争论不谋而合，世界各地信贷的本质在于债权人有权向债务人交还后者的知识或义务。

因此，经济遵循以下原则，和政府强加给公民的纳税义务相比，货币的创造和毁灭取决于国家欲向公民购买的商品和服务。如果国家实行平衡的预算，作为一个整体而言，公民只需满足他们的税务负担（尽管一些个体可能没能力承担）。反过来，如果国家花费少于税收收入，持有预算盈余，公民就不需要满足税务负担（尽管有些个体有能力这样），除非前期政府在财政赤字时实现了资金结余。这里通过追踪国家通过国家银行或国库创造货币来从公民处获取商品服务的过程，以及公民用交易中收到的钱来履行纳税义务的过程，这种系统方法对分析该系统可行性很重要。这项分析明晰了重点，即如果经济要增长，国家必须实行财政赤字。然而政府不能决定个人储备中所持有的货币量。个体持有货币余额有很多理由。政府盈余的风险是其中一个理由，因为储备结余使系统可以满足税务负担。但有一点很清楚，货币需求的增长不能带来货币供给的增长，除非它能带来政府预算赤字的增加。这种方法使货币政策和财政政策成为同一决策的一部分。

它也使我们理解了为什么货币生产经济中存在失业，以及流动性偏好和财政政策的作用。如果公众想持有比政府愿意通过预算赤字所创造的更多的货币，个体必须削减支出并降低有效需求，这使私营部门活动减少并产生了失业。这里存在一个货币价差，货币需求的增加并不带来货币供给的增加同时不增加就业。一个货币经济的定义是，平衡状态下可能存在失业。相反地，它还表明了在缺少货币时，或者只有货币资产无法处于掌控之中时，货币永远不会存在价差，经济在充分利用资源的同时会继续自动产生有效需求水平。

注释

① 添加一条个人注释：在 1966 年 1 月，我还没有读过《通论》，然而在 Rutgers 而不是芝加哥开设研究生院后，Paul Davidson 很快给我介绍了《货币论》（*Treatise on Money*）和《通论》。我对凯恩斯金融分析建树的兴趣开始于 Davidson 要求他的学生解释《货币论》（*Treatise on Money*）第 15 章的四种投机市场（1930，Vol. 1，pp. 252 - 253）。这将我引入了第 2 卷的价格方程式以及后来《通论》中的自有率讨论。我在 1968 年到达了剑桥，非常渴望运用这些工具，却只发现讨论已转移到了长期增长理论和分配理论。我第一次运用第 17 章中的工具是尝试将凯恩斯和 Sraffa（Kregel 1976）联系在一起，我持续了一段时间的研究，没有太多的收获。本文中的讨论是一些论文的总结（比如，Kregel 1988b，1993，1998a，1998b），这些论文都试图彰显凯恩斯金融分析建树的凝聚力。我也试图阐释了凯恩斯和 Fisher（有截然相反的结果）著作的相似之处（Kregel 1988a，1999a）。

② 利率平价定理最早在凯恩斯编辑的 1922 年曼彻斯特卫报关于欧洲重建的补充中被提出（凯恩斯 1922a，1922b）。

③ 全面的推导在 Kregel 1993 年的出版物中给出。

④ 事实上，凯恩斯分析的一点是，是否超过投资的过剩储蓄可以被商品价格下降抵消，这些商品的价格下降会使得需求增多，进而持有这些货物作为流动资金投资。

⑤ 请注意，关于货币的“持有成本”最简单的理解是，它是货币的使用成本并可以由一个期权溢价来衡量——例如，如果货币是在今天被出售，未来交付，则以今天的执行价格买了一个看跌期权。如果未来价格上涨，期权可以在更高的价格被执行，尽管未来交付是以一个更低的价格。期权溢价衡量了货币的使用成本，也是流动性不足的成本。

第十四章　目前全球经济失衡：凯恩斯会有帮助吗？

Anna M. Carabelli and Mario A. Cedrini

序言

1997 年亚洲金融危机、华盛顿共识的失败、全球经济失衡的急剧增加和全球金融危机为全球经济增长前景蒙上了阴影，这些是隐含在国际经济学家重新发现凯恩斯的著作这一趋势背后的主要原因。之前关于“缺乏有效组织的体系”替代布雷顿森林体系的缺陷的分析加强了凯恩斯主义时期最终结束的印象，20 世纪 90 年代融合主义者议程的早期分裂对凯恩斯的国际世界观的兴趣的复苏起到了促进作用。这个更新的兴趣意味着两点：一个是对 20 世纪最后十年的过分积极的全球化的一般批评，另一个是对处理当前系统性失衡——共识时代的部分遗留产物更多的专门的尝试。例如，Greenwald 和 Stiglitz（2006）通过“温和的建议”来改革国际货币秩序以使其按照这样一条（凯恩斯提倡的）道路进行，这条道路能限制国际储备体系内在的通货紧缩的倾向。总的来说，像后凯恩斯主义经济学家所说，凯恩斯学说的复苏看起来是由于新的国际货币体系能够把维持布雷顿森林体系的完美表现的幸福的意外转化为一个有着更加平衡秩序的永久特征的需要。

如 Vines 对 Skidelsky（2000）的《为大不列颠而战》（*Fighting for Britain*）的评论中所述，回顾凯恩斯意味着接近“全球资本主义作为国与国之间关系的体系”（Vines 2003，p. 357）这样一个观点，“在一个只有部分一致的方式中，对全球经济交流配合被有自主权国家的政策分成了多少份有一个非常清醒的认识”的派生形式（p. 339）。Vines 请我们重新思考的不仅仅是凯恩斯的国际宏观经济学的内容，还包括他所有关于“重点和方法”（p. 358）的著作。尤其是，Vines 强调了差距分裂了凯恩斯提倡的视角的现代微观经济学的国际合作模型，凯恩斯完全意识到仅仅通过理性选择理论理解国际关系是不可能的。和这些建议保持一致，我们的贡献是打算揭示，凯恩斯思考的“重点和方法”的重新发现可能会对目前全球失衡问题提供一些有价值的经验教训。

更精确地，我们围绕凯恩斯 1945 年的“海外金融政策第三阶段”报告（CWK 24，pp. 256 – 295），这份报告成为第二次世界大战结束时美国向英国贷款谈判的关键文件，并建议采用他为英国向布雷顿森林秩序转变所列出的指引，这些指引是为了避免在关于目前全球失衡的竞争性看法的复杂情形中迷失。当处理英国的金融困难时，即作为协约国成员对抗德国的战争导致其金融成本的过度负担，凯恩斯在文件中构建了一个国际调整的模型，其范围是一般化的外部债务和对经济相互依赖是怎么要求“共享的责任”方法来解决它经常引起的绝境的权威说明。

如 Pressnell（1986）论述，凯恩斯尝试提出“贸易和支付中的多边国际政策的大胆计划，这个计划将会同时使英国的货币问题更容易管理以及为英国寻求和美国提供金融援助提供解释”（p. 237）。在互助协定下，尽管该协定要求伦敦进行偿还并且在冲突结束的时候失效，美国和加拿大援助的受益人，英国已经吸引了大量的使用英镑地区的国家为它们常见的战争融资而导致的债务承担后果。当回归英镑的可兑换性的变革时期时，储备的缺乏和使用英镑的国家为限制对美元池（伦敦集中其为军事开支）的利用而对汇率管制的预期停止，结合了英国预期到的和平时期在出口货物和服务方面的困难——商业出口、无形收入、海外资产均在它们最低的水平——减少了平衡国家外部账户的机会。凯恩斯看来，缺少美国援助将会使英国变成“饥荒的角落”，只有节衣缩食和孤立无援的单方面政策，这和宣布的新国际秩序目标形成鲜明的对比。为了避免这个结果，国外援助必不可少，以此来获得商业政策带来的可观收益，尽管英国的英镑结余转化成了更难控制的巨额美元债务之后，应该避免与美国缔结长期贷款协议的“诱惑”。首先，诱惑将会阻碍这个协议的谈判——议程的本质叫做“公平”——来根据战争参与者的角色和表现来重新分配战争成本，在这些使用英镑的国家区域之中。在一个主要依靠美国国内贸易的世界中，英镑区国家——与英国贸易有所盈余，然而与美国的贸易却是彻底的赤字——只有这些国家才能和拉丁美洲一起充当美国出口的刺激者（De Cecco 1979）。

当前国际形势和刚刚战后时的国际形势出现了惊人的相似。凯恩斯的备忘录为以前的超级大国面临着资源枯竭、外部债务的不可持续性以及在过去的一个世纪中作为出口国的地位不断衰落提供了一个生动描写。到目前为止，在1945年唯一的债权国持有了75%的全球黄金储备以及帮助赤字国家在全球水平上恢复贸易，美国目前是这个系统里赤字的最后诉求——在2006年赤字达到破纪录的水平，8 750亿美元，其国内生产总值的6.5%——世界上其他国家（ROW）的集体盈余。亚洲新兴国家目前在这一进程中扮演的角色和第二次世界大战后的英镑区国家的地位没有太大的差别。1997年的亚洲金融危机给发展中国家上了一课，采用低估及干预策略（联合国贸易与发展会议2006）为它们走出在20世纪90年代遇到的新特里芬难题提供了一条强大的出路，对外借款达到一定的增长率就会将发展中国家暴露于更大的外部失衡之中，提高了资本流入反转的风险和之后发生的金融危机的概率（Kregel 1999b）。亚洲国家通过外汇储备积累的出口盈余和对外贷款产生了“世界历史上最大的‘外国援助’项目”（Wolf 05，p. 25），还有持续增加盈余的欧洲、日本、石油生产国和其他发展中国家，它们联合一起共同允许美国有组织地实现了它是世界火车头和进口的最后诉求这样的含义。但是领先的超级大国目前已经被金融危机迫使进行深度的重新调整，并且对美国经济和全球的多边贸易产生了极其痛苦的后果。正如凯恩斯在华盛顿的美国贷款谈判的记者招待会上所说的话——“世界上相当部分的金融和商业安排已经无法避免地卷入了在伦敦的我们自己的金融和经济”（CWK 24，p. 462）——这些话也可以用于当前的国际形势，纽约替代了伦敦以及“世界上相当部分”变成了全球经济。

对采用不同的分析线索来说明全球失衡的动态方面和美国经常账户平衡的内生性质的采纳（Truman 2005）对大部分的未来方案负有责任，并且这些方案被提供用来推测这个让人吃惊的国际经济关系的持续模式直到2008年金融危机的爆发为止。这些方案从目前失衡给世界经济前景带来的风险的惊人的关心到对他们不间断的全球增长的可持续性的精练的理论辩护；这是分析连续性的两个极端的情况。不管怎样，对文献的典型回顾很少提到调整的类型，如果有——单方面的、双方面的、多方面的——每一种建议方案都联系一起的。凯恩斯遗产的重新发现也许会为问题性质的再评估和思考度过这次绝境打开新的可能性提供一个有用的带来初步指引的方案。凯恩斯 1945 年的备忘录也许被用来重塑目前全球失衡问题，对那些倾向于认为它是凯恩斯为挽救英国的世界超级大国地位的主要武器的经济学家（如 Boughton 2002，Skidelsky 2000）来说，这听起来很惊奇。虽然如此，正如我们将要论证的，"海外金融政策第三阶段"主要关注在布雷顿森林协议使新创立的国际机构用很少的资源来处理这个交替变革情况下，如何在全球层面上重启多边主义。英国（和世界）未来经济的"三重戏剧性的选择"（Pressnell 1986，p. 246）——饥荒的角落、诱惑、公正合理，将在下面进行详述——因此假设一个范例式的特征，这个特征被击败凯恩斯关于国际货币联盟（ICU）建议相同的精神赋予生命，其揭示了关于经济学家对改革国际秩序的全面努力的相关信息。

饥荒的角落

饥荒的角落，"一项尝试结束对美国的金融依赖性的政策"，将意味着通过节衣缩食、定量配给、国家计划和贸易控制来完成英国的单边调整（Pressnell 1986，p. 238）。由于英镑地区在战后实行全面的赤字政策，英国不得不依靠外国借款来为之前已经和其债权人签好合同的 30 亿英镑负债融资。"现在并不是一个我们宣布北美金融独立的好时候"（CWK 24，p. 271）：允许借款困难到处存在，世界是一个很小的地方，在谈判期间华盛顿的财政部代表 Robert H. Brand 告诉凯恩斯。

虽然有战略性意义，但饥荒的角落却是最差的选择："我们不利用巨大的消费者这一地位来使我们的货物走向世界以换回世界想要卖给我们的东西，它是我们军械库里面唯一的新式武器以及我们是否可以不利用它?"（同上，p. 274）。虽然如此，如果缺少美国的帮助，英国的唯一选择就是采取"Schachtian"策略，在这种双边清算协议系统模型下——一种物物交换机制——德国在 1934 年发明出来以使其和合作伙伴在固定汇率水平上达到贸易平衡。凯恩斯先前曾赞扬过 Schachtian 策略的优点，认为他的国际货币联盟的未来系统和计划安排将会是"一个完善和改进的 Schachtian 策略"（CWK 25，p. 24）。在两次世界大战之间，Schachtian 主义也许事实上被那些忽视恢复国际均衡利益的债权人反对尝试或者进行抵制（p. 25）。不管怎样，正如凯恩斯在贷款谈判中反复指出的一样，饥荒的角落和

Schachtian 结果将会“不仅仅被接受而且会被提倡……一种充满各个阶层意见的战争之后的国际经济体系，不仅仅是在美国，还有在加拿大会被激烈地反对”（CWK 24，pp. 271 –272）。

诱惑

作为孤立主义的一种选择，凯恩斯首先构想了美国以贷款形式的金融援助以一种简单的方式进行，允许英国有呼吸的空间来面对新秩序的变革和处理与英镑地区的债务问题。作为贷款的交换，英国将会保证在从帝国开始到解体的区域内实行自由多边清算。除了表达对未来更多的债务增加到现有债务的关心外，凯恩斯相信拒绝这样一个协议是正确的：在战争中“合作伙伴之间甜蜜的公正合理将要牺牲给一些‘商业’的虚伪的类比”（CWK 24，p. 279）。诱惑清晰地提醒了凯恩斯在第一次世界大战结束时对美国债务清偿问题的批评，当债务和私人投资之间错误的类比迫使欧洲推迟了他的恢复方案。不仅如此，他还清晰地意识到，通过加强英国对美国的金融依赖性，贷款将会驱使英国接受“美国概念的国际经济体系”（CWK 24，p. 61），其已经被罗斯福建立起来作为租借协定的价格。如1947 年英镑危机所证明，诱惑将会不可避免地为多边主义带来严重的风险。在他自己和 Robert H. Brand 的信件中，凯恩斯自己随后声称将会保证英国有一点点的信心来面对战后的问题而不用担心破产，美国信贷应该有必要遵循同盟之间战争遗留问题的重新分配——美国自己也包含其内。因此，在获得公正合理的尝试中，英国应该坚决抵制诱惑并且策略上准备好在变革中自愿地接受饥荒的角落政策。

公正合理

凯恩斯自己喜欢的选择，公正合理，要求“对战争费用合理负担的全面重新思考”（CWK 24，p. 280），允许“在设定战后国际经济的性质并在此基础上设置它们的心脏方面英国成为美国的伙伴”（同上）。根据这项策略，因为有法律追溯效力的租借协定，所以美国应该给予英国 30 亿美元贷款，不仅如此，还有在宽松条件下的 50 亿美元信贷额度。作为交换，在采用消除（88 000 万英镑）、融资（15 亿英镑）和解除（75 000 万英镑）三重计划来处理他的英镑区债权人的 30 亿英镑平衡问题之后，英国将要保证英镑的实际可兑换性。不仅仅因为美国参战晚，而且还因为通过从英国战争支出的统治权实现收益，都是英国不得不忍受“战后金融负担和公平的相比完全不成比例”的“众多原因”的一部分。但是公平合理不仅仅是在同盟国中战争负担公平重新分配。

在第一次世界大战结束的时候，在谴责欧洲政策制定者没有考虑处理各种联盟内部债务和补偿事务中的有机的相互依存关系后（Carabelli 1995），凯恩斯代表美国和英国方面乞求有公德心的政治家才能和“宽容大度”（CWK 2，p. 93），其以债务减免的形式，作为欧洲逃出结算困境必不可少的准备工作。回顾一下“条约后的欧洲”不令人满意的结算，通过详述美国对第二次世界大战的贡献应该和“使整个世界自己站起来以及为所有国家之间健全的政治经济学奠定基础”（CWK 25，p. 43）相符，他在 1941 年介绍了国际货币联盟计划。凯恩斯意识到，当系统如此严重地依赖于最有权力的成员尊重游戏规则意愿时，那么系统必须承担风险。在 20 世纪 20 年代和 30 年代的黄金标准更新后，他的 20 世纪 40 年代的改革计划也留意到美国拒绝通过使它的黄金储备可以提供给负债国用于进行调整进而对世界的命运负责。紧随着第二次世界大战，美国的干预应该帮助建立一个“全面的、共同的责任，所有国家都能应用的系统”（p. 47）。

公正合理为凯恩斯早期对国际货币联盟的计划提供了清晰的连续性。他要求美国和英镑地区国家在 1945 年和英国一起积极主动地创建一个他们想要居住于其中的战后世界，这个要求是对计划精神复苏的一次真实的尝试，尽管它最终在布雷顿森林被拒绝。对于 Robert H. Brand 的“自由赠与的心理氛围”建议“主要的重要性的”解释，凯恩斯观察到如果“美国坚持保持严格的经济基础，那么便会使其他（英镑地区国家）很难离开他”（CWK 24，p. 340）。他反复重申他 1919 年的观点，美国干预以减少联盟内部的债务负担将会导致欧洲国家减少对德国的索赔，并为注定会促进欧洲复兴的“共享的责任”计划开辟道路。公正合理将会通过美国的赠与产生一种螺旋形的机制，促使英镑区国家跟随美国对失衡采取负责任的态度。这是英镑区国家恢复与美国汇兑生机而不否认与英国签订的协议的唯一的可能性。回顾英镑区和美国经济交往过程的主要的重要性对未来世界贸易格局意味着一种认识，这种认识即备忘录的最终目的是通过对英国经济命运的保护来复苏全球多边主义。美国的贷款变成非英国家对美国货物的需求，这一变革导致了1947年的英镑可兑换性危机和马歇尔计划的经济必要性，两者共同确认了凯恩斯的担心并没有放错位置。

让人惊诧的是，从凯恩斯准备这个文献到现在，只不过过去了几十年而已，但是这三个政策选择看起来为组织有竞争力的全球失衡和对不同的相关情况的解释提供了有价值的关键内容。“干涉”目前的失衡观，促使负有责任的国家推行单边主义调整，轻松地变革成像凯恩斯描述的饥荒的角落情况。虽然美国经济学家和美国政府反复要求亚洲货币升值，但是这对未来来说看起来不是一个切实可行的政策，除非亚洲国家准备好容忍那些相同的过热和投机风险，而放弃了从1997年危机开始实行的自我保护措施。因此，对于目前失衡的“悲观的看法”主要集中在全球节衣缩食计划，美国的衰退使其成为目前有可能实施的一个计划。凯恩斯的诱惑选择，基于美国援助英国的一个商业特征，为“失衡的持续性”提供了一个隐喻：依赖于美国经济并且被主要力量之间的密言的协议补充的市场机制被认为足够确保复苏的布雷顿森林体系保持稳定情况。现在的观点揭示了全球失衡多边主义特点的意识，该观点假设共同行动注定一致的反应这个问题，就像在凯恩斯公正合理选择里“共享的责任”的情况一样。

饥荒的角落：“干涉”目前的全球失衡观

凯恩斯的饥荒的角落是通过节衣缩食来进行单边调整的一个模型。片面调整的要求在关于目前全球失衡的文献中十分普遍：一些非常知名和自信的观点聚焦于一个或者其他两个主要选手——美国和亚洲新兴国家——来进行全部的、主要的、单边特征的调整。钦（Chinn）（2005）的“双赤字”理论发现税收缩减和大规模的政府支出要为经常账户赤字增加负有责任。在他的观点看来，政府借款增加了信贷的需求和公共债务的存量，因此，哄抬利率直到2000年为止，哄抬美元价值直到2002年为止，严重地损害了美国的竞争力。假设美元价值和贸易平衡之间的缺口是从世界其他地区的慢速增长率中得到的，除了中国，这个理论要求缩减预算赤字和外国石油进口来缓和美国作为世界上消费的最后诉求这个角色。虽然貌似没有证据证明赤字和经常账户赤字之间有实际的联系，这并不能被具体的贸易相关因素充分地解释，钦宣称没有做到减少借款将会“使外国政府对本国命运的影响不断加深”（p. 3）。

“双赤字”理论的镜子形象是伯南克提出的“全球储蓄过量”假说，其主要关注亚洲的高储蓄率和低水平的资本投资。最近资本流动逆转流向新兴国家和贬值及干预策略国家将会刺激美国边境之外的国家储蓄，其又被高油价、新兴市场的金融发展和经济增长以及中国对消费品的限制供应所推高。Bernanke 宣称，即使在 2000 年股票市场价格下跌之后，全球对私人储蓄的需求依然很强，但是被低房屋贷款利率和美国房屋财富扩张支撑的低利率逐渐地成为美国低储蓄的主要原因。传统的智慧认为美国的对外赤字限制了在世界其他地方的投资，这个观点通过对比表明在世界其他地方过多的储蓄（或者过低的投资，中国是个例外）正在大量涌进美国来弥补其赤字。国外对美国的借款在 20 世纪 90 年代不断地增长，它被认为是在这种情况下国际失衡的主要变量：在股票市场泡沫破灭后，美国政府被要求继续保持赤字以维持国内需求（Wolf 2005）。因此，财政赤字将会是经常账户赤字的结果；相应地，这个观点建议帮助充满活力的新兴国家离开重商主义以及通过结构和金融调整再回到它们“更加自然的”（Bernanke 2005，p. 10）国际借款者这个角色。

饥荒的角落：目前全球失衡的悲观看法

虽然减少出口补贴、冲销和储备积累的需要不是没有亚洲的好处，但是“退出战略”描述出盈余的发展中国家被动向浮动汇率转变却没有过热和投机风险是不可能实现的。但是“双赤字”理论的支持者们不应该低估美国饥荒的角落政策的后果。历史给出了不仅仅支持认为凯恩斯对国际经济关系的黑暗看法没有错位的暗示：在缺少马歇尔计划的情况下，把他对英国的恢复计划扩展到整个欧洲大陆，经济合作组织国家的恢复将大幅度放缓。针对目前全球失衡饥荒的角落政策专注于美国赤字的不可持续性和它的净国际投资地位。在最近十年的前半期，基于美国流动债务资本化的标准分析引起许多学术专家预测为了把贸易赤字缩减到可以维持的水平则需要美元大幅度的贬值。可以肯定的是，他们认为美国目前经常账户赤字不能无限期持续：在收购了大量美国资本股票后，这将对美国带来负面的政治反应，外国投资者也许会担心他们在美国的权利主张将会被剥夺。或者新信息将会降低美国看起来奇迹般的生产力水平。从 2002 年 2 月开始下降的美元汇率只限于对工业国家并且对贸易平衡的作用很小。基于进口价格的转嫁和出口者的货币对冲策略来保护他们在美国市场的份额，对这样一个常规性的解释受到美国工业不景气（高科技部门除外）和强劲的国内需求（见 Truman 2005）或者甚至是亚洲金融危机后劳动的国际分工的迅速变化混合的评论挑战。也有人建议说，美国的生产结构也许不是很适合中国的消费类型——或者说美国也许只能够向中国出口那些被美国公司已经外包出去的产品——调整的影响将会发生在第三国（Kregel 2006）。

最近的分析（Krugman 2007）发现了投资者短视的证据，这是美元暴跌的一个基本条件。通过提高石油价格和威胁欧洲竞争力而不对美国进口类型产生重大影响，美元倾向于贬值增加了国外投资者转向高风险资产的可能性（IMF 2007），因此，增加了发生美元危机的机会。那些持有悲观观点的人预测在美元暴跌的时候，由于害怕进口价格通货膨胀，美联储将会采取紧缩的货币政策，因此会明显地降低美国人的生活水平。如果美国经常账户赤字必须降低，那么世界其他国家对国外的非贸易品需求一定会面临一次积极的冲击；另外美国净进口的改善将会把衰退的冲动重新分配给它的贸易伙伴。如果考虑到它们的名义刚性和在发展中国家限制修正的可能，这将主要是日本和欧洲付出代价也没什么让人惊奇的。尤其是中国被认为将会在美国市场上相对于欧洲加强它的竞争力：亚洲的中央银行利用欧元来使投资组合多样化将会促使货币价值走得更高，同时将会增加无序调整的风险。中国和一般的新兴国家，已经明显地提高了它们自己的金融地位，但是它们被劝告说不要低估发生悲观情况的可能性：通过贸易的调整将会打击那些对出口美国高度依赖的国家（Eichengreen 和 Park 2006）。

诱惑：全球失衡和债务人的力量

关于全球失衡的最新观点显示他们幸福的持久性的自然的或者结构性原因也许被证明是他们自己乐观的假设的牺牲品。通过依赖于“债务人的力量”论证，即在美国资产投资的基本原则和吸引力方面，这些观点和诱惑选择分享，正如凯恩斯在一个对避免痛苦调整可能性充满信心的宣言中的描述。正如在美国贷款建议这一案例中，市场机制被政府间的协议补充——目前以再生的布雷顿森林秩序的法定形式出现，不管怎样，它的系统观表现出了和美国谈判者构想的诱惑的基本原理基本相似——被认为允许一个很大的经济力量几乎无限期地容忍失衡。这些观点使我们注意到这样一个事实，美国强大的赤字也许依赖于金融全球化的影响和美国经济反应的灵活性、生产率增长以及投资收益性：总的来说，是它的长处，而不是它的短处。因为全球化使外国投资的风险减小了，投资者将会自然地更愿意在外国运营资本。储蓄已经不仅仅在国内市场流动并且分散了国内经常账户余额；结果是，虽然失去了国内偏向，但是美国为赤字融资的能力增强了。为了减少传递和汇价变动的影响，即降低美元贬值带来的美国外交责任，对美国资产需求不成比例的增长也许确保了平稳的过渡（Cooper 2004）。

美国金融资产的吸引力和国别因素将会吸引那些银行系统分配资本能力差的国家将多余的储蓄投资于美国。所以说货币当局将会扮演金融中间人来保护私人储蓄者的利益（同上）。在一个充分全球化的世界里，据说全球储蓄的1/4应该流向美国，反映了这个国家占世界经济产出的份额，但是全球储蓄的15%将会满足美国的境外投资和贸易赤字。作为结果，对美国外交索赔的风险和美国对外国投资的收益和在美国对外国投资者的支付之间的历史的正的缺口共同导致了大规模赤字的持续，前提是美国经济增长率仍然走高以及世界其他国家（而不仅仅只是新兴国家，像过去那样）继续遭受金融资产短缺。

不管怎样，如Eichengreen所说（2006a），中国的生产率现在比美国增长得更快并且资本流入直接流向债券市场而不是股票市场——这两个原因论证了如果外国人在美国投资，不是由于其吸引力而是它的低储蓄率。考虑到美国投资国外的回报率，外国在美国投资的回报率可能会比被迫争论的理论上说得更低一些（同上）。最后，虽然目前美国作为一个净债务人仍然赚到投资收入盈余，但是利率差异也许将会在长期内消失，就像英国在20世纪上半段时间内发生的那样，同时也给这个国家的特权画上句号（Meissner和Taylor 2006）。

诱惑：布雷顿森林复苏

全球失衡看起来有更少的麻烦，如果透过“布雷顿森林Ⅱ”假说这个透镜来看，这个假说认为世界从没有放弃它最成功的货币体系（Dooley，Folkerts Landau和Garber 2003）。低估汇率、资本和贸易控制以及国际储备积累支撑的出口导向增长策略被认为对亚洲国家想要走欧洲和日本在战后时期重新获得世界经济体系中心地位相同的路这个目标是很有用的。想要向美国出口的“贸易账户”地区要求亚洲愿意购买美国债券，同时由欧洲、加拿大、澳大利亚和拉丁美洲形成的“资本账户”地区则主要对保持它们的国际投资地位感兴趣。这两个地区帮助中心国家为其赤字融资，前者通过美元储备的大量积累，后者通过它的投资者推高美元直到2002年为止，这些看起来都是再正常不过的。亚洲被预期将会代替欧洲向美国市场出口，同时购买欧洲对美国的索取权。一旦它走向中心的道路完成——两亿未充分就业的工人仍等着被现代部门吸收——复苏的布雷顿森林体系将会把像印度这样的外围国家重新纳入。

那些支持这个假说构筑风格的人必须对Eichengreen（2004）提出的合情合理的批评作出回应：亚洲现在的表现和欧洲在20世纪五六十年代的相似夸大了多样化的、弱的制度化的目前边缘国家集团追求共同利益的能力。不仅如此，欧元还提供了美元之外的一种有吸引力的选择，并且美国已经转变成为一个拥有负净资产的银行。而对于亚洲国家，对冲操作变成一项成本很高的操作：政策制定者变得越来越意识到“世界正在发生变化，为了提高出口带动增长的系统性贬值的吸引力正在削弱”（同上，p. 6）。

公正合理：全球失衡的共同责任

许多关于目前全球失衡的观点认为全球相互依赖的类型应该为这些失衡的出现和持续负有责任，其包括请求多边协作以确保它们按顺序解退。这和凯恩斯的公正合理选择类似，其根植于对战争遗留下来的失衡的共同责任的认识之中。不仅如此，公正合理建立它对失衡多边反应的探求，其拥有全球相互依赖产生的约束的多边特征。考察一下正在发生的世界其他国家对美国净出口的依赖，被称为全球相互依赖的观点重点放在美国和外国经济周期之间“不同步”关系上（Mann 2005）。世界其他国家在20世纪90年代后期的低消费和投资导致美国提高它的消费和进口到前所未有的水平，而当2001年危机之后，美国经济比世界其他国家更快地走在了增长的道路上。由于世界其他国家使用美国作为增长的国外资源，当国内生产总值增长和与外国国内生产总值恢复相关的美国出口增长相比较时，美国增长的赤字依赖于美国进口增长速度更快。Kregel（2006）补充道，伴随着全球失衡的金融流动是全球投资和决定全球贸易类型的生产决定的结果。关于全球失衡的传统智慧将会错误地聚焦于外国出借人维持美国赤字的意愿；盈余国家通过在美国投资来为它们的出口融资，就像第一次世界大战前英国向外国贷款一样，增加向新的国家资本产品的出口。虽然针对不同国家的目标，欧洲和亚洲——还有拉丁美洲也迅速走上了相同的道路——分别采取相同的经常账户盈余和外国贷款策略来替代危险的或者不可持续的国外和政府借款计划。因此，全球失衡将会产生于国家政策选择——反映了新兴国家融入国际贸易和金融的尝试以及欧洲公司收购美国资产和技术的努力。

对全球相互依赖的认识要求重估欧洲和亚洲对目前全球失衡的贡献。2004 年联合国贸易与发展会议报告概括地批评了欧洲由于其疲软的投资和消费导致的缓慢经济增长，它是约束的货币政策、财政政策以及浮动汇率三者混合来支持国家福利改革和欧洲公司的低工资策略的结果。在当前这十年内，紧缩政策和低的工资增长率使德国的经常账户从赤字转变到显著的盈余。虽然在产生失衡中的角色中很少提到德国和日本，但是它们却应该为全球过剩负相当大的责任（见 IMF 2007）。与此相反，联合国贸易与发展会议报告强调了中国作为亚洲经济增长引擎的角色和它在增加发展中国家贸易所作出的杰出贡献。亚洲奇迹的减速将很有可能加剧发展中国家制造品出口的全球价格竞争，同时削减欧洲大陆增长需求的扩张效果。全球储蓄过多的另外一个原因是美国经济增长导致国外收入不断增长所产生的刺激。“如果盈余地区减少它们对美国的融资，它们将不会把它们的储蓄再分配到其他地方，但是这些储蓄的产生过程本身将会受到威胁。换句话说，遣返基金的尝试也许不仅仅会对赤字经济体有消极的影响，盈余经济体也无法幸免。这就给盈余地区提出了一个两难困境”（联合国贸易与发展会议，p. 18）。

持续性失衡的区域政策的互相一致性需要它们重新进行修订。Kregel（2006）提出一个经营良好的体系将会通过出口导向的增长策略来帮助发展中国家缩小和发达国家之间的差距，但是这要求后者通过国内需求而不是通过发展中国家自己采用的那些政策来使其经济增长。欧洲和日本不得不支付它们没有遵守规则的代价是它们是遭受调整带来的痛苦承受最多的候选人。有趣的是，虽然美国的政策制定者在各种场合被要求为欧洲经济发展提供一个加速度，但是只有有限数量的学术观察者强调欧洲可以是多边解决方案的重要组成部分。虽然那些“悲观观点”的人建议纠正全球失衡无论如何都需要其他盈余国家的修正（Truman 2005），如果欧洲扮演一个支持者的角色，那么事情可能就会变得不一样了。

公正合理：协调合作来使失衡有序地解退

没有令人信服的理由说明为什么牵涉到全球失衡问题的国家将会继续危害全球经济的稳定性以及它们自己的增长前景：任何一个关键国家都对多边调整感兴趣。简单地说，对全球失衡的一个协调反应将会要求美国通过采取财政行动来增加储蓄，同时世界上其他国家需要通过减轻全球重新平衡负担的政策来应对美国国内需求减少带来的影响。中国应该保持其多元化的经济系统以及通过更大规模的预算赤字和有秩序的升值来减少国内储蓄。日本应该回归到规范化的货币政策：投资和消费的强烈恢复将会使亚洲的需求从向区域外出口转变到区域内。除了中国之外的亚洲新兴国家应该增加政府支出以及通过消费市场的发展和住房按揭贷款来鼓励住房支出。石油出口国应该加强支出，同时欧洲需要通过内部需求来维持其经济增长（Ahearne，Cline，Lee，Park，Pisani – Ferry 和 Williamson 2007）。市场引发的汇率变动那时也许将作为政策新方案的补充（Eichengreen，2006b）。

公平的外部调停国际商讨会，例如国际货币基金组织为多边商讨和盯住国际失衡所提供的论坛，有助于在公共的目标上达成一致。这将会加强基于 1985 年广场（Plaza）协议模型之上的国际协调合作。不管怎样，国际货币基金组织貌似不愿意放弃华盛顿会议所建议的长期结构改革模型这个现实来确保增长和稳定（Buira 和 Abeles 2006），国际货币基金组织多边论坛的参与者在落实达成一致的共同路线图政策方面取得了很小的进展。如果目前持续的大规模的不平衡所带来的风险比论坛刚成立那时低，那么这基本上完全是由于这次危机的发生。

结语

由于温和的增长和走弱的美元，美国的赤字在 2007 年开始变小。Feldstein（2008）确定地说美元将会进一步贬值，因为私人投资者意识到贸易不平衡必须要求被缩小，同时储蓄率的逐渐恢复将会随着家庭财富和按揭贷款水平的降低而发生（同上）。不管怎样，没有特殊的政府干预被相应地预期，所以最好重新调高无序市场导致的调整的风险。如 Eichengreen（2006b）建议所说，在全球重新平衡注定要转变成为全球经济放缓的情况下，缺少尺度的一致性和跨边界溢出的信号也许会导致美国低估它的贸易伙伴无序修正的风险。美国在 2007 年 8 月的信用崩溃以及接下来的和银行资产负债表损失相联系的 2008 年 3 月的次级贷款危机共同作为美国金融市场的信心危机信号呈现出来。从 2006 年底开始，美国的金融骚乱、紧张的房地产市场和无精打采的消费支出增长共同为全球经济增长指标的危险下滑预期负有责任。

事实上，经济学家一般预期的危机和 2008 年发生的危机不同。不管怎样，这不改变这章中所提言论的结果：在发达国家和发展中国家中，世界经济正在遭受令人印象深刻的市场导致的调整，这个调整以主要的金融崩溃严重地危及经济表现的形式发生，正如“饥荒的角落”分析预期的那样。让人更加吃惊的是，布雷顿森林体系Ⅱ事实上仍然存在（Dooley，Folkerts 和 Garber 2009），建议说一方面全球失衡和目前危机有很大的关系，另一方面比平时解释它们更多的结构性原因可能是赞成它们的持续性。这就是为什么也许现在正是回顾凯恩斯国际宏观经济学以及他在 20 世纪 40 年代倡导的改革计划的时候。不管怎样，像我们在这章讨论的那样（这一章的结构将在表 14.1 中进行回顾），他对国际关系的推理方式，即他想出的“方法”（Carabelli 1988）来处理具有复杂性特点的它们，也许会为今天的世界提供有价值的领悟，尽管时代和周围情况都已经自然地发生了变化；凯恩斯的建议也许值得进一步研究。

表 14.1　　当前的全球失衡

“海外金融政策第三阶段”	失衡的原因	需要调整	方案
饥荒的角落	“干涉”的观点	单边调整	“悲观的观点”
诱惑	“债务人力量”的观点	通过市场调整（双边）	布雷顿森林体系的复苏
公平合理	“共同的责任”的观点	多边调整	协调合作来有序地解退

"海外金融政策第三阶段"曾经被看做是凯恩斯1919年的尝试的延续，来为欧洲提供一种能够走出赔款和联盟内债务这个不能削减的两难困境的方法，它要求"美国的慷慨"作为欧洲复兴伟大计划的前提，公平合理作为一种多边国际调整的参考模型。从饥荒的角落经过诱惑到达公平合理，利用"美国的礼物"——凯恩斯在《和平的经济后果》（*Economic Consequences of the Peace*）中把它称做"具有远见的政治才能"（CWK 2，p，93）——作为这个"慷慨"链条的出发机制，象征性地表现出了参与向一个更加均衡的世界调整的国家范围正在不断地扩大。

凯恩斯（CWK 24，p. 272）在解释他提出的建议的基本原则的备忘录中写到，美国可以"和我们共同提出（虽然不如之前那么慷慨地）利用他们的金融实力，不是作为一种工具来使我们屈服于他的意志，而是作为一种方法使我们有可能参与到安排协定之中，这个安排协定是使我们自己更喜欢他们做出努力的地方，只要这些对我们是切实可行的"。公平反映了凯恩斯对有着复杂结构的国际秩序的看法，被存在于它多变的、不能削减的两难困境和合成谬误要求只是间接涉入这些冲突中的国家采取"有公德心的"干预的有机的相互依存所刻画。这是一个富有想象力的解决方法，使一个高度失衡世界的主要贸易伙伴——对有特别兴趣反对那些把系统当成一个整体的辩护将转化为一个负和游戏，对总福利的一种损害——重新获得信心来参与全球多边主义。和凯恩斯在《通论》中的经典理论评论有许多的共同之处（Carabelli，1991），"海外金融政策第三阶段"是直接攻击"原子假说"的国际关系方面。把目前关于全球失衡的观点作为框架来使用，增加"全球相互依赖观点"的相对重要性，并且加强了对失衡的多边反应。就像凯恩斯在他与Robert H. Brand的信件中观察到的一样，被高度批评的"美国的礼物"这一建议被认为是通过要求"共同的责任"计划来使更容易转变到布雷顿森林体系这一政府间协议绕过显然不可能实现的一种方法（见Cedrini 2008）。虽然危机的爆发也许某种程度上自相矛盾地导致了政策制定者关注于单纯的金融问题而不是简单的系统改革，但是欧洲和日本愿意作为目前消失的第三方来参与通常被认为只限于美国和亚洲的有秩序的修正——减少了它发生的机会——也许在这方面起决定性作用。不仅仅是一个而应该是所有的关键选手都把他们的努力直接朝向新体系长期不平衡的预防设计上，而不是培养或者简单的容忍长期不平衡（见

Kregel 2009）。“回归凯恩斯”也许是第一个致力于重新发现或者简单地发现被不当地忽略了的处理国际复杂关系的方法。

致谢

我们在此感谢 Bradley Bateman、Sylvie Rivot、Maurizio Franzini、Woosik Moon、Yoshio Watanabe 和 Alessandro Lanteri，感谢他们为本部分内容提出的诸多宝贵意见。当然，如有任何不当之处，责任在我们自身。

参考文献

[1] Ahearne, A., W. R. Cline, K. T. Lee, Y. C. Park, J. Pisani-Ferry, and J. Williamson. 2007. "Global Imbalances: Time for Action." *Policy Brief in International Economics* 07-4, March, Peterson Institute for International Economics. Available at: www.iie.com/publications/pb/pb07-4.pdf.

[2] Akerlof, G. A., and J. L. Yellen. 1985. "A Near-Rational Model of the Business Cycle, with Wage and Price Inertia." *Quarterly Journal of Economics* 100(5) Supplement: 823–838.

[3] Allais, M. 1947. *Economie et intérêt.* Paris: Imprimerie Nationale.

[4] Allen, F. L. 1931. *Only Yesterday: An Informal History of the 1920's.* New York: Harper & Brothers.

———. 1939. *Since Yesterday.* New York: Harper & Row.

[5] Altig, D. E. 2003. "Introduction: Recent Developments in Monetary Macroeconomics." *Journal of Money, Credit, and Banking* 35(6), part 2: 1039–1043.

[6] Amadeo, E. J. 1989. *Keynes's Principle of Effective Demand.* Aldershot: Edward Elgar.

[7] Andolfatto, D. 1996. "Business Cycles and Labor-Market Search." *American Economic Review* 86(1): 112–132.

[8] Aoki, M., and H. Yoshikawa. 2007. *Reconstructing Macroeconomics: A Perspective from Statistical Physics and Combinatorial Stochastic Processes.* Cambridge: Cambridge University Press.

[9] Arena, R. 1989. "Keynes après Lucas: quelques enseignements récents de la macroéconomie monétaire." *Economies et Sociétés.* Series *Economie Monétaire* 7(April–May): 13–42.

[10] ———. 2003. "Beliefs, Knowledge and Equilibrium: A Different Perspective on Hayek." In S. Rizzello, ed., *Cognitive Developments in Economics,* 316–337. London: Routledge.

[11] ———. 2004. "On the Relation between Individual and Collective Beliefs: A Comparison between Keynes's and Hayek's Economic Theories." In R. L.

[12] Wray and M. Forstater, eds., *Contemporary Post-Keynesian Analysis,* 249–266. Cheltenham, UK: Edward Elgar.

[13] Arrow, K. 1959. "The Role of Price Adjustment." In M. Abramovitz, ed., *The Allocation of Economic Resources,* 41–51. Stanford, Calif.: Stanford University Press.

[14] Asano, E. 1987. *The Developmental Process Leading to Keynes's General Theory* [in Japanese]. Tokyo: Nihon Hyouronsha.

[15] Backhouse, R. E. 1997. "The Rhetoric and Methodology of Modern Macroeconomics." In B. Snowdon and H. R. Vane, eds., *Reflections on the Development of Modern Macroeconomics,* 31–54. Cheltenham: Edward Elgar.

[16] ———. 1998. "If Mathematics Is Informal, Perhaps We Should Accept That Economics Must Be Informal Too." *Economic Journal* 108: 1848–1858.

[17] ———, ed. 1999. *Keynes: Contemporary Responses to the General Theory.* Bristol: Thoemmes Press; South Bend, Ind.: St. Augustine's Press.

[18] ———. 2008. "Economics in the United States (1945 to the present)." In S. N. Durlauf and L. E. Blume, eds., *New Palgrave Dictionary of Economics.* 2nd ed. London: Palgrave.

[19] Backhouse, R. E., and B. W. Bateman, eds. 2006. *The Cambridge Companion to Keynes.* Cambridge: Cambridge University Press.

[20] Backhouse, R. E., and D. Laidler. 2004. "What Was Lost with IS-LM." *History of Political Economy* 36 (annual supplement: *The IS-LM Model: Its Rise, Fall, and Strange Persistence,* ed. M. De Vroey and K. Hoover): 25–56. Durham, N.C.: Duke University Press.

[21] Ball, L. 1999. "Aggregate Demand and Long-Run Unemployment." *Brookings Papers on Economic Activity* 2: 189–251.

[22] Ball, L., N. G. Mankiw, and D. Romer. 1988. "The New Keynesian Economics and the Output-Inflation Tradeoff." *Brookings Papers on Economic Activity* 1: 1–82.

[23] Barber, W. J. 1990. "Government as a Laboratory for Learning in the Years of the Democratic Roosevelt." In M. O. Furner and B. Supple, eds., *The State and Economic Knowledge: The British and American Experiences,* 103–137. Cambridge: Cambridge University Press.

[24] ———. 1996. *Designs within Disorder: Franklin D. Roosevelt, the Economists, and the Shaping of American Economic Policy, 1933–1945.* Cambridge: Cambridge University Press.

[25] Barberis, N. C., and R. H. Thaler. 2002. "A Survey of Behavioral Finance." NBER Working Paper no. 9222. Cambridge, Mass.: National Bureau of Economic Research; reprinted in G. M. Constantinides, M. Harris, and R. M. Stulz, eds. 2003. *Handbook of the Economics of Finance,* vol. 1B: *Financial Markets and Asset Pricing,* 1053–1128. Amsterdam: Elsevier/North Holland.

[26] Barens, I., and V. Caspari. 1997. "Own-Rates of Interest and Their Relevance for the Existence of Underemployment Equilibrium Positions." In G. C. Harcourt and P. A. Riach, eds. *A 'Second' Edition of The General Theory,* vol. 1, 283–303. London and New York: Routledge.

[27] Barro, R. 1974. "Are Government Bonds Net Wealth?" *Journal of Political Economy* 82: 1095–1117.

[28] Barro, R., and D. Gordon. 1983. "A Positive Theory of Monetary Policy in a Natural Rate Model." *Journal of Political Economy* 91: 689–610.

[29] Barro, R., and H. Grossman. 1971. "A General Disequilibrium Model of Income and Employment." *American Economic Review* 61(1): 82–93.

[30] Bateman, B. W. 1996. *Keynes's Uncertain Revolution.* Ann Arbor: University of Michigan Press.

[31] ———. 2005. "Scholarship in Deficit: Buchanan and Wagner on John Maynard Keynes." *History of Political Economy* 37(2): 185–190.

[32] ———. 2006. "Keynes and Keynesianism." In Backhouse and Bateman, eds., 2006, 271–290.

[33] Baumol, W. J. 1952. "The Transaction Demand for Cash: An Inventory-Theoretic Approach." *Quarterly Journal of Economics* 66(4): 545–556.

[34] Baumol, W. J., and J. Tobin. 1989. "The Optimal Cash Balance Proposition: Maurice Allais's Priority." *Journal of Economic Literature* 27(3): 1160–1162.

[35] Begg, D. 1982. *The Rational Expectations Revolution in Macroeconomics: Theories and Evidence.* Baltimore: Johns Hopkins University Press.

[36] Bell, C. 1956. *Old Friends: Personal Recollections.* London: Chatto & Windus.

[37] Benassy, J. P. 1975. "Neo-Keynesian Disequilibrium Theory in a Monetary Economy." *Review of Economic Studies* 42(4): 503–523.

[38] Bernanke, B. S. 2005. "The Global Saving Glut and the U.S. Current Account Deficit." Remarks at the Sandridge Lecture, Virginia Association of Economics, Richmond, Virginia, March 10. Available at: www.federalreserve.gov/boarddocs/speeches/2005/200503102/default.htm.

[39] Bernstein, M. A. 2001. *A Perilous Progress: Economists and Public Purpose in Twentieth-Century America.* Princeton, N.J.: Princeton University Press.

[40] Bewley, T. F. 1999. *Why Wages Don't Fall during a Recession.* Cambridge, Mass.: Harvard University Press.

[41] Bigg, R. J. 1990. *Cambridge and the Monetary Theory of Production.* London: Macmillan.

[42] Blanchard, O. J. 1997a. "Comment on Goodfried and King." In *NBER Macroeconomics Annual 1997,* 289–293. Chicago: University of Chicago Press.

[43] ———. 1997b. "Is There a Core of Usable Macroeconomics?" *American Economic Review, Papers and Proceedings* 87(2): 244–246.

[44] ———. 2000. "What Do We Know about Macroeconomics That Fisher and Wicksell Did Not?" *Quarterly Journal of Economics* 115(4): 1375–1409.

[45] ———. 2008. "Neo-Classical Synthesis." In S. N. Durlauf and L. E. Blume, eds., *The New Palgrave Dictionary.* London: Macmillan.

[46] Blanchard, O. J., and S. Fischer. 1989. *Lectures on Macroeconomics.* Cambridge, Mass.: MIT Press.

[47] Blanchard, O. J., and N. Kiyotaki. 1987. "Monopolistic Competition and the Effects of Aggregate Demand." *American Economic Review* 77(4): 647–666.

[48] Blaug, M. 1987. *Economic Theories, True or False: Essays in the History and Methodology of Economics.* Aldershot, UK: Edward Elgar.

[49] Blinder, A. S. 1991. "Why Are Prices Sticky? Preliminary Results from an Interview Study." *American Economic Review, Papers and Proceedings* 81(2): 89–96.

[50] ———. 1997. "Is There a Core of Practical Macroeconomics That We Should All Believe?" *American Economic Review, Papers and Proceedings* 87(2): 240–243.

[51] Boianovsky, M. 1995. "Wicksell's Business Cycle." *European Journal of the History of Economic Thought* 2(2): 375–411.

[52] ———. 1998. "Real Balances, the Price Level and the Unit of Account: From Wicksell to Patinkin and Beyond." *American Journal of Economics and Sociology* 57(4): 579–612.

[53] Boianovsky, M., and J. R. Presley. 2009. "The Robertson connection between the natural rates of interest and unemployment." *Structural Change and Economic Dynamics* 20: 136–150.

[54] Boianovsky, M., and H.-M. Trautwein. 2001a. "An Early Manuscript by Knut Wicksell on the Bank Rate of Interest." *History of Political Economy* 33(3): 485–508.

[55] ———. 2001b. "Wicksell's Lecture Notes on Economic Crises (1902/05)." *Structural Change and Economic Dynamics* 12(3): 343–366.

[56] ———. 2006a. "Price Expectations, Capital Accumulation and Employment: Lindahl's Macroeconomics from the 1920s to the 1950s." *Cambridge Journal of Economics* 30(6): 881–900.

[57] ———. 2006b. "Wicksell after Woodford." *Journal of the History of Economic Thought* 28(2): 171–185.

[58] Boltho, A., and J. Corbett. 2000. "The Assessment: Japan's Stagnation: Can Policy Revive the Economy?" *Oxford Review of Economic Policy* 16(2): 1–17.

[59] Bonadei, R. 1994. "John Maynard Keynes: Contexts and Methods." In A. Marzola and F. Silva, eds., *John Maynard Keynes: Language and Method*, 13–75. Aldershot, UK: Edward Elgar.

[60] Boughton, J. M. 2002. "Why White, Not Keynes? Inventing the Postwar International Monetary System." IMF Working Paper no. 02/52. Washington, D.C.: International Monetary Fund.

[61] Brainard, W. C., and J. Tobin. 1968. "Pitfalls in Financial Model Building." *American Economic Review, Papers and Proceedings* 58(2): 99–122.

[62] Bridel, P. 1987. *Cambridge Monetary Thought*. London: Macmillan.

[63] Brinkley, A. 1996. *The End of Reform: New Deal Liberalism in Recession and War*. New York: Knopf.

[64] Brunner, K. 1971. "'Yale' and Money." *Journal of Finance* 26(1): 165–174.

[65] Brunner, K., and A. H. Meltzer. 1993. *Money and the Economy: Issues in Monetary Analysis*. Cambridge: Cambridge University Press.

[66] Bruno, R., and R. W. Dimand. 2009. "The Corridor of Stability in Tobin's Keynesian Model of Recession and Depression." *International Journal of Applied Economics and Econometrics* 17(1) (January–March): 17–25.

[67] Buchanan, J., and R. Wagner. 1977. *Democracy in Deficit: The Political Legacy of Lord Keynes*. New York: Academic Press.

[68] Buira, A., and M. Abeles. 2006. "The IMF and the Adjustment of Global Imbalances." Paper presented at the G24 Technical Group Meeting, Geneva, March 16–17. Available at: www.g24.org/buab0306.pdf.

[69] Buiter, W. 2003. "James Tobin: An Appreciation of His Contribution to Economics." *Economic Journal* 113(491): F585–F631.

[70] Burnside, C. A., and M. Eichenbaum. 1996. "Factor-Hoarding and the Propagation of Business Cycles Shocks." *American Economic Review* 86(5): 1154–1174.

[71] Burnside, C. A., M. Eichenbaum, and S. Rebelo. 1993. "Labor Hoarding and the Business Cycle." *Journal of Political Economy* 101(2): 245–273.

[72] Calvo, G. A. 1983. "Staggered Prices in a Utility Maximizing Framework." *Journal of Monetary Economics* 12(3): 383–398.

[73] Carabelli, A. 1988. *On Keynes's Method.* London: Macmillan.

[74] ———. 1991. "The Methodology of the Critique of the Classical Theory: Keynes on Organic Interdependence." In B. W. Bateman and J. B. Davis, eds., *Keynes and Philosophy: Essays on the Origin of Keynes's Thought,* 104–125. Aldershot, UK: Edward Elgar.

[75] ———. 1995. "Uncertainty and Measurement in Keynes: Probability and Organicness." In S. Dow and J. Hillard, eds. *Keynes, Knowledge and Uncertainty,* 137–160. Aldershot, UK: Edward Elgar.

[76] ———. 2003. "Keynes: Economics as a Branch of Probable Logic." In J. Runde and S. Mizuhara, eds., *The Philosophy of Keynes's Economics: Probability, Uncertainty and Convention,* 216–226. London: Routledge.

[77] Cedrini, M. 2008. "Consensus versus Freedom or Consensus upon Freedom? From Washington Disorder to the Rediscovery of Keynes." *Journal of Post Keynesian Economics* 30(4): 499–522.

[78] Chadha, B. 1989. "Is Increased Price Inflexibility Stabilizing?" *Journal of Money, Credit, and Banking* 21(4): 481–497.

[79] Champernowne, D. 1936. "Unemployment, Basic and Monetary: The Classical Analysis and the Keynesian." *Review of Economic Studies* 3(3): 201–216.

[80] Chick, V. 1998. "On Knowing One's Place: The Role of Formalism in Economics." *Economic Journal* 108(451): 1859–1869.

[81] Chinn, M. D. 2005. "Getting Serious about the Twin Deficits." Council on Foreign Relations Special Report 10, September. Available at: www.cfr.org/content/publications/attachments/Twin_DeficitsTF.pdf.

[82] Clarida, R., and J. Galì. 1994. "Sources of Real Exchange Rate Fluctuations: How Important Are Nominal Shocks?" CEPR Discussion Papers no. 951. London: Centre for Economic Policy Research.

[83] Clarida, R., J. Galì, and M. Gertler. 1999. "The Science of Monetary Policy: A New Keynesian Perspective." *Journal of Economic Literature* 37(4): 1661–1707.

[84] Clower, R. W. 1965. "The Keynesian Counter-Revolution: A Theoretical Appraisal." In F. H. Hahn and F. P. R. Brechling, eds., *The Theory of Interest Rates,* 103–125. London: Macmillan.

[85] ———. 1984. *Money and Markets: Selected Essays of Robert W. Clower.* Ed. D. A. Walker. Cambridge: Cambridge University Press.

[86] Coates, J. M. 1996. *The Claims of Common Sense: Moore, Wittgenstein, Keynes and the Social Sciences.* Cambridge: Cambridge University Press.

[87] Colander, D. C. 1999. "Conversations with James Tobin and Robert Shiller on the 'Yale Tradition' in Macroeconomics." *Macroeconomic Dynamics* 3(1): 116–143.

[88] Colander, D. C., and H. Landreth. 1996. *The Coming of Keynesianism to America: Conversations with the Founders of Keynesian Economics.* Cheltenham, UK: Edward Elgar.

[89] Cooper, R. 2004. "US Deficit: It Is Not Only Sustainable, It Is Logical." *Financial Times,* October 31: A15.

[90] Cooper, R., and A. John. 1988. "Coordinating Coordination Failures in Keynesian Models." *Quarterly Journal of Economics* 103(3): 441–464.

[91] Crotty, J. R. 1990. "Owner-Management Conflict and Financial Theories of Investment Instability: A Critical Assessment of Keynes, Minsky, and Tobin." *Journal of Post Keynesian Economics* 12(4): 519–542.

[92] Davidson, P. 1997. "Are Grains of Sand in the Wheels of International Finance Sufficient to Do the Job When Boulders Are Often Required?" *Economic Journal* 107(442): 671–686.

[93] Davis, J. B. 1994. *Keynes's Philosophical Development.* Cambridge: Cambridge University Press.

[94] Debreu, G. 1959. *The Theory of Value.* London: Wiley.

[95] De Cecco, M. 1979. "Origins of the Post-War Payments System." *Cambridge Journal of Economics* 3(1): 49–61.

[96] ———. 2005. "Sraffa's Lectures on Continental Banking: A Preliminary Appraisal." *Review of Political Economy* 17(3). Reprinted in H. D. Kurz, L. L. Pasinetti, and N. Salvadori, eds. 2008. *Piero Sraffa: The Man and the Scholar,* 185–194. London: Routledge.

[97] De Grauwe, P. 2003. *The Economics of European Monetary Union,* 5th ed. Oxford: Oxford University Press.

[98] DeLong, J. B. 2000. "The Triumph of Monetarism." *Journal of Economic Perspectives* 14(1): 83–94.

[99] DeLong, J. B., A. Shleifer, L. H. Summers, and R. J. Waldmann. 1989. "The Size and Incidence of the Losses from Noise Trading." NBER Working Paper no. 2875. Cambridge, Mass.: National Bureau of Economic Research; repr., *Journal of Finance* 44(3): 681–696.

[100] DeLong, J. B., and L. H. Summers. 1986. "Is Increased Price Flexibility Stabilizing?" *American Economic Review* 76(5): 1031–1044.

[101] Deutsche Bundesbank. 2005. "The Changes to the Stability and Growth Pact." In *Monthly Report* April 15–21. Frankfurt: Deutsche Bundesbank.

[102] De Vroey, M., and K. Hoover. 2004. "Introduction: Seven Decades of the IS-LM Model." *History of Political Economy* 36 (Annual Supplement: *The IS-LM Model: Its Rise, Fall, and Strange Persistence,* ed. M. De Vroey and K. Hoover): 1–11. Durham, N.C.: Duke University Press.

[103] De Vroey, M., and P. Malgrange. 2006. "La théorie et la modélisation macroéconomiques d'hier à aujourd'hui." PSE Working Paper no. 2006/33. Paris: Paris-Jourdan Sciences Economiques.

[104] Diamond, P. A. 1982. "Aggregate Demand Management in Search Equilibrium." *Journal of Political Economy* 90(5): 881–894.

[105] Dimand, R. W. 1988. *The Origins of the Keynesian Revolution.* Aldershot, UK: Edward Elgar.

[106] ———, ed. 2002. *The Origins of Macroeconomics,* 10 vols. London: Routledge.

[107] ———. 2004a. "James Tobin and the Transformation of the IS-LM Model." *History of Political Economy* 36 (Annual Supplement: *The IS-LM Model: Its Rise, Fall, and Strange Persistence,* ed. M. De Vroey and K. Hoover): 165–189. Durham: Duke University Press.

[108] ———. 2004b. "Minsky and Tobin on the Instability of a Monetary Economy." In M. Lavoie and M. Seccareccia, eds., *Central Banking in the Modern World: Alternative Perspectives,* 226–243. Cheltenham, UK: Edward Elgar.

[109] ———. 2007. "Keynes, IS-LM, and the Marshallian Tradition." *History of Political Economy* 39(1): 81–95.

[110] Dimand, R. W., and J. Geanakoplos, eds. 2005. *Celebrating Irving Fisher: The Legacy of a Great Economist.* Malden, Mass.: Blackwell (also as annual supplement to *American Journal of Economics and Sociology* 64).

[111] Dooley, M. P., D. Folkerts-Landau, and P. Garber. 2003. "An Essay on the Revived Bretton Woods System." NBER Working Paper no. 9971. Cambridge, Mass.: National Bureau of Economic Research.

[112] ———. 2009. "Bretton Woods II Still Defines the International Monetary System." NBER Working Paper no. 14731. Cambridge, Mass.: National Bureau of Economic Research.

[113] Dostaler, G. 2002. "Discours et stratégies de persuasion chez Keynes." *Sciences de la société* 55 (February): 123–136.

———. 2007. *Keynes and His Battles.* Cheltenham, UK: Edward Elgar.

[114] Dostaler, G., and B. Maris. 2009. *Argent, Capitalisme et pulsion de mort: Freud et Keynes.* Paris: Albin Michel.

[115] Driskill, R. A., and S. M. Sheffrin. 1986. "Is Price Flexibility Destabilizing?" *American Economic Review* 76(4): 802–807.

[116] ECB (European Central Bank). 2008. "Euro Area Statistics". *Monthly Bulletin,* April: S1–73. Frankfurt: European Central Bank.

[117] ECOFIN. 2005. "Improving the Implementation of the Stability and Growth Pact." Council of the European Union, Report No. 7423/05. Brussels: Council of the European Union.

[118] Eichenbaum, M. 1997. "Some Thoughts on Practical Stabilization Policy." *American Economic Review, Papers and Proceedings* 87(2): 236–239.

[119] Eichengreen, B. J. 1998. *Globalizing Capital: A History of the International Monetary System.* Princeton, N.J.: Princeton University Press.

[120] ———. 2004. "Global Imbalances and the Lessons of Bretton Woods." NBER Working Paper no. 10497. Cambridge, Mass.: National Bureau of Economic Research.

[121] ———. 2006a. "Global Imbalances: The New Economy, the Dark Matter, the Savvy Investor, and the Standard Analysis." *Journal of Policy Modeling* 28(6): 645–652.

[122] ———. 2006b. "Should There Be a Coordinated Response to the Problem of Global Imbalances? Can There Be One?" Paper presented at the United Nations' World Economic Situation and Prospects (WESP), September. Available at: www.un.org/esa/policy/wess/wesp2007files/bp_eichengreen.pdf.

[123] Eichengreen, B. J., and Y. C. Park. 2006. "Global Imbalances and Emerging Markets." In J. J. Teunissen and A. Akkerman, eds., *Global Imbalances and the US Debt Problem. Should Developing Countries Support the US Dollar?*, 14–44. The Hague: Fondad.

[124] Einzig, P. 1962. *The History of Foreign Exchange*. London: Macmillan.

[125] Eisner, R., and R. Strotz. 1963. "Determinants of Business Investment." In Commission on Money and Credit, *Impacts of Monetary Policy*, 59–223. Englewood Cliff, N.J.: Prentice Hall.

[126] Favereau, O. 1985. "L'incertain dans la 'révolution keynésienne': l'hypothèse Wittgenstein." *Économie et sociétés*, série PE (Oeconomia) 3: 29–72.

[127] Feldstein, M. 2008. "Resolving the Global Imbalance: The Dollar and the U.S. Saving Rate." *Journal of Economic Perspectives* 22(3): 113–125.

[128] Fischer, A. M. 1996. "Central Bank Independence and Sacrifice Ratios." *Open Economies Review* 7(1): 5–18.

[129] Fischer, J., L. Jonung, and M. Larch. 2006. "101 Proposals to Reform the Stability and Growth Pact: Why So Many?" DG ECFIN Economic Papers no. 267. Brussels: European Commission.

[130] Fischer, S. 2001. "Interview." In B. Snowdon, H. Vane, and P. Wynarczyk, eds., *A Modern Guide to Microeconomics*, 33–41. Cheltenham, UK: Edward Elgar.

[131] Fisher, I. 1892. *Mathematical Investigations in the Theory of Value and Prices*. New Haven: Transactions of the Connecticut Academy, vol. 9, July.

[132] ———. 1907. *The Rate of Interest*. New York: Macmillan.

[133] ———. 1933. "The Debt-Deflation Theory of Great Depressions." *Econometrica* 1(4): 337–357; repr., in I. Fisher 1997, vol. 10.

[134] ———. 1997. *The Works of Irving Fisher*. 14 vols. Ed. W. J. Barber, assisted by R. W. Dimand and K. Foster, consulting ed. J. Tobin. London: Pickering & Chatto.

[135] Frankel, J., and A. Rose. 1998. "The Endogeneity of the Optimum Currency Area Criteria." *Economic Journal* 108(449): 1009–1025.

[136] Friedman, M. J. 1957. *A Theory of the Consumption Function*. Princeton, N.J.: Princeton University Press.

[137] ———. 1968. "The Role of Monetary Policy." *American Economic Review* 58(1): 1–22.

[138] ———. 2003. "The Long View: Lunch with the FT." *Financial Times Magazine*, June 3: 12–13.

[139] Friedman, M. J., and A. J. Schwartz. 1963. *A Monetary History of the United States, 1867–1960*. Princeton, N.J.: Princeton University Press for the National Bureau of Economic Research.

[140] Furner, M. O., and B. Supple, eds. 1990. *The State and Economic Knowledge: The British and American Experiences*. Cambridge: Cambridge University Press.

[141] Garegnani, P. 1978. "Notes on Consumption, Investment, and Effective Demand: I." *Cambridge Journal of Economics* 2(4): 325–353.

[142] ———. 1979. "Notes on Consumption, Investment, and Effective Demand: II." *Cambridge Journal of Economics* 3(1): 63–82.

[143] Garnett, D. 1979. *Great Friends: Portraits of Seventeen Writers*. London: Macmillan.

[144] Gärtner, M. 1997. "Central Bank Independence and the Sacrifice Ratio: The Dark Side of the Force." *Swiss Journal of Economics and Statistics* 133(3): 513–538.

[145] Gehrke, C., and H. D. Kurz. 2002. "Keynes and Sraffa's 'Difficulties with J. H. Hollander.' A Note on the History of the RES Edition of *The Works and Correspondence of David Ricardo*." *European Journal of the History of Economic Thought* 9(4): 644–671.

[146] ———. 2006. "Sraffa on von Bortkiewicz: Reconstructing the Classical Theory of Value and Distribution." *History of Political Economy* 38(1): 91–149.

[147] Geweke, J. 1985. "Macroeconometric Modeling and the Theory of Representative Agents." *American Economic Review, Papers and Proceedings* 75(2): 206–210.

[148] Glasgow, M. 1975. "The Concept of the Arts Council." In M. Keynes, ed., *Essays on John Maynard Keynes*, 260–271. Cambridge: Cambridge University Press.

[149] Goodfriend, M. 2002. "Monetary Policy in the New Neoclassical Synthesis: A Primer." *International Finance* 5(2): 165–191.

[150] Goodfriend, M., and R. King. 1997. "The New Neoclassical Synthesis and the Role of Monetary Policy." In *NBER Macroeconomics Annual 1997*, 231–283. Cambridge, Mass.: National Bureau of Economic Research.

[151] Goodhart, C. 1994. "Game Theory for Central Bankers: A Report to the Governor of the Bank of England." *Journal of Economic Literature* 32(1): 101–114.

[152] ———. 2004. "Monetary and Social Relationships." Paper presented at the European Society for the History of Economic Thought conference, Venice and Treviso, Italy, February 26–29.

[153] Goodwin, C. 1997. "Maynard and Virginia: A Personal and Professional Friendship." *History of Political Economy* 39 (annual supplement: *Economists' Lives: Biography and Autobiography in the History of Economics*, ed. E. R. Weintraub and E. L. Forget): 269–291. Durham, N.C.: Duke University Press.

[154] Gordon, R. J., ed. 1974. *Milton Friedman's Monetary Framework: A Debate with His Critics*. Chicago: University of Chicago Press.

[155] Greenwald, B., and J. E. Stiglitz. 1993. "New and Old Keynesians." *Journal of Economic Perspectives* 7(1): 23–44.

[156] ———. 2006. "A Modest Proposal for International Monetary Reform." Columbia University, January 4. Available at: http://www2.gsb.columbia.edu/faculty/jstiglitz/download/2006_Intl_Monetary_Reform.pdf.

[157] Hansen, A. 1949. *Monetary Theory and Fiscal Policy*. New York: McGraw-Hill.

[158] Harcourt, G. C., and P. A. Riach, eds. 1997. *A "Second Edition" of the General Theory*. 2 vols. London: Routledge.

[159] Hall, P. A., ed. 1989. *The Political Power of Economic Ideas: Keynesianism across Nations*. Princeton, N.J.: Princeton University Press.

[160] Harrod, R. F. 1949. *Towards a Dynamic Economics: Some Recent Developments of Economic Theory and Their Application to Policy.* London: Macmillan.
[161] ———. 1951. *The Life of John Maynard Keynes.* London: Macmillan.
[162] Hart, O. D. 1982. "A Model of Imperfect Competition with Keynesian Features." *Quarterly Journal of Economics* 97(1): 109–138.
[163] Hartley, J. E. 1997. *The Representative Agent in Macroeconomics.* London: Routledge.
[164] Hauptmeier, S., Heinemann, F., M. Kappler, M. Kraus, A. Schrimpf, H.-M. Trautwein, and Q. Wang, *Projecting Potential Output: Methods and Problems,* 5–56. ZEW Economic Studies. Heidelberg: Physica.
[165] Hawtrey, R. G. 1913. *Good and Bad Trade.* London: Constable.
[166] Hayashi, F. 1982. "Tobin's Marginal and Average q: A Neoclassical Interpretation." *Econometrica* 50(1): 215–224.
[167] Hayashi, F., and E. C. Prescott. 2002. "The 1990s in Japan: A Lost Decade." *Review of Economic Dynamics* 5(1): 206–235.
[168] Hayek, F. A. 1931a. *Prices and Production.* 1st ed. London: Routledge.
[169] ———. 1931b. "Reflections on the Pure Theory of Money of Mr. J. M. Keynes," part I. *Economica* 11(33): 270–295.
[170] ———. 1932a. "Money and Capital: A Reply." *Economic Journal* 42(166): 237–249.
[171] ———. 1932b. "Reflections on the Pure Theory of Money of Mr. J. M. Keynes," part II. *Economica* 12(35): 22–44.
[172] ———. 1933 [orig. ed. 1929]. *Monetary Theory and the Trade Cycle.* London: Routledge & Kegan Paul.
[173] ———. 1943. "A Commodity Reserve Currency." *Economic Journal* 53 (210–211): 176–184; repr. in F. A. Hayek. 1948. *Individualism and Economic Order,* 209–219. Chicago: University of Chicago Press.
[174] ———. 1952. "Review of *The Life of John Maynard Keynes* by R. F. Harrod." *Journal of Modern History* 24(2): 195–198; repr. in B. Caldwell, ed. 1995. *The Collected Works of F. A. Hayek.* Vol. 9: *Contra Keynes and Cambridge: Essays, Correspondence,* 227–236. Chicago: University of Chicago Press.
[175] ———. 1994. *Hayek on Hayek: An Autobiographical Dialogue.* London: Routledge.
[176] Hayo, B., and B. Hofmann. 2006. "Comparing Monetary Policy Reaction Functions: ECB versus Bundesbank." *Empirical Economics* 31(3): 645–662.
[177] Henderson, W., T. Dudley-Evans, and R. E. Backhouse, eds. 1993. *Economics and Language.* London: Routledge.
[178] Hicks, J. R. 1935a. "A Suggestion for Simplifying the Theory of Money." *Economica* n.s. 2(1): 1–19.
[179] ———. 1935b. "Wages and Interest: The Dynamic Problem." *Economic Journal* 45: 456–468.
[180] ———. 1936. "Mr. Keynes's Theory of Employment." *Economic Journal* 46(182): 238–253.
[181] ———. 1937. "Mr. Keynes and the Classics: A Suggested Interpretation." *Econometrica* 5(2): 147–159.
[182] ———. 1939. *Value and Capital.* Oxford: Clarendon Press.

[183] ———. 1989. *A Market Theory of Money.* Oxford: Clarendon Press.

[184] Hirai, T. 1981. *A Reconstruction of Keynes's General Theory.* Tokyo: Hakutoh Shobou (in Japanese).

[185] ———. 2003. *Looking at Keynes's Economics from Multiple Points of View.* Tokyo: University of Tokyo Press (in Japanese).

[186] ———. 2004. "The Turning Point in Keynes's Theoretical Development." *History of Economic Ideas* 12(2): 29–50.

[187] ———. 2007a. "How, and for How Long, Did Keynes Maintain the *Treatise* Theory?" *European Journal of the History of Economic Thought* 29(3): 283–307.

[188] ———. 2007b. "How Did Keynes Transform His Theory from the *Tract* into the *Treatise?*" *European Journal of the History of Economic Thought* 14(2): 325–348.

[189] ———. 2008. *Keynes's Theoretical Development: From the Tract to the General Theory.* London: Routledge.

[190] Hirshleifer, J. 1958. "On the Theory of Optimal Investment Decisions." *Journal of Political Economy* 66(4): 95–103.

[191] ———. 1965. "Investment Decision under Uncertainty: Choice-Theoretic Approaches." *Quarterly Journal of Economics* 79(4): 509–536.

[192] Horii, R., and Y. Ono. 2004. "Learning, Liquidity Preference, and Business Cycle." ISER Discussion Paper no. 601. Osaka: Osaka University—Institute of Social and Economic Research.

[193] Howson, S., and D. E. Moggridge, eds. 1990. *The Wartime Diaries of Lionel Robbins and James Meade, 1943–45.* London: Macmillan.

[194] IMF. 2007. *World Economic Outlook. Globalization and Inequality.* October. Available at: www.imf.org/external/pubs/ft/weo/2007/02/index.htm.

[195] Innes, A. M. 1913. "What Is Money?" *Banking Law Journal* 30(5): 377–408.

[196] ———. 1914. "The Credit Theory of Money." *Banking Law Journal* 31(2): 151–168.

[197] Ireland, P. 2004. "Technological Shocks in the New Keynesian Model." *The Review of Economics and Statistics* 86(4): 923–936.

[198] Johnson, C. 1982. *MITI and the Japanese Miracle: The Growth of Industrial Policy, 1925–1975.* Palo Alto, Calif.: Stanford University Press.

[199] Johnson, E. S. 1978. "Keynes as a Literary Craftsman." In E. S. Johnson and H. G. Johnson, eds., *The Shadow of Keynes: Understanding Keynes, Cambridge, and Keynesian Economics,* 30–37. Oxford: Basil Blackwell.

[200] Johnson, H. G. 1962. "The *General Theory* after Twenty-Five Years." *American Economic Review, Papers and Proceedings* 51(2): 1–17.

[201] ———. 1971. "The Keynesian Revolution and the Monetarist Counter-Revolution." *American Economic Review* 61(2): 91–106.

[202] ———. 1974. "Cambridge in the 1950s." *Encounter,* January, 28–39; repr. in E. S. Johnson and H. G. Johnson, eds. 1978. *The Shadow of Keynes: Understanding Keynes, Cambridge, and Keynesian Economics,* 127–150. Oxford: Basil Blackwell.

[203] Jorgenson, D. W. 1963. "Capital Theory and Investment Behavior." *American Economic Review, Papers and Proceedings* 53(2): 247–259.

[204] Kalecki, M. 1944. "Professor Pigou on 'The Classical Stationary State.' A Comment." *Economic Journal* 54(1): 131–132.

[205] Kareken, J. H., and N. A. Wallace, eds. 1980. *Models of Monetary Economies.* Minneapolis: Federal Reserve Bank of Minneapolis.

[206] Kenen, P. 1969. "The Theory of Optimum Currency Areas: An Eclectic View." In R. Mundell and A. Swoboda, eds., *Monetary Problems of the International Economy,* 41–59. Chicago: University of Chicago Press.

[207] Keynes, F. A. 1950. *Gathering up the Threads: A Study in Family Biography.* Cambridge: W. Heffer & Sons.

[208] Keynes, J. M. 1919. *The Economic Consequences of the Peace.* London: Macmillan; CWK 2.

[209] ———. 1921. *A Treatise on Probability.* London: Macmillan; CWK 8.

[210] ———. 1922a. "The Forward Market in Foreign Exchanges." *Manchester Guardian Commercial,* Series of Supplements: *Reconstruction in Europe* 1 (April 20): 11–18; repr. with modifications in CWK 4, 94–115.

[211] ———. 1922b. "The Theory of the Exchanges and 'Purchasing Power Parity.'" *Manchester Guardian Commercial,* Series of Supplements: *Reconstruction in Europe* 1 (April 20): 6–8; repr. with modifications in CWK 4, 70–80 and 164–169.

[212] ———. 1923. *A Tract on Monetary Reform.* London: Macmillan; CWK 4.

[213] ———. 1925a. Letter to the Editor [on "Freudian psycho-analysis"]. *Nation and the Athenæum,* August 29; CWK 28, 392–393. [signed "Siela"]

[214] ———. 1925b. Notes on fundamental terminology, for a lecture given on April 25; CWK 29, 35–39.

[215] ———. 1930. *A Treatise on Money.* Vol. 1: *The Pure Theory of Money;* Vol. 2: *The Applied Theory of Money.* London: Macmillan; CWK 5 and CWK 6.

[216] ———. 1931. *Essays in Persuasion.* London: Macmillan; CWK 9.

[217] ———. 1933. "A Monetary Theory of Production." In G. Clausing, ed., *Festschrift für Arthur Spiethoff,* 123–125. Munich: Duncker & Humblot.

[218] ———. 1936a. *The General Theory of Employment, Interest and Money.* London: Macmillan; CWK 7.

[219] ———. 1936b. "On Reading Books." *The Listener,* June 10, in CWK 28, 329–335.

[220] ———. 1937. "The General Theory of Employment." *Quarterly Journal of Economics* 51(2): 209–223; CWK 14, 109–123.

[221] ———. 1938. "My Early Beliefs," Memoir read to the Bloomsbury Memoir Club on September 9; CWK 10, 433–450.

[222] ———. 1947. "Newton, the Man." In *Newton Tercentenary Celebrations, July 15–19, 1946.* Cambridge: Royal Society of London; CWK 10, 363–374.

[223] ———. 1971–1989. *The Collected Writings of John Maynard Keynes* (CWK), ed. D. E. Moggridge. 30 vols. London: Macmillan.
CWK 2. *The Economic Consequences of the Peace.*
CWK 4. *A Tract on Monetary Reform.*
CWK 5. *A Treatise on Money.* Vol. 1: *The Pure Theory of Money.*
CWK 6. *A Treatise on Money.* Vol. 2: *The Applied Theory of Money.*
CWK 7. *The General Theory of Employment, Interest and Money,* 1936.
CWK 8. *Treatise on Probability.*

CWK 9. *Essays in Persuasion.*
CWK 10. *Essays in Biography.*
CWK 12. *Economic Articles and Correspondence. Investment and Editorial.*
CWK 13. *The General Theory and After.* Vol. 1: *Preparation.*
CWK 14. *The General Theory and After.* Vol. 2: *Defence and Development.*
CWK 20. *Activities 1929–1931. Rethinking Employment and Unemployment Policies.*
CWK 22. *Activities 1939–1945: Internal War Finance.*
CWK 24. *Activities 1944–1946: The Transition to Peace.*
CWK 25. *Activities 1940–1944. Shaping the Post-War World. The Clearing Union.*
CWK 26. *Activities 1941–1946. Shaping the Post-War World. Bretton Woods and Reparations.*
CWK 28. *Social, Political and Literary Writings.*
CWK 29. *The General Theory and After. A Supplement.*

[224] King, J. E. 2002. *A History of Post Keynesian Economics since 1936.* Cheltenham, UK: Edward Elgar.

[225] Kirman, A. P. 1992. "Whom or What Does the Representative Individual Represent?" *Journal of Economic Perspectives* 6(2): 117–136.

[226] Klein, L. R. 1947. *The Keynesian Revolution.* New York: Macmillan.

[227] Knapp, G. F. 1924. *The State Theory of Money.* Abridged ed. Trans. H. M Lucas and J. Bonar. London: Macmillan.

[228] Kregel, J. A. 1976. "Sraffa et Keynes: le taux d'intérêt et le taux de profit." *Cahiers d'Economie Politique* 3: 135–163.

[229] ———. 1983. "Effective Demand: Origins and Development of the Notion." In *Distribution, Effective Demand, and International Economic Relations,* 50–68. London: Macmillan.

[230] ———. 1988a. "Irving Fisher, Great-Grandparent of the General Theory." *Cahiers d'Economie Politique* 14–15: 59–68.

[231] ———. 1988b. "The Multiplier and Liquidity Preference: Two Sides of the Theory of Effective Demand." In A. Barrère, ed., *The Foundations of Keynesian Analysis,* 231–250. London: Macmillan.

[232] ———. 1993. "Keynesian Stabilisation Policy and Post-War Economic Performance." In E. Szirmai, B. van Ark, and D. Pilat, eds., *Explaining Economic Growth,* 429–445. Amsterdam: Elsevier.

[233] ———. 1998a. "Aspects of a Post Keynesian Theory of Finance." *Journal of Post Keynesian Economics* 21(1): 113–137.

[234] ———. 1998b. "Instability, Volatility and the Process of Capital Accumulation." In G. Gandolfo and F. Marzano, eds., *Economic Theory and Social Justice,* 149–167. London: Macmillan.

[235] ———. 1999a. "Capital and Income in the Theory of Investment and Output: Irving Fisher and John Maynard Keynes." In H.-E. Loef and H. G. Monissen, eds., *The Economics of Irving Fisher: Reviewing the Scientific Work of a Great Economist,* 271–283. Cheltenham, UK: Edward Elgar.

[236] ———. 1999b. "A New Triffin Paradox for the Global Economy." Remarks Prepared for the Federal Council of Economists and the Regional Council of

Economists of Rio de Janeiro meeting of the 13th Brazilian Congress of Economists and the 7th Congress of the Association of Economists from Latin-America and the Caribbean, September 15. Available at: http://cas.umkc.edu/econ/economics/faculty/Kregel/590b/Winter2002/Readings/Triffin.pdf.

[237] ———. 2006. "Understanding Imbalances in a Globalised International Economic System." In J. J. Teunissen and A. Akkerman, eds., *Global Imbalances and the US Debt Problem. Should Developing Countries Support the US Dollar?*, 149–173. The Hague: Fondad.

[238] ———. 2009. "Some Simple Observations on the Reform of the International Monetary System." The Levy Economics Institute of Bard College Policy Note 2009/8. Available at: www.levy.org/pubs/pn_09_08.pdf.

[239] Krugman, P. 1995. "What Do We Need to Know about the International Monetary System?" In P. Kenen, ed., *Understanding Interdependence*, 509–529. Princeton, N.J.: Princeton University Press.

[240] ———. 1998. "It's Baaack!! Japan's Slump and the Return of the Liquidity Trap." *Brookings Papers on Economic Activity* 2: 137–187.

[241] ———. 2007. "Will There Be a Dollar Crisis?" *Economic Policy* 22(51): 435–467.

[242] Kurz, H. D. 1978. "Rent Theory in a Multisectoral Model." *Oxford Economic Papers* 30(1): 16–37.

[243] ———. 1996. "Sraffa und die Keynessche Theorie der Liquiditätspräferenz." *Homo oeconomicus* 13(3): 363–391.

[244] ———. 2000. "The Hayek-Keynes-Sraffa Controversy Reconsidered." In H. D. Kurz, ed., *Critical Essays on Piero Sraffa's Legacy in Economics*, 257–301. Cambridge: Cambridge University Press.

[245] ———. 2006. "The Agents of Production Are the Commodities Themselves. On the Classical Theory of Production, Distribution and Value." *Structural Change and Economic Dynamics* 17(1): 1–26.

[246] Kurz, H. D., and N. Salvadori. 1995. *Theory of Production: A Long-Period Analysis*. Cambridge: Cambridge University Press.

[247] ———. 2005. "Representing the Production and Circulation of Commodities in Material Terms: On Sraffa's Objectivism." *Review of Political Economy* 17(3): 413–441; repr. in Kurz, Pasinetti, and Salvadori, eds. 2008.

[248] Kurz, H. D., L. L. Pasinetti, and N. Salvadori, eds. 2008. *Piero Sraffa: The Man and the Scholar*. London: Routledge.

[249] Kydland, F. E., and E. C. Prescott. 1977. "Rules Rather Than Discretion: The Inconsistency of Optimal Plans." *Journal of Political Economy* 85(3): 473–491.

[250] ———. 1982. "Time to Build and Aggregate Fluctuations." *Econometrica* 50(6): 1345–1370.

[251] Laidler, D. W. 1999. *Fabricating the Keynesian Revolution: Studies of the Inter-War Literature on Money, the Cycle, and Unemployment*. Cambridge: Cambridge University Press.

[252] ———. 2006. "Woodford and Wicksell on 'Interest and Prices.' The Place of the Pure Credit Economy in the Theory of Monetary Policy." *Journal of the History of Economic Thought* 28(2): 151–159.

[253] Lavialle, C. 2001. "L'épistémologie de Keynes et 'l'hypothèse Wittgenstein': la cohérence logique de la *Théorie générale de l'emploi, de l'intérêt et de la monnaie*." *Cahiers d'économie politique* 38: 25–64.

[254] Lavington, F. 1921. *The English Capital Market.* London: Methuen.
[255] ———. 1922. *The Trade Cycle: An Account of the Causes Producing Rhythmical Changes in the Activity of Business.* London: P. S. King & Son.
[256] Leijonhufvud, A. 1968. *On Keynesian Economics and the Economics of Keynes.* New York: Oxford University Press.
[257] ———. 1973. "Effective Demand Failures." *Swedish Economic Journal* 75(1): 27–48; repr. in Leijonhufvud 1981, 103–129.
[258] ———. 1979. "The Wicksell Connection: Variations on a Theme." UCLA Economics Working Paper no. 165; repr. in Leijonhufvud 1981, 131–202.
[259] ———. 1981. *Information and Coordination: Essays in Macroeconomic Theory.* New York: Oxford University Press.
[260] ———. 2000. "What Would Keynes Have Thought of Rational Expectations?" In *Macroeconomic Instability and Coordination: Selected Essays of Axel Leijonhuvud,* 3–32. Cheltenham, UK: Edward Elgar.
[261] Leontief, W. W. 1936. "The Fundamental Assumption of Mr. Keynes' Monetary Theory of Unemployment." *Quarterly Journal of Economics* 51(1): 192–197.
[262] LePan, D. 1979. *Bright Glass of Memory.* Toronto: McGraw Hill Ryerson.
[263] Lindahl, E. R. 1929. *Penningpolitikens mål.* Malmö: Förlagsaktiebolaget.
[264] ———. 1939 [orig. ed. 1930]. "The Rate of Interest and the Price Level." In *Studies in the Theory of Money and Capital,* 139–268. London: Allen & Unwin.
[265] ———. 1954. "On Keynes' Economic System. I and II." *Economic Record* 30: 19–32 and 159–171.
[266] Lucas, R. E., Jr. 1972. "Expectation and the Neutrality of Money." *Journal of Economic Theory* 4(2): 103–124.
[267] ———. 1973. "Some International Evidence on Output-Inflation Tradeoffs." *American Economic Review* 63(3): 326–334.
[268] ———. 1975. "An Equilibrium Model of the Business Cycle." *Journal of Political Economy* 83(6): 1113–1144.
[269] ———. 1981a. *Studies in Business Cycle Theory.* Cambridge, Mass.: MIT Press.
[270] ———. 1981b. "Tobin and Monetarism: A Review Article." *Journal of Economic Literature* 19(2): 558–567.
[271] ———. 1987. *Models of Business Cycles.* Oxford: Blackwell.
[272] Lucas, R. E., Jr., and E. Prescott. 1974. "Equilibrium Search and Unemployment." *Journal of Economic Theory* 7(2): 188–209.
[273] Lucas, R. E., Jr., and L. A. Rapping. 1969. "Real Wages, Employment, and Inflation." *Journal of Political Economy* 77(5): 721–754.
[274] Malinvaud, E. 1977. *The Theory of Unemployment Reconsidered.* Oxford: Basil Blackwell.
[275] Mankiw, G. N. 1985. "Small Menu Costs and Large Business Cycles: A Macroeconomic Model of Monopoly." *Quarterly Journal of Economics* 100(2): 529–537.
[276] Mankiw, G. N., and R. Reis. 2002. "Sticky Information versus Sticky Prices: A Proposal to Replace the New Keynesian Phillips Curve." *Quarterly Journal of Economics* 117(4): 1295–1328.
[277] Mankiw, G. N., and D. Romer. 1991. *New Keynesian Economics.* 2 vols. Cambridge, Mass.: MIT Press.

[278] Mann, C. L. 2005. "Breaking Up is Hard to Do: Global Co-Dependency, Collective Action, and the Challenges of Global Adjustment." *CESifo Forum* 1: 16–23. Available at: www.iie.com/publications/papers/mann0105b.pdf.

[279] Marcuzzo, M. C. 2002. "The Collaboration between J. M. Keynes and R. F. Kahn from the Treatise to the General Theory." *History of Political Economy* 34(2): 421–448.

[280] ———. 2008. "Sraffa and Cambridge Economics, 1928–1931." In T. Cozzi and R. Marchionatti, eds., *Piero Sraffa's Political Economy. A Centenary Estimate,* 81–99. London: Routledge.

[281] Markowitz, H. M. 1952. "Portfolio Selection." *Journal of Finance* 7(1): 77–91.
———. 1959. *Portfolio Selection: Efficient Diversification of Investments.* New York: J. Wiley and Sons.

[282] Marshall, A. 1920 [orig. ed. 1890]. *Principles of Economics.* 8th ed. London: Macmillan.

[283] ———. 1923. *Money, Credit and Commerce.* London: Macmillan.

[284] Marshall, A., and M. P. Marshall. 1879. *The Economics of Industry.* London: Macmillan.

[285] Marzola, A., and F. Silva, eds. 1994. *John Maynard Keynes: Language and Method.* Aldershot, UK: Edward Elgar.

[286] Mas-Colell, A. 1989. "Capital Theory Paradoxes: Anything Goes." In R. Feiwel, ed., *Joan Robinson and Modern Economic Theory,* 505–520. London: Macmillan.

[287] Mayer, T. 1978. *The Structure of Monetarism.* New York: W. W. Norton.

[288] McCloskey, D. N. 1986. *The Rhetoric of Economics.* Brighton, UK: Wheatsheaf Books.

[289] Meade, J. 1975. "The Keynesian Revolution." In M. Keynes, ed., *Essays on John Maynard Keynes,* 82–88. Cambridge, Mass.: Cambridge University Press.

[290] Meissner, C. M., and A. M. Taylor. 2006. "Losing Our Marbles in the New Century? The Great Rebalancing in Historical Perspective." NBER Working Paper no. 12580. Cambridge, Mass.: National Bureau of Economic Research.

[291] Meltzer, A. H. 1988. *Keynes's Monetary Theory: A Different Interpretation.* Cambridge: Cambridge University Press.

[292] ———. 1989. "Tobin on Macroeconomic Policy: A Review Essay." *Journal of Monetary Economics* 23(1): 159–173.

[293] Milgate, M. 1982. *Capital and Employment.* London: Academic Press.

[294] Mill, J. S. 1871. *Principles of Political Economy, with Some of Their Applications to Social Philosophy.* 7th ed. London: John W. Parker.

[295] Miller, P. 1994. *The Rational Expectations Revolution: Readings from the Frontline.* Cambridge, Mass.: MIT Press.

[296] Minsky, H. P. 1975. *John Maynard Keynes.* New York: Columbia University Press.

[297] ———. 1981. "James Tobin's *Asset Accumulation and Economic Activity:* A Review Article." *Eastern Economic Journal* 7(3): 199–209.

[298] ———. 1986. *Stabilizing an Unstable Economy.* New Haven, Conn.: Yale University Press for the Twentieth Century Fund.

[299] Modigliani, F. 1944, "Liquidity Preference and the Theory of Interest and Money." *Econometrica* 12(1): 45–88.

[300] ———. 1980. *Collected Papers.* Vol. 1: *Essays in Macroeconomics.* Ed. A. Abel. Cambridge, Mass.: MIT Press.
[301] Modigliani, F., and R. Brumberg. 1954. "Utility Analysis and the Consumption Function: An Interpretation of Cross-Section Data." In K. Kurihara, ed., *Post-Keynesian Economics,* 388–436. New Brunswick, N.J.: Rutgers University Press.
[302] Moggridge, D. E. 1992. *Maynard Keynes: An Economist's Biography.* London: Routledge.
[303] Moore, B. 1988. *Horizontalists and Verticalists.* Cambridge: Cambridge University Press.
[304] Morana, C. 2004. "The Japanese Stagnation: An Assessment of the Productivity Slowdown Hypothesis." *Japan and the World Economy* 16(2): 193–211.
[305] Morgan, M. S. 2003. "Economics." In T. M. Porter and D. Ross, eds., *The Cambridge History of Science,* Vol. 7, 275–305. Cambridge: Cambridge University Press.
[306] Morgenstern, O. 1931. "Offene Probleme der Kosten- und Ertragstheorie." *Zeitschrift für Nationalökonomie* 2(4): 481–522.
[307] Morris, R., H. Ongena, and L. Schuknecht. 2006. "The Reform and Implementation of the Stability and Growth Pact." ECB Occasional Paper Series no. 47. Frankfurt: European Central Bank.
[308] Mortensen, D. T. 2003. *Wage Dispersion.* Cambridge, Mass.: MIT Press.
[309] Mundell, R. A. 1961. "A Theory of Optimum Currency Areas." *American Economic Review* 51(4): 657–665.
[310] Muth, J. F. 1961. "Rational Expectations and the Theory of Price Movements." *Econometrica* 29(3): 315–335.
[311] Myrdal, G. 1939 [orig. ed. 1931]. *Monetary Equilibrium.* London: William Hodge.
[312] Nagatani, K. 1981. *Macroeconomic Dynamics.* Cambridge: Cambridge University Press.
[313] Negishi, T. 1979. *Microeconomic Foundations of Keynesian Macroeconomics.* Amsterdam: North-Holland.
[314] O'Donnell, R. M. 1997. "Keynes and Formalism." In Harcourt and Riach, eds., 1997, 131–165.
[315] ———. 2004. "Keynes as a Writer: Three Case Studies." In T. Aspromourgos and J. Lodewijks, eds., *History and Political Economy: Essays in Honour of P. D. Groenewegen,* 197–216. London: Routledge.
[316] Ohlin, B. 1937. "Some Notes on the Stockholm Theory of Savings and Investment. I and II." *Economic Journal* 47(185): 53–69 and 221–240.
[317] Okun, A. M. 1973. "Upward Mobility in a High-pressure Economy." *Brookings Papers on Economic Activity* 1: 207–261.
[318] Ono, Y. 1994. *Money, Interest, and Stagnation. Dynamic Theory and Keynes's Economics.* Oxford: Oxford University Press.
[319] ———. 2001. "A Reinterpretation of Chapter 17 of Keynes's *General Theory:* Effective Demand Shortage under Dynamic Optimization." *International Economic Review* 42(1): 207–236.
[320] ———. 2006. "International Asymmetry in Business Activity and Appreciation of a Stagnant Country's Currency." *Japanese Economic Review* 57(1): 101–120.

[321] ———. 2009. "The Keynesian Multiplier Effect Reconsidered." ISER Discussion Paper no. 730. Osaka: Osaka University—Institute of Social and Economic Research.

[322] Ono, Y., K. Ogawa, and A. Yoshida. 2004. "Liquidity Trap and Persistent Unemployment with Dynamic Optimizing Agents: Empirical Evidence." *Japanese Economic Review* 55(4): 355–371.

[323] Padoa-Schioppa, T. 2004. *The Euro and Its Central Bank: Getting United after the Union.* Cambridge, Mass.: MIT Press.

[324] Pasinetti, L. L. 1974. *Growth and Income Distribution: Essays in Economic Theory.* Cambridge: Cambridge University Press.

[325] Patinkin, D. 1948. "Price Flexibility and Full Employment." *American Economic Review* 38(4): 543–564.

[326] ———. 1956. *Money, Interest, and Prices: An Integration of Monetary and Value Theory.* Evanston, Ill.: Row Peterson.

[327] ———. 1965. *Money, Interest, and Prices. An Integration of Monetary and Value Theory.* 2nd ed. New York: Harper & Row.

[328] ———. 1976. *Keynes' Monetary Thought.* Durham, N.C.: Duke University Press.

[329] ———. 1982. *Anticipations of the General Theory.* Chicago: Chicago University Press.

[330] Patinkin, D., and O. Steiger. 1989. "In Search of the 'Veil of Money' and the 'Neutrality of Money.' A Note on the Origin of Terms." *Scandinavian Journal of Economics* 91(1): 131–146.

[331] Peel, D. A., and M. P. Taylor. 2002. "Covered Interest Rate Arbitrage in the Interwar Period and the Keynes-Einzig Conjecture." *Journal of Money, Credit, and Banking* 34(1): 51–75.

[332] Phelps Brown, H. E. 1951. "Harrod, Roy F., *The Life of John Maynard Keynes.*" *Economica* 18(70): 199–203.

[333] Phelps, E. S., ed. 1970. *Microeconomic Foundations of Employment and Inflation Theory.* New York: Norton.

[334] Phillips, A. W. 1958. "The Relation between Unemployment and the Rate of Change of Money Wages in the United Kingdom, 1861–1957." *Economica* 25(100): 283–299.

[335] Pigou, A. C. 1920. *The Economics of Welfare.* London: Macmillan.

[336] ———. 1927. *Industrial Fluctuations.* London: Macmillan.

[337] ———. 1929. *Industrial Fluctuations.* 2nd ed. London: Macmillan.

[338] ———. 1936. "Mr. J. M. Keynes's *General Theory of Employment Interest and Money.*" *Economica* n.s. 3(10): 115–132.

[339] ———. 1943. "The Classical Stationary State." *Economic Journal* 53(212): 342–352.

[340] Prescott, E. C. 2002. "Prosperity and Depression." *American Economic Review* 92(2): 1–15.

[341] Pressnell, L. S. 1986. *External Economic Policy since the War.* Vol. 1: *The Post-War Financial Settlement.* London: Her Majesty's Stationery Office.

[342] Purvis, D. 1982. "James Tobin's Contributions to Economics." *Scandinavian Journal of Economics* 84(1): 61–88.

[343] Raffaelli, T. 2006. "Keynes and Philosophers." In Backhouse and Bateman, eds., 2006, 160–179.

[344] Ranchetti, F. 2002. "On the Relationship between Sraffa and Keynes." In T. Cozzi and R. Marchionatti, eds., *Piero Sraffa's Political Economy: A Centenary Estimate,* 311–331. London: Routledge.

[345] ———. 2005. "Communication and Intellectual Integrity. The Correspondence between Keynes and Sraffa." In M. C. Marcuzzo and A. Rosselli, eds., *Economists in Cambridge: A Study through Their Correspondence, 1907–1946,* 119–137. London: Routledge.

[346] Rees, A. 1970. "On Equilibrium in Labor Markets." *Journal of Political Economy* 78(2): 306–310.

[347] Robbins, L. C. 1971. *Autobiography of an Economist.* London: Macmillan.

[348] Robertson, D. H. 1915. *A Study of Industrial Fluctuation.* London: P. S. King & Son.

[349] ———. 1926. *Banking Policy and the Price Level.* London: Staples Press Limited.

[350] Robinson, A. E. 1947. "John Maynard Keynes, 1883–1946." *Economic Journal* 57(225): 1–68.

[351] Robinson, J. V. 1948. "La théorie générale de l'emploi." *Économie Appliquée* 1(1–2): 185–196.

[352] ———. 1975. "What Has Become of the Keynesian Revolution?" In M. Keynes, ed., *Essays on John Maynard Keynes.* Cambridge Mass.: Cambridge University Press.

[353] ———. 1978. *Contributions to Modern Economics.* Oxford: Blackwell.

[354] Romer, D. 2000. "Keynesian Macroeconomics without the LM curve." *Journal of Economic Perspectives* 14(2): 149–169.

[355] Rosselli, A. 2005. "Sraffa and the Marshallian Tradition." *European Journal of the History of Economic Thought* 12(3): 403–423; repr. in Kurz, Pasinetti, and Salvadori, eds., 2008, 31–50.

[356] Russell, B. 1967. *The Autobiography of Bertrand Russell: 1872–1914.* London: George Allen and Unwin.

[357] Rymes, T. K., ed. (transcribed, edited, and constructed). 1989. *Keynes's Lectures, 1932–35. Notes of a Representative Student.* London: Macmillan.

[358] Samuelson, P. A. 1951. "Economic Theory and Wages." In D. Wright, ed., *The Impact of the Union,* 312–360. New York: Harcourt, Brace.

[359] ———. 1955. *Economics, an Introductory Analysis.* New York: McGraw-Hill.

[360] ———. 1964. "The General Theory." In R. Lekachman, ed., *Keynes' General Theory: Reports of Three Decades,* 315–347. New York: St. Martin's Press.

[361] Samuelson, P. A., and R. M. Solow. 1960. "Analytical Aspects of Anti-Inflation Policy." *American Economic Review, Papers and Proceedings* 50(2): 177–194.

[362] Sargent, T., and N. Wallace. 1975. "Rational Expectations, the Optimal Monetary Instrument, and the Optimal Money Supply Rule." *Journal of Political Economy* 83(2): 241–254.

[363] Sauer, S., and J.-E. Sturm. 2007. "Using Taylor Rules to Understand European Central Bank Monetary Policy." *German Economic Review* 8(3): 375–398.

[364] Schumpeter, J. 1936. "Review of Keynes's *General Theory.*" *Journal of American Statistical Association* 31 (Dec.): 791–795.

[365] ———. 1939. *Business Cycles,* New York: McGraw-Hill.

[366] Shiller, R. J. 1989. *Market Volatility.* Cambridge, Mass.: MIT Press.

[367] ———. 1999. "The ET Interview: Professor James Tobin." *Econometric Theory* 15(6): 867–900.

[368] Skidelsky, R. 1992. *John Maynard Keynes.* Vol. 2: *The Economist as Saviour, 1920–1937.* London: Macmillan.

[369] ———. 2000. *John Maynard Keynes.* Vol. 3: *Fighting for Britain, 1937–1946.* London: Macmillan.

[370] ———. 2008. "The Origins of Keynesian Economics and Some Applications to Restructuring and Globalization." In M. Forstater and L. R. Wray, eds., *Keynes for the Twenty-First Century: The Continuing Relevance of The General Theory,* 81–88. London: Palgrave Macmillan.

[371] Solow, R. M. 1979. "Another Possible Source of Wage Stickiness." *Journal of Macroeconomics* 1(1): 79–82.

[372] ———. 1997. "Is There a Core of Usable Macroeconomics We Should All Believe in?" *American Economic Review, Papers and Proceedings* 87(2): 230–232.

[373] ———. 2000. "Towards a Macroeconomics of the Medium Run." *Journal of Economic Perspectives* 14(1): 151–158.

[374] ———. 2003. "Dumb and Dumber in Macroeconomics." Available at: www2.gsb.columbia.edu/faculty/jstiglitz/festschrift/Papers/Stig-Solow.pdf.

[375] Spahn, H.-P. 2001. *From Gold to Euro: On Monetary Theory and the History of Currency Systems.* Berlin: Springer.

[376] Sraffa, P. 1925. "Sulle relazioni fra costo e quantità prodotta." *Annali di Economia* 2(1): 277–328.

[377] ———. 1926. "The Laws of Returns under Competitive Conditions." *Economic Journal* 36(144): 535–550.

[378] ———. 1930. "A Criticism" and "Rejoinder." Symposium on "Increasing Returns and the Representative Firm," *Economic Journal* 40(157): 89–93.

[379] ———. 1932. "Dr. Hayek on Money and Capital." *Economic Journal* 42(165): 42–53.

[380] ———. 1960. *Production of Commodities by Means of Commodities.* Cambridge: Cambridge University Press.

[381] Stansky, P. 1996. *On or about December 1910: Early Bloomsbury and Its Intimate World.* Cambridge, Mass.: Harvard University Press.

[382] Stein, H. 1969. *The Fiscal Revolution in America.* Chicago: University of Chicago Press.

[383] Stiglitz, J. E., and A. Weiss. 1981. "Credit Rationing in Markets with Imperfect Information." *American Economic Review* 72(3): 393–410.

[384] Sturm, J.-E., and T. Wollmershäuser. 2008. "The Stress of Having a Single Monetary Policy in Europe." KOF Working Papers no. 190. Zürich: ETH.

[385] Tamborini, R. 2006. "Back to Wicksell? In Search of the Foundations of Practical Monetary Policy." Dipartimento di Economia Discussion Paper no. 2. Trento, Italy: Università degli Studi di Trento.
[386] Taylor, J. B. 1979. "Estimation and Control of a Macroeconomic Model with Rational Expectations." *Econometrica* 47(5): 1267–1286.
[387] ———. 1980. "Aggregate Dynamics and Staggered Contracts." *Journal of Political Economy* 88(1): 1–24.
[388] ———. 1997. "A Core of Practical Macroeconomics." *American Economic Review, Papers and Proceedings* 87(2): 233–235.
[389] ———. 2000. "Teaching Modern Macroeconomics at the Principles Level." *American Economic Review* 90(2): 90–94.
[390] Tobin, J. 1941. "A Note on the Money Wage Problem." *Quarterly Journal of Economics* 55(3): 508–516.
[391] ———. 1947/1948. "Liquidity Preference and Monetary Policy." *Review of Economics and Statistics* 29(2): 124–131; 30(4): 314–317.
[392] ———. 1956. "The Interest-Elasticity of Transactions Demand for Cash." *Review of Economics and Statistics* 38: 241–247.
[393] ———. 1958. "Liquidity Preference as Behavior towards Risk." *Review of Economic Studies* 25(67): 65–86.
[394] ———. 1960. "Toward a General Kaldorian Theory of Distribution: A Note." *Review of Economic Studies* 27(73): 119–120.
[395] ———. 1972. "Inflation and Unemployment." *American Economic Review* 62(1): 1–18.
[396] ———. 1974. *The New Economics One Decade Older.* Princeton, N.J.: Princeton University Press.
[397] ———. 1975. "Keynesian Models of Recession and Depression." *American Economic Review, Papers and Proceedings* 65(2): 195–202.
[398] ———. 1977. "How Dead Is Keynes?" *Economic Inquiry* 15(4): 459–468.
[399] ———. 1978. "A Proposal for International Monetary Reform." *Eastern Economic Journal* 4(3–4): 153–159; repr. in 2003 in *Eastern Economic Journal* 29(4): 519–526.
[400] ———. 1980. *Asset Accumulation and Economic Activity.* Chicago: University of Chicago Press.
[401] ———. 1982. "Nobel Lecture: Money and Finance in the Macroeconomic Process." *Journal of Money, Credit and Banking* 14(2): 171–204.
[402] ———. 1984. "On the Efficiency of the Financial System." *Lloyds Bank Review* 153 (July): 1–15.
[403] ———. 1988. "A Revolution Remembered." *Challenge* 31(4): 35–41; repr. in Tobin 1996a, 661–672.
[404] ———. 1989a. "Growth and Distribution: A Neoclassical Kaldor-Robinson Exercise." *Cambridge Journal of Economics* 13(1): 37–45; as corrected and revised in Tobin 1996a, 721–735.
[405] ———. 1989b. "Review of *Stabilizing an Unstable Economy,* by Hyman P. Minsky." *Journal of Economic Literature* 27(1): 105–108; repr. in Tobin 1996b, 72–76.
[406] ———. 1992. "An Old Keynesian Counterattacks." *Eastern Economic Journal* 18(4): 387–400.

[407] ———. 1993. "Price Flexibility and Output Stability: An Old Keynesian View." *Journal of Economic Perspectives* 7(1): 45–65; repr. with additional appendix in W. Semmler, ed. 1994. *Business Cycle Theory and Empirical Methods.* Norwell, Mass.: Kluwer Academic.

[408] ———. 1996a. *Essays in Economics.* Vol. 4. Cambridge, Mass.: MIT Press.

[409] ———. 1996b. *Full Employment and Growth: Further Keynesian Essays on Policy.* Cheltenham, UK: Edward Elgar.

[410] ———. 1997. "An Overview of *The General Theory.*" In Harcourt and Riach, eds., 1997, vol. 2, 3–27.

[411] ———. 2001. "Interview." In B. Snowdon, H. Vane, and P. Wynarczyk, eds., *A Modern Guide to Macroeconomics*, 124–136. Cheltenham, U.K.: Edward Elgar.

[412] Tobin, J., and W. C. Brainard. 1977. "Asset Markets and the Cost of Capital." In R. Nelson and B. Balassa, eds., *Economic Progress, Private Values, and Public Policy: Essays in Honor of William Fellner,* 235–262. Amsterdam: North-Holland.

[413] ———. 1990. "On Crotty's Critique of q Theory." *Journal of Post Keynesian Economics* 12(4): 543–549; repr. in Tobin 1996b, 66–71.

[414] Tobin, J., with S. S. Golub. 1998. *Money, Credit, and Capital.* Boston: Irwin/McGraw-Hill.

[415] Trautwein, H.-M. 1997. "The Uses of the Pure Credit Economy." In A. Cohen, H. Hagemann, and J. Smithin, eds., *Money, Financial Institutions, and Macroeconomics,* 3–16. Boston: Kluwer.

[416] ———. 2000. "The Credit View: Old and New." *Journal of Economic Surveys* 14(2): 155–190.

[417] ———. 2009. "The Concept of Potential Output: A History of Origins." In S. Hauptmeier et al., 2009, 5–56.

[418] Truman, E. M. 2005. "Postponing Global Adjustment: An Analysis of the Pending Adjustment of Global Imbalances." Peterson Institute for International Economics Working Paper 05-6, July. Available at: www.iie.com/publica tions/wp/wp05-6.pdf.

[419] Unctad. 2004. *Trade and Development Report. Policy Coherence, Development Strategies and Integration into the World Economy.* New York and Geneva: Unctad.

[420] ———. 2005. *Trade and Development Report. New Features of Global Interdependence.* New York and Geneva: Unctad.

[421] ———. 2006. *Trade and Development Report. Global Partnership and National Policies for Development.* New York and Geneva: Unctad.

[422] Vines, D. 2003. "John Maynard Keynes 1937–1946: The Creation of International Macroeconomics. A Review Article of 'John Maynard Keynes 1937–1946: Fighting for Britain' by Robert Skidelsky." *The Economic Journal* 113(488): 338–361.

[423] Vogel, E. F. 1979. *Japan as Number One: Lessons for America.* Cambridge, Mass.: Harvard University Press.

[424] Walsh, C. E. 2003. *Monetary Theory and Policy.* Cambridge, Mass.: MIT Press.

[425] Warburton, C. 1945. "The Monetary Theory of Deficit Spending." *Review of Economics and Statistics* 27(1): 74–84.

[426] Wicke, J. 1994. "'Mrs. Dalloway' Goes to the Market: Woolf, Keynes, and Modern Markets." *Novel: A Forum on Fiction* 28(1): 5–23.

[427] Wicksell, K. 1898 [Engl. trans. 1936]. *Geldzins und Güterpreise. Eine Studie über die den Tauschwert des Geldes bestimmenden Ursachen*. Jena: Gustav Fischer.

[428] ———. 1922 [Engl. trans. 1935]. *Vorlesungen über Nationalökonomie*. Vol. 2: *Geld und Kredit*. Jena: Gustav Fischer.

[429] ———. 1935 [orig. ed. 1922]. *Lectures on Political Economy*. Vol. 2: *Money*. London: Routledge & Kegan Paul.

[430] ———. 1936 [orig. ed. 1898]. *Interest and Prices. A Study of the Causes Regulating the Value of Money*. London: Macmillan.

[431] Wolf, M. 2005. "Will Asian Mercantilism Meet Its Waterloo?" Richard Snape Lecture, Melbourne, November 14. Available at: www.pc.gov.au/lectures/snape/wolf/wolf.pdf.

[432] Woodford, M. 1998. "Doing without Money: Controlling Inflation in a Post-Monetary World." *Review of Economic Dynamics* 1(1): 173–219.

[433] ———. 1999. "Revolution and Evolution in Twentieth-Century Macroeconomics." Paper presented at the conference on "Frontiers of the Mind in the Twenty-First Century," Library of Congress, Washington, June 14–18; forthcoming in P. Gifford, ed., *Frontiers of the Mind in the Twenty-First Century*. Cambridge, Mass: Harvard University Press.

[434] ———. 2003. *Interest and Prices: Foundations of a Theory of Monetary Policy*. Princeton, N.J.: Princeton University Press.

———. 2006. "Comments on the Symposium on *Interest and Prices*." *Journal of the History of Economic Thought* 28(2): 186–198.

[435] Wooley, J. T. 1984. *Monetary Politics: The Federal Reserve and the Politics of Monetary Policy*. Cambridge: Cambridge University Press.

[436] Woolf, L. 1960. *Sowing: An Autobiography of the Years 1890 to 1904*. London: Hogarth Press.

[437] Woolf, V. 1980. *The Letters of Virginia Woolf*. Vol. 6: *1936–41*. London: Hogarth Press.

[438] Yellen, J. L. 1984. "Efficiency Wage Models of Unemployment." *American Economic Review* 74(2): 200–205.

[439] Yoshikawa, H. 2003. "The Role of Demand in Macroeconomics." *Japanese Economic Review* 54(1): 1–27.

[440] Zouache, A. 2004. "Towards a 'New Neo-Classical Synthesis'? An Analysis of the Methodological Convergence between New Keynesian Economics and Real Business Cycle Theory." *History of Economic Ideas* 12(1): 95–117.

参与编写人员

RICHARD ARENA (GREDEG, University of Nice-Sophia Antipolis, and CNRS)

ROGER E. BACKHOUSE (University of Birmingham)

BRADLEY W. BATEMAN (Denison University, Granville, Ohio)

MAURO BOIANOVSKY (University of Brasilia)

ANNA M. CARABELLI (Università del Piemonte Orientale, Italy)

MARIO A. CEDRINI (Università del Piemonte Orientale, Italy)

MARCELLO DE CECCO (Scuola Normale Superiore di Pisa, Italy)

ROBERT W. DIMAND (Brock University, St. Catherines, Ontario, Canada)

GILLES DOSTALER (University of Quebec, Montreal)

TOSHIAKI HIRAI (Faculty of Economics, Sophia University, Tokyo)

JAN A. KREGEL (Levy Economics Institute of Bard College; Center for Full Employment and Price Stability, Kansas City)

HEINZ D. KURZ (Departments of Economics and The Graz Schumpeter Centre, University of Graz, Austria)

MARIA CRISTINA MARCUZZO (Università di Roma, La Sapienza)

YOSHIYASU ONO (Institute of Social and Economic Research, Osaka University)

HANS-MICHAEL TRAUTWEIN (University of Oldenburg, Germany)

HIROSHI YOSHIKAWA (Faculty of Economics, University of Tokyo)